발표 불안, 무대 공포

해결 베스트
노하우

발표 불안, 무대 공포
해결 베스트 노하우

펴 낸 날　2025년 05월 29일

지 은 이　박상현
펴 낸 이　이기성
기획편집　서해주, 이지희, 김정훈
표지디자인　서해주
책임마케팅　강보현, 이수영
펴 낸 곳　도서출판 생각나눔
출판등록　제 2018-000288호
주　　소　경기도 고양시 덕양구 청초로 66, 덕은리버워크 B동 1708호, 1709호
전　　화　02-325-5100
팩　　스　02-325-5101
홈페이지　www.생각나눔.kr
이 메 일　bookmain@think-book.com

- 책값은 표지 뒷면에 표기되어 있습니다.
  ISBN 979-11-7048-879-8 (13320)

Copyright ⓒ 2025 by 박상현 All rights reserved.
- 이 책은 저작권법에 따라 보호받는 저작물이므로 무단전재와 복제를 금지합니다.
- 잘못된 책은 구입하신 곳에서 바꾸어 드립니다.

발표 불안, 무대 공포

해결 베스트 노하우

발표적 불안의 이해와 해결 방법은?

박상현 지음

생각나눔

프롤로그
머리카락 먹다

중학교 때의 일이다.

정확히는 기억이 나지 않지만 그날은 점심 식사 시간 전에 수업이 종료되는 날이었던 것 같다.

하교를 하던 중 집의 방향이 비슷한 한 친구가 본인 집에서 밥을 먹자고 하였다.

나는 거절이나 요청 등을 잘 못 하는 스타일이기도 하였고, 배도 좀 고픈 상태였다.

그래서 나는 그 친구를 따라 친구 집으로 향하였다.

친구 집에는 마침 친구의 사촌 형도 있었다.

친구의 사촌 형은 말이 거의 없었다. 표정도 무표정이었다. 나는 그 형이 살짝 무섭다는 생각도 들었다.

친구도 자신의 사촌 형을 편하게 여기지는 않는 것으로 보아 친구가 본인의 사촌 형도 약간은 어려워하는 것 같았다.

이윽고 친구와 친구의 사촌 형, 그리고 나를 포함한 세 명은 동그란 상 앞에 앉았다.

상은 나무로 이루어졌고, 동그랗고 자그마했다. 색깔은 갈색이었는데 이 상을 많이 사용했는지 색깔이 바래있었고, 상 끝의 테두리 라인은 니스칠이 약간 벗겨져 있었다. 그리고 상 위에는 쇠로 된 수저와 젓가락이 방금 물로 씻은 듯 물기가 살짝 젖어있는 상태로 총 세 짝이 놓여있었다.

그리고 그때 당시의 반찬은 배추김치, 감자볶음, 도토리묵, 김, 국 등으로 기억한다.

나는 식사 분위기가 좀 딱딱한 것 같다고 느껴서 고개를 푹 숙이고 밥을 먹기 시작하였다. 먼저 밥을 김으로 싸서 먹었다. 맛있었다.

다음으로는 도토리묵을 간장에 찍어 먹기 위해서 도토리묵에 젓가락을 대고 묵을 집으려고 하였다. 그런데 묵이 잡히지는 않고 쇠젓가락에 의해 묵이 약간 잘리는 것이었다. 나는 좀 당황했다. 그래서 묵은 잠시 보류하고 김치가 놓여있는 접시로 다시 젓가락 방향을 바꾸었다.

나는 당시에 시력이 좋은 편이었다. 왼쪽 눈과 오른쪽 눈이 거의 2.0에 가까운 1.5, 1.5였다. 그런데 하필 나의 젓가락이 향하고 있었던 김치를 자세히 보니까 검은 긴 머리카락이 있는 게 아닌가? 지금이야 성격 개조도 되어있고 의견 피력을 잘하여 얼마든지 적절한 대처를 할 수가 있지만, 그때 당시의 나는 성격과 자신감, 말하기에 대하여 여러모로 고통받고 있었다. 한마디로 총체적 난국이었던 때였다. 이미

초등학교 1학년 때부터 심각한 불안 증상과 말을 심하게 더듬는 증상이 있었던 상황이었다. 그래서 나는 무슨 말이든지 말하려고 하면 상당히 힘이 들었고 부담스러웠다. 그리고 떨렸다. 다시 말하면 의견 피력을 거의 못하는 상태라고 할 수 있었다.

그런데 하필 나의 젓가락이 긴 머리카락이 놓여있는 김치로 향하고 있었던 것이었다.
어떻게 대처해야 할지 고민도 잠시, 그때 당시에 나는 선택지가 없었다. 그냥 내가 김치와 머리카락을 친구와 친구의 사촌 형이 모르게 먹는 수밖에 없다고 생각했다. 그래서 나는 그 긴 머리카락과 함께 김치를 입에 넣게 되었다.
어린 나이였지만 식감은 상당히 찝찝했다. 마치 얇은 낚싯줄을 위아래의 어금니로 질근질근 누르기만 하는 것 같았다. 김치만 씹혔고, 머리카락은 씹히지 않았다. 머리카락은 분해가 되지 않았다. 그래서 억지로 목구멍 안으로 넘겼다. 내가 찝찝해하며 머리카락과 김치를 목구멍 안으로 넘기는 것보다 이 상황을 말로 대처하는 게 더 힘들었고, 엄두가 나질 않았기 때문에 어쩔 수 없는 선택이었다.

또 다른 중학교 때의 일이다.
학교 선생님이 7번, 17번, 27번, 37번에게 책 읽기를 시킨 것이었다.
나는 27번이었는데 7번이 읽을 때부터 벌써 초조함을 느꼈다. 그다음 17번이 읽을 때는 나의 심장은 요동치기 시작하였다. 이윽고 27번인 나의 차례가 왔을 때, 심장은 더욱더 요동쳤고, 목소리는 나의 목구멍을 무언가로 막아놓은 것 같았다. 이에 더 당황하니까 말더듬 증상이 심해져서 낭독의 스타트가 안 되는 것이었다. 가뜩이나 기저에 말을 더듬는 증상이 있었고, 여기에 더해 덜덜 떨리는 증상까지 추가되니까 목소리까지 안 나오는 힘든 상황이었다.

선생님한테 살려달라고 애원 좀 해보려고 선생님의 표정을 보았더니 오히려 답답해하시며 인상을 쓰고 계셨다. 그래서 나는 다시 사력을 다해 목소리를 빠르게 내려고 하였다. 이에 목소리는 더 막히는 느낌이었다. 하지만 이 상황을 어떻게든 대충이라도 넘겨야 한다고 생각하고 죽을힘을 다해서 목소리를 내려고 하니 엇박자였지만 다행히 그리고 간신히 목소리가 나오기 시작하였다. 하지만 낭독은 상당히 엉망이었다. 또박또박 읽어야 하는데 목소리는 덜덜 떨리고 말은 더듬어지고, 목소리 크기는 개미 소리가 났었던 것 같다. 거의 울기 직전의 표정으로 가까스로 읽은 것이었다. 이에 선생님은 '그거 하나 제대로 못 읽냐!' 하는 표정으로 나를 한심한 듯 바라보았다. 선생님이 나에게 한 마디 하려고 했던 것 같았는데 37번이 그다음 지문을 읽기 시작하며 그 시간이 아슬아슬하게 지나갔다.

이처럼 나의 말하기에 대한 처절한 에피소드는 많이 있지만, 금방 생각나는 것 두 가지 정도를 적어보았다.

나는 초등학교를 7세에 입학했고, 입학하자마자 말을 더듬거리는 증상이 나타나기 시작하였다. 그리고 말더듬 증상은 더욱더 심해지는 것 같았다. 그래서 어떻게 보면 나는 7세 때부터 말에 대하여 항상 고민하기 시작하였고, 이를 해결하기 위한 노력을 하였다. 어떻게 노력하면 말을 더듬지 않을 수 있을지, 어떻게 하면 떨지 않고 말을 할 수 있을지를 고심하며 나름의 연습을 하였다.

그러다 보니 초등학교 때부터 줄곧 노력해 온 말더듬에 대한 해결, 그리고 나의 발표 불안 그리고 성격 개조에 대한 노력은 성인이 된 지금까지 계속 고민하고 연구하게 되어 이제는 어느덧 나의 가장 애정 있는 직업으로 연결되었다. 그래서 지금은 서울의 한 스피치 학원에서 15년 넘게 여러 대상을 지도하고 있으며, 여러 좋은 성과들을 이끌어 내고 있다. 나에게 지도를 받은 수강생들에게 좋은 변화가 생겼다고 연락이 자주 온다. 그리고 이러한 연락을 받으면 많은 보람을 느끼고 행복감을 느낀다.

그동안 저자 본인이 수십 년 동안 고민하고 직접 실습하고 연구하며 또한 15년 넘게 많은 사람을 지도하며 성과를 이끌어낸 내용을 바탕으로 본 책을 집필할 수 있게 되었다.
따라서 이 책이 독자 여러분에게 많은 도움이 되기를 희망한다.

그리고 저자 본인이 나름의 끈기와 근성을 가지고 지속해서 노력하는 습관이 생길 수 있도록 감동적일 정도로 근면 성실하게 살아오신 부모님께 감사드린다.

박동옥 아버님과 김철희 어머님 감사합니다. 존경합니다. 사랑합니다.

2025년 5월
저자 박상현

CONTENT

프롤로그 | 머리카락 먹다 · 4

제1장 발표 불안의 여러 해결 1

chapter 1 발표 불안의 이해	16
chapter 2 발표 불안의 원인	26
chapter 3 정상 불안과 병적 불안	36
chapter 4 수행 불안	43
chapter 5 성공 경험과 부정 경험	56
chapter 6 인지 재구성	60
chapter 7 심리치료 기법	66
chapter 8 주목 불안	70
chapter 9 자의식 과잉과 발표 불안	82
chapter 10 자율신경계	88
chapter 11 호흡법과 음성	92
chapter 12 횡격막 호흡	98

chapter 13 속도 불안 Sync 때맞춤   107

chapter 14 사람 관계 불안   115

chapter 15 안면 홍조 이해   125

chapter 16 감정(안면) 홍조 대책   129

chapter 17 시선 왜곡 교정   146

chapter 18 시선 확장 훈련   153

제2장 발표 불안의 여러 해결 2

chapter 1 예기 불안   160

chapter 2 순서 불안   170

chapter 3 이미지 불안   178

chapter 4 과하게 창피한가?   183

chapter 5 기초 자신감   188

chapter 6 멘탈 알맹이 껍데기   194

chapter 7 안 밀린다 VS 좋아한다   204

chapter 8 세로토닌 도파민   208

chapter 9 긴장을 풀 줄 알아야 한다   212

chapter 10 기분 상중하   224

chapter 11 발표 불안 일부 값과 평균값   231

chapter 12 끼 조절   237

chapter 13 전염   242

chapter 14 최면 기법   248

chapter 15 NLP   253

chapter 16 숏 스피커   262

chapter 17 마이크 잡는 요령   269

chapter 18 A4 용지 잡는 요령   273

제3장 말 만들기 전개 요령

chapter 1 원고의 종류   278

chapter 2 품사와 단문 복문   287

chapter 3 서술어 훈련 299

chapter 4 기본 구조 307

chapter 5 병렬식 구조 312

chapter 6 상위 개념, 하위 개념 318

chapter 7 ICE 법칙 323

chapter 8 설득력을 높이는 기술 331

chapter 9 애드리브 338

chapter 10 순발력 불안 346

chapter 11 질문 3개로 편안함을 찾을 수 있다 352

chapter 12 중간에 말이 막혔을 때 대처 356

chapter 13 NG를 Good으로 복구 359

chapter 14 說(말씀 설) 365

Chapter 15 결정화 지능 373

박상현의 긍정적인 자기 대화 암시문 ·380

에필로그 ·382

제1장
발표 불안의 여러 해결 1

> 수행 불안을 줄이고 수행을 안정적으로 하기 위해서는 어떻게 해야 할까?
>
> 첫째, 당연한 말 같지만 수행을 잘할 수 있다는 마음을 굳게 먹고 침착하게 최선을 다하여 수행을 하는 것이다.
> 둘째, 시간적인 부분과 공간적인 부분에 대한 수행 집중력을 높여서 수행 집중력을 '상'으로 끌어올리는 것이다.
> 셋째, 스피치풀니스(speechfulness)를 연마한다.

chapter 1

여러분, 학교에서 책 읽을 때 또는 모임에서 순서를 돌며 한마디씩 할 때, 그리고 갑자기 자기소개를 사람들 앞에서 하게 되었을 때, 많이 떨렸던 경험이 있는가? 그때만 떨릴 줄 알았는데, 어어? 발표할 때마다 계속 떨리고 이제는 더 떨리기까지 하는 것 같다. 손도 떨리고, 목소리도 떨리고, 얼굴도 빨개지고…. 다른 사람들은 다 괜찮은 것 같은데, 왜 나만 떨리는 건가? 혹시 이런 증상은 병인가? 해결 방법이 있을지 모르겠다. 어떻게 해결해야 좋을까?

이 증상은 '발표 불안, 무대 공포, 대중 공포'라고 할 수 있다. 지금부터 이 증상에 대하여 살펴보겠다. 그리고 이 책을 잘 정독하며 해결해 보자.

우리가 사회 활동을 하다 보면 여러 가지 상황에 직면하게 된다. 이때 여러 부담과 불안을 느끼는 경우가 많다. 이런 여러 불안을 통틀어서 '사회 불안'이라고 한다. 이런 사회 불안적 요소가 심하다면 사회 활동을 하는데 상당히 곤란할 것이다. 그리고 이러한 스트레스는 사회 생활하는 데 있어서 또 다른 장애가 될 수 있다. 그럼, 이 사회 불안에는 어떤 것들이 있는지 알아보고, 발표적 불안에 대해서 자세히 파헤쳐보자.

먼저 사회 불안의 종류에 대해서 열거해 본다.
사회 불안에는 적면(안면 홍조) 불안, 시선 불안, 떨림 불안, 수행 불안, 연단 불안, 발표 불안, 대중 공포, 복잡한 인파 속 불안, 공중 화장실 불안, 땀 불안, 삼키기 불안, 회식 불안, 이성 공포, 나방 불안, 주삿바늘 불안, 폐쇄 공간 불안, 높은 곳 불안, 날카로운 물체 불안 등등 다양하다.
이렇게 나열해 보니까 사회적 불안의 종류가 꽤 많음을 새삼 느끼게 된다.

그중에서도 우리 스피치 쪽에서는 시선 불안, 떨림 불안, 연단 불안, 수행 불안, 안면 홍조 불안, 대중 공포, 음성 불안, 말하기 불안 등 발표적 불안도 종류별로 꽤 많이 있다는 것을 확인해 볼 수 있다.

혼동할 수 있는 부분에 대해서 추가로 간단히 정리하면 다음과 같다.
　　대인 기피: 사람과의 대면을 부담스럽게 생각하고 회피하는 형태
　　대인 공포: 사람과의 대면을 매우 부담스러워하며 불안을 느끼는 형태
　　대중 공포: 사람들의 이목이 집중된 상황에만 놓여도 불안을 느끼는 형태

발표 불안(대중 공포+발표 공포): 사람들 앞에 선 자체만으로 불안을 느끼고, 여기에 음성으로 말하기를 하는 행동에 대해서도 불안을 느끼는 형태

무대 공포: 말하기 불안, 노래하기 불안, 연기하기 불안, 춤추기 불안 등, 발표 불안보다 무대 공포가 더 다양한 종류의 불안을 내포

저자 본인은 어려서부터 심한 말더듬증과 심각한 발표 불안 때문에 너무 큰 스트레스를 받아왔다. 그래서 대략 7세 때부터 지금까지 수십 년 동안 이 부분에 대해서 고민하고 실험하였다. 그 결과 이제는 이런 고민을 하고 계신 많은 분들을 지도하며 도움을 드리고 있다.

이제는 이 책을 통하여 내가 실제로 많은 사람에게 도움을 드린 여러 핵심 노하우에 대해서 여러분께 모조리 오픈하고자 한다. 그러므로 잘 정독하고 또 잘 관찰하고, 꼭 입으로 소리 내서 복습을 해주기 바란다. 그러면 나도 연단에서, 완벽한 발표는 아닐지라도, 큰 무리는 없을 정도로 발표를 수행할 수 있게 될 것이다.

자, 그러면 발표적 불안을 해결할 수 있는 현존하는 방법에는 어떤 방법들이 있는지 알아보자. 발표적 불안을 해결하는 현존하는 방법으로는 크게 행동치료, 인지치료, 심리치료, 약물치료가 있다.

여러분께 질문 하나 하겠다.

여러분, 발표는 '상상'인가, '그림'인가? 아님 '행동'인가?

그렇다. 바로 '행동'이다. '발표'라는 말에 생략된 말이 바로 '발표 행동'이라는 것이다. 행동치료를 한다는 말은 자신의 발표 행동을 '교정하고 강화시킨다.'라고 이해하면 되겠다.

그럼, 여러 치료 방법 중에 먼저 행동치료에 대해서 살펴보겠다.
행동치료는 '순서'가 꽤 중요하다.

발표 경험을 쌓을 때 떨림을 극복하기 위하여 100명 정도 되는 사람들 앞에서 갑작스럽게 스피치 훈련을 한다고 해서 발표적 불안이 좋아지지는 않는다. 오히려 악화될 수 있다.

이러한 방법 대신 점진적 노출 훈련을 해야 한다. 예를 들어 나비를 두려워하는 사람에게 나비를 바로 만지게 하는 것보다는 나비를 스케치북에 그리게 하는 적응 훈련, 다음으로는 나비 사진을 보며 하는 적응 훈련, 나비 영상을 보며 하는 적응 훈련, 나비 인형과 같이 잠을 자는 적응 훈련, 나비 박제를 보는 적응 훈련, 나비 박제를 만져보는 적응 훈련, 실제 작은 나비를 보고 터치하는 훈련 등으로 점진적 노출 훈련을 한다면 충분히 불안을 줄일 수 있을 것이다.

이처럼 적응 훈련을 할 때 단계별로 행동 확대 훈련을 한다면 덜컥 겁을 먹는 상황은 최소화할 수 있고, 적응력은 좋아져 불안 해결이 용이해질 것이다.

이처럼 행동치료에는 나름의 규칙이 있다. 그 규칙은 점진적, 연속적, 적극적 노출 훈련을 하는 것이다. 이를 만족시켜 훈련한다면 좋은 성과를 기대할 수 있으리라 확신한다.

다음은 인지치료에 대해서 설명하겠다.
인지, 認知(알 인, 알 지)!
과거에 자신이 발표할 때 잘했던 경험은 거의 없고 떨었던 경험만 있다면 이에 대한 부정적인 기억이 계속 자라날 것이다. 게다가 시간이 지날수록 기억의 크기는 실제 있었던 일보다 더 커지게 된다. 그래서 자신의 발표적 인지값이 떨었던 팩트 크기보다 시간이 지나면 지날수록 기억의 크기가 더 커지는 인지값으로 자랄 수 있다.
그럼 어떻게 해야 하는가? 이렇게 하면 좋겠다. 발표의 부정 기억을 없애려고만 접근하기보다는 발표의 긍정 성공 경험을 체험하는 게 발표적으로 좋은 인지를 하는 데 더 효과적이다. 즉, 실효성이 약한 방법으로 접근하기보다는 재빨리 전문가의 도움을 받아 성공적 발표 경험을 할 수 있도록, 적극적이고 적시성을 띤 노력을 하루라도 빨리 하는 게 좋겠다(인지 기법은 뒷부분에서 자세히 다룬다).

심리치료 같은 경우에는 발표적 성공 경험을 하게 되면 자연스레 긍정 심리가 발생하게 된다.

앞서서도 언급했지만 발표적 불안 심리만 없애려고 노력하지 않았으면 한다. 자신의 발표 행동을 조금이라도 더 긍정적으로 느낄 수 있도록 발표 수행을 잘하게 되면 이에 대하여 좋은 인지가 될 것이고, 좋은 인지는 좋은 심리가 생성되게 하는 디딤돌이 될 것이다.

다시 말하면 심리에만 매달리지 말고 자신의 발표 행동을 성공적으로 교정하고 실제 실력 강화를 한다면 좋은 심리는 자연스럽게 따라온다는 이야기이다.

여러분, 이해했는가?

조금 더 설명하겠다. 심리는 저절로 생겨나는 값이 아니라 어떤 원천, 어떤 베이스, 어떠한 경험에 의해서 2차적으로 생성되는 값이다. 심리는 1차 값이 아니라 2차 값이다.

예를 들면, 강남에서 누군가를 만나기로 했다고 하자.

강남에 도착하였는데, 가방과 주머니를 보니까 깜박하고 지갑을 놓고 온 것이다. 카드도 없고 휴대폰 결제 시스템도 없다. 주머니를 자세히 살펴보니까 5천 원이 있다. 5천 원밖에 없다는 사실을 확인하고 나니(인지하고 나니) 갑자기 심리가 불안해진다. 주머니를 살펴보기 전까지의 심리는 괜찮았으나, 주머니에 현금과 카드가 없다는 사실을 인지하고 나서 불안한 심리가 생겼다. '돈이 없다는 사실 인지 = 불안 심리 발생'이다.

이렇듯 심리는 저절로 생겨나는 것이 아니라 '1차' 값에 의하여 '2차' 적으로 생성되는 것이다. 따라서 '2차'로 생겨난 심리를 바꾸기 위해서는 원천 값을, 즉 '1차' 값을 바꿔야 한다는 것이다.

'떨고 안 떨고' 이 부분에만 초점 맞추지 말고, 본인의 '발표 행동'이 어떠한지 점검하고 발전시키길 바란다.

즉, 발표 부정 경험을 하면 부정 심리가 생기고, 발표 긍정 경험을 하게 되면 긍정 심리가 발생하는 것이다. 따라서 '떨림'에만 초점을 맞춘다면 발표 부정 경험을 하게 될 것이고, 바람직한 방법으로 훈련하여 발표 수행을 한다면 발표 긍정 경험을 하게 될 것이다. 그리고 발표 성공 경험의 농도나 빈도수에 따라서 긍정 심리도 늘어나게 된다. 그럼, 긍정 심리가 발생한 만큼 불안의 크기는 줄어들게 되는 것이다.

다시 말해서, 발표 긍정(성공) 경험을 하기 위해 노력한다면 발표 불안도 서서히 타파할 수 있다는 이야기이다(심리 기법은 뒷부분에서 자세히 다룬다).

그다음으로는 약물치료가 있다.
약물치료 같은 경우에는 인데놀(Indenol), 프로작(Prozac), 알프람(Alprazolam) 등의 약물을 사용한다.
여기서 인데놀(Indenol)은 일반적으로 베타 차단제(beta-blocker) 약물 중 하나로, 특정 심혈관계 질환 치료에 사용된다. 또한 심장 박동수를 낮추고, 혈압을 안정시키는 데 도움을 준다. 그리고 인데놀은 물과 함께 복용하고 난 다음 30분~60분 이내에 효과가 발현되며 최대 효과는 1~2시간 후에 나타난다.

저자 본인이 접한 사람 중에는 이런 사람도 있었다. (우리 아카데미에서는 수업을 받지 않은 사람이다.) 이 사람은 신입 사원 때부터 발표 불안이 고민이었다. 그러나 스피치 역량을 키우기보다는, 약물(인데놀)부터 의존한 사람이다. 신입 사원 때는 회의 등과 같은 발표 시간이 며칠 전에 미리 공지됨에 따라 인데놀 약물을 복용하여 효과가 나타나는 시섬을 발표 시간과 잘 맞출 수가 있었다.

그런데 이 신입 직원이 추후에 승진하고 나서부터는 서서히 문제가 생기기 시작하였다. 과거 신입 사원 때에는 발표 시간을 미리 파악할 수 있어서 충분히 약물에 의존할 수가 있었는데, 역할이 커지고 난 뒤부터는 즉흥적인 발표 상황이 많아진 것이다. 즉흥적으로 바로 발표를 할 때에는 인데놀을 복용할 시간도 없었을뿐더러 인데놀을 복용하더라도 바로 효과가 나타나지는 않아서 즉흥의 발표 때에는 실제적으로 약물의 도움을 받지는 못했다.

몇 개월 후, 이 사람은 나에게 전화를 걸어왔다. 자신의 고민을 이야기하던 중, 나는 이 사람에게 요즘은 스피치에 대해서 어떻게 노력하고 있는지 물어보았다. 그의 말은 요즘 노력을 하기는 한다고 하였다. 그런데 어떻게 노력을 하느냐 하면 인데놀을 복용하고 해당 지역의 스피치 동호회에 나간다고 하였다. 약물을 복용하고 스피치 연습을 한다는 이야기였다.

여러분, 약물을 복용하고 스피치 연습을 하는 게 의미가 있다고 생각하는가? 내가 이 사람에게 스피치 수업을 한번 제대로 받아보라고 이야기했는데, 뭘 그렇게 재고 고민하는지 참으로 우유부단하고 느꼈다. 여러분, 발표 불안이 고민일 경우, 가능하면 행동 치료, 즉 스피치 수업부터 먼저 진행하길 바란다. 스피치 수업도 가능하면 1:1이나 소그룹부터 먼저 시작하면 좋겠다. 불안이 심한데 큰 그룹 수업부터 참여하게 될 경우, '깁' 먹을 수가 있기 때문이다.

물론 때에 따라서는 어쩔 수 없이 발표 훈련을 성실하게 임하고 난 다음, 약물을 보조적인 장치로 활용하는 것도 고려할 수 있다. 아주 중요하며 초대형 발표이고, 도저히 소화가 어려운 경우에 또는 나의 인생이 걸린 중요한 면접 상황이라면 100% 이상의 바람직하고 최선의 훈련을 하고 난 다음에 약물을 보조적으로 활용해서라도 성공 체험을 하는 전략도 필요하다.

간단히 정리하면, 약물에만 맹신하게 될 경우, 허를 찔리는 상황들이 생겨서 문제가 될 수 있으니 평소에 꾸준히 대중 스피치 역량 계발에 힘써서, 약물 의존 없이도 웬만한 발표는 수행할 수 있도록 하자.

이상으로, 발표적 불안을 해결할 수 있는 행동 치료, 인지 치료, 심리 치료, 약물 치료 등을 알아보았다. 스피치 실력을 키우고, 여러 요령들을 적용시킨다면 자연스럽게 무대 적응력이 좋아져서 대중 스피치를 충분히 안정적으로 잘해낼 수 있을 것이다. 응원한다.

발표 불안의 원인

chapter 2

여러분은 발표 불안의 원인을 무엇이라고 생각하는가?
발표 불안의 원인은 여러 가지 요인에서 비롯될 수 있다.

원인은 정말 다양하다.
신경전달물질 불균형, 편도체 등 뇌 기능 이상, 엄한 가정환경, 자기비판과 낮은 자존감, 완벽주의 성향, 타인의 평가에 대한 민감성, 충분한 준비 부족 등이다.
하나하나 살펴보면 다음과 같다.

첫째, 발표 불안의 원인 중 하나로 신경전달물질의 불균형이 있다. 신경전달물질은 뇌의 신경세포들 사이에서 정보를 전달하는 화학물질로, 이 중 세로토닌, 도파민, 노르에피네프린 등이 주요한 역할을 하는데, 이런 부분이 너무 적거나 많게 분비되면 자신감 저하 또는 신체가 긴장하는 등 과민 반응이 나타날 수 있다.

둘째, 편도체는 뇌의 변연계에 있는 작은 구조로, 감정 처리와 특히 공포 반응을 조절하는 중요한 역할을 한다. 발표 상황처럼 긴장되고 불안한 상황이 닥치면 편도체는 이를 위협으로 인식할 수 있으며, 이때 편도체가 과도하게 활성화되면 신체는 자동으로 '투쟁-도피 반응'을 일으키며 심장 박동이 빨라지거나 손에 땀이 나고, 말이 떨리는 등 신체적 증상이 나타난다.

셋째, 엄격한 부모의 높은 기대와 잦은 비판 속에서 자란 아이들은 실수에 대한 두려움이 강해질 수 있다. 이로 인해 실수를 피하려는 성향이 짙어져 발표 상황에서 긴장감을 느끼게 된다. 또한 스스로에 대한 부정적인 인식을 가지게 되어 자신감이 낮아질 수 있다. 결국 이러한 심리적 부담감이 발표 불안으로 이어질 수 있다.

넷째, 자신에 대한 비판적인 생각이나 낮은 자존감이 발표 불안을 유발할 수 있다. 발표 중 실수할까 두려워하거나, 청중이 자신을 부정적으로 평가할 것이라는 걱정이 불안을 키운다.

다섯째, 완벽주의적인 성향을 가진 사람들은 발표에서 모든 것을 완벽하게 수행하려고 하며, 이는 실수에 대한 두려움이 다른 사람들보다도 더 크게 다가온다. 그로 인하여 불안감이 증가하게 된다.

여섯째, 타인의 평가나 반응에 민감하게 반응하는 사람들은 발표 중에도 청중의 반응에 따라 긴장하거나 불안을 느끼기 쉽다. 사람들의 표정이나 반응을 과도하게 신경 쓰다 보면 발표에 집중하지 못하게 된다.

일곱째, 발표에 대한 준비가 충분하지 않을 때도 불안이 생길 수 있다. 준비가 부족하면 발표 중 실수할 가능성이 커지며, 이는 불안으로 이어질 수 있다.

이렇듯 발표 불안의 원인을 나열해 보면 꽤 복잡하고 다양하다. 그래서 저자가 보다 간설하고 쉽게 발표 불안의 원인에 대해서 추가적으로 설명하겠다.

여러분은 대중 스피치를 수행할 때 왜 떨린다고 생각하는가? 그 원인이 뭐라고 생각하는가? 이에 대하여 상위 원인, 하위 원인, 추가 하위 원인 등으로 설명하겠다.

첫 번째, 발표 불안의 가장 큰 상위 원인은 '스피치 부정 경험' 때문이다.
'발표 성공 경험'을 하게 되면 발표를 한 번 해볼 수 있겠다는 자신감과 긍정 심리가 생겨서 또 다른 발표도 성공할 확률이 높아진다. 그리고 발표 성공 경험은 발표를 잘할 수 있도록 이끌었던 바람직한 방향이 어떤 건지 어느 정도는 파악할 수 있게 되므로 다시 잘 준비하고 연습할 수 있다. 그래서 다음 발표에서도 성공적인 발표를 할 수 있는 확률이 높아지게 된다.

 그런데 이와 반대로 발표 부정 경험을 하게 되면 앞으로 있을 발표에 대해서 미리부터 지레 겁을 먹게 된다. 발표에 대하여 미리부터 두렵게 느끼고 불안해지니 실제 무대에서도 자신감 없고 위축된 발표를 하게 된다. 이는 또 다른 발표 상황에서 역량을 발휘하기 어려워질 수 있다. 그럼 발표 부정 경험을 하게 될 확률이 높아지게 되고 악순환의 소용돌이에 빠지는 상황이 될 수 있는 것이다.

 예를 들면, 발표 당일에 잠도 못 자고 내용도 이해가 덜 된 상태에다가 말할 의욕도 없이 별로 무대 서기 싫은 상태에서 발표를 하게 된다면 발표가 성의있게 되겠는가? 성의 있는 발표를 하기가 어려울 것이다. 이처럼 성의가 별로 안 느껴지는 발표 모습을 청중이 접한다면 청중은 신뢰하는 표정으로 화자를 바라보겠는가, 인상을 찌푸리며 바라보겠는가? 아마 인상을 찌푸리는 사람들이 많을 것이다. 그럼 청중의 이런 표정을 보며 말하는 화자는 더더욱 발표 전개가 부담스럽게 느껴질 것이고, 이런 상황에 대해서 치욕스럽게 느끼는 등 부정적으로 느낄 것이다.

이와 같은 부정적 발표 경험을 한 번만 하게 되더라도 보통의 경우 발표에 대하여 두려워하는 경향을 보인다.

이런 발표적 부정 경험은 다음에 비슷한 발표를 할 때도 예기불안을 불러일으킨다. '예기(미리 예豫, 기다릴 기期)', '미리' 불안해지는 것이다. '내가 또 불안하게 발표를 하면 어떻게 하지?'라고 생각하며, 미리 걱정해하고 불안해하며 초조와 긴장 상태가 높아지게 된다. 긴장과 불안 상태가 낮은 상태가 아닌 이미 높은 상태에서 발표를 하게 되니 불안한 발표를 또 하게 될 확률이 크다. 즉, 예기불안이 생긴 상태에서 하는 발표를 몇 번만 경험하더라도 어느덧 대중 발표에 대하여 거의 고정적으로 겁내게 되는 것이다.

그래서 발표 경험을 할 때는 사전에 성공 확률이 높은 스타일로 연습을 악착같이 하는 게 중요하다. 예를 들면 자신이 할 말을 원고에 모조리 다 적은 다음에 달달달 외우는 방식(전문 원고)으로는 개인적으로 안 했으면 한다. 이러한 스타일로 준비하면 아마도 중요한 발표에서는 성공 확률이 적을 것이다.

왜냐하면, 이미 고정된 원고 하나로만 연습을 해놓아서 무대에서 변수 상황 시, 응용과 대응이 어렵기 때문이다. 말하기 전개의 노선이 약간만 바뀌어도 대응이 어렵고, 변수 상황을 순발력 있게 대응하는 화술적 전개가 난해해 당황하기 쉽기 때문이다.

따라서 발표 성공 경험을 하고 싶다면 조금 더 적절한 방법으로 준비를 하면 좋겠다. 이 부분은 뒷부분에서 자세히 다룬다.

두 번째, 발표 불안의 하위 원인에 대해서 설명하겠다.
앞서 설명하였듯이 '발표 부정 경험'이 상위 원인인데, 이러한 상위 원인은 다음과 같은 하위 원인으로 나눌 수 있다.

발표 불안의 원인은 바로 '발표'와 '사람' 때문이라고 할 수 있다. 발표를 하는데 화자 자신 앞에 사람들이 없다면 많이 떨릴까? 안 떨리지 않겠는가? 또한 발표에는 여러 가지 방식(정보 전달, 설득, 사회, 회의 긴챈 등등)이 있는데 이런 걸 잘 학습해 놓지 않고 체화해 놓지 않는다면 당연히 발표 수행이 어렵지 않겠는가? 그리고 발표 시 불안한 수행을 할 것이다.

발표 불안의 하위 원인이 발표와 사람 때문이라고 언급하였는데, 그중 먼저 '발표'에 대하여 설명하고, 그다음 '사람'에 관하여 설명하겠다.

먼저 '발표'에 대한 부분이다. 글자를 잘 보면 '발표'라고 되어 있다. 혼자 중얼거리는 '독백'이 아니다. 또한 '스몰 토크'가 아니다. 사람들 앞에서 말하는 공식적인 말하기이다. 대중 스피치이다.

가끔 발표 불안에 대해서 고민이 있는 사람들과 이야기를 나누어보면 이런 이야기들을 많이 한다.

평소에 사람들과 대화를 나눌 때는 말을 잘하는데 무대만 나오면 떨린다고 한다. 여러분, 어떻게 느끼는가? 아니, 가벼운 대화와 대중 스피치를 단순 비교하여 원인을 파악하려고 하면 되겠는가? 자연인

집짓기와 5층 건물 짓기를 단순 비교하면 되겠는가?

대중 스피치는 세계인 모두가 부담스러워하는 것이다. 프레젠테이션의 황제라고 불리는 애플 사(社)의 창업자인 스티브 잡스도 자신의 모교에서 연설할 당시, 그렇게 연습을 많이 했어도 긴장되어서 배가 아프다고 할 정도였다.

축구를 잘하는 사람들은 축구공을 양발로 톡톡 튕겨서 땅에 안 닿게 오래도록 리프팅할 수 있다. 하지만 축구공으로 이런 훈련을 하지 않은 사람들은 발로 단 몇 개 툭툭 튕기다가 공을 땅에 떨어뜨릴 것이다.

이런 것처럼 대중 스피치도 실제적 훈련을 많이 해본 사람이 좀 더 컨트롤 을 잘한다. 그리고 대개의 경우 대중 스피치에서는 대화처럼 양방향 소통보다 일방향 전개를 많이 한다. 그래서 이 일방향 전개력에 대해서 연마를 한 사람들이 연단에서 조금 더 나을 것이다. 일방향 전개가 익숙해지도록 무대 집중력과 전개력에 대하여 훈련을 한다면 발표적 불안이 적어질 것이다.

다음은 '사람'에 대하여 설명하겠다.

여러분, '관계 불안'이라는 표현을 들어본 적이 있는가? 이는 '사람 관계 불안'을 말한다. 예를 들면 다음과 같다. 평소에 나를 불편하게 만드는 한 사람이 있다. 이 사람이 없으면 기를 활짝 펴고 하고 싶은 이야기를 다 하고 의욕적으로 말을 할 수 있을 텐데, 이 사람만 무리에 섞여있으면 생각을 많이 하게 된다.

'과연 이 이야기를 하면 뭐라고 할까?', '괜찮을까?' 등등 생각이 계산을 많이 하는 것이다. 그래서 어느 때는 발표가 괜찮게 잘되고 어느 때는 발표도 잘 안 되고, 얼굴도 붉어지고 좀 떠는 것이다. 자신을 불편하게 하는 그 한 사람만 없어도 발표가 어느 정도는 잘 될 텐데, 이처럼 나를 불편하게 하는 사람이 집단에 한 사람만 섞여있더라도 불편한 수행이 이루어지는 것이다.

이런 경우를 바로 '사람 관계 불안'이라 한다.
  이럴 때는 평소에 미리 그 사람과의 관계를 최대한 긍정적으로 풀어 놓는 것이 중요하다. 자신이 이 사람을 왜 불편해하는지 그 이유를 분석해 보고, 만약에 나를 무시하면서 대하거나 또는 불편하게 만드는 요소가 있다면 이에 대해서 빠른 소통과 정리를 통해서 최대한 사람 관계 불안을 줄이도록 하자. 그럼 사람 관계 불안이 적어져서 이에 대한 발표 불안을 줄일 수 있다. (뒷 부분 '사람 관계 불안' 챕터에서 자세히 다룬다.)

다음은 추가 하위 원인에 대해서 이야기해 보겠다.

크게 음성 불안, 말 만들기 불안, 시선 불안, 홍조 불안, 이미지 불안 등이 있다.

첫째, 음성을 보다 안정적으로 내는 방법을 모르니 목소리가 떨리더라도 이를 안정적으로 제어할 수 없기 때문이다.

둘째, 말 만들기에 대한 실력이 부족하거나 요령을 모르기 때문에 이에 대한 스피치 전개에 대한 부담과 불안을 크게 느끼는 것이다.

셋째, 청중의 시선을 보는 게 어색하고 불편하다 보니 말하기 수행에 대한 집중도 분산되며 불안을 느끼게 된다.

넷째, 얼굴이 붉어질까 봐 불안하다.

다섯째, 자신이 경험하지 못했거나 감당하기 어려운 대상이나 연단 환경에 대해서 겁을 먹는 것이다. 예를 들면 명문대에서의 강의나 생방송 인터뷰 등의 이미지 불안을 말한다.

정리합니다

정리하면, 발표 불안의 원인을 한 가지로 이야기하라고 한다면 '발표 부정 경험'이라고 이야기하고 싶고, 두 가지로 이야기하라고 한다면 바로 '발표'와 '사람' 때문이라고 말하고 싶다. 그리고 여기서 '발표'는 '음성, 말 만들기, 시선 처리, 홍조 대처' 등을 의미하고, '사람'은 '사람 대응'을 의미한다.

즉, 발표 불안을 해결하기 위해서는 '발표 성공 경험'을 해봐야 하고, 평소에 '발표력'을 신장시킬 수 있도록 노력하고, 사람들과의 '관계'에서 애매한 값을 빠르게 정리할 수 있는 사적 스피치 역량도 길러놓으면 좋겠다.

자, 그럼 이제부터는 발표 불안의 여러 종류와 해결책에 대해서 집중적으로 학습하도록 하자.

정상 불안과 병적 불안

chapter 3

여러분, 혹시 지진이 발생하는 일은 슬픈 일인가, 기쁜 일인가?

누군가는 '슬픈 일입니다.'라고 답변할 수 있다. 그럴 수도 있다. 그런데 자연의 입장에서 보면 자연스러운 일이다. 즉, 지진 자체는 슬픈 일도 아니고, 기쁜 일도 아니다. 지진 자체는 자연의 섭리이기 때문이다.

하나 더 질문하겠다. 비가 내리는 것은 슬픈 일인가, 기쁜 일인가?

역시 누군가가 답변한다. '기쁜 일이에요!' 또는 '슬픈 일이에요!'

그럴 수도 있다. 그런데 역시 자연의 입장에서 보면 기쁜 일도 아니고, 슬픈 일도 아니다. 자연의 섭리이기 때문이다. 내가 하고 싶은 말은 다음과 같다.

인간은 상황에 따라서 불안을 느끼는 게 당연하다.

그리고 불안을 느끼는 게 정상이다. 왜 발표 불안에 대해서 고민

인 많은 사람들은 불안에만 초점을 맞추는지 모르겠다.

왜 떨지만 않으려고 노력하는지 모르겠다. 떨림만 잡지 말고, 떨림까지 잡을 수 있도록 노력하면 좋겠는데 말이다.

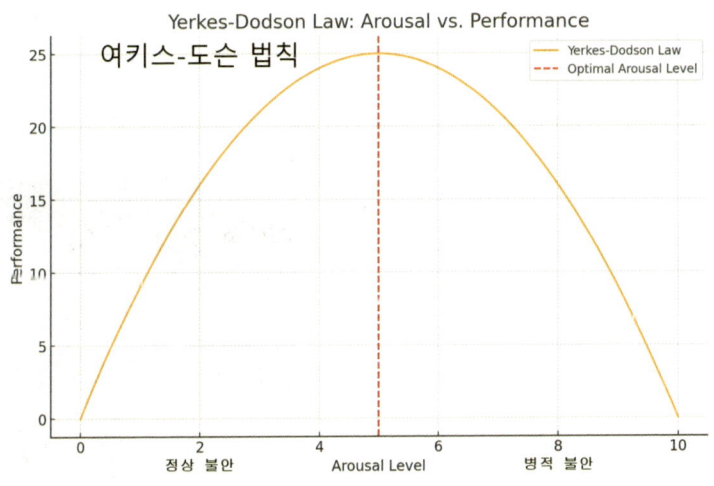

'불안'은 크게 둘로 나뉜다. 정상적인 불안과 병적인 불안이다.

정상 불안은 인간이 자연스럽게 느끼는 불안으로, 위험 상황이나 중요한 사건을 앞두고 느끼는 일반적인 감정이다. 적절한 수준의 불안은 경각심을 높이고, 문제 해결 능력을 향상시키는 긍정적인 역할을 한다. 예를 들면 시험을 앞두고 느끼는 긴장감, 중요한 발표 전에 느끼는 불안 등은 집중력을 높이고 준비를 더 철저히 하게 한다.

병적 불안은 과도하거나 부적절하게 느껴지는 불안으로, 일상생활에 지장을 주고 심리적 고통을 초래한다. 병적 불안은 지나친 걱정과 공포로 인해 정상적인 활동을 방해하며, 지속적이고 통제할 수 없는 경우가 많다. 예를 들면 특정 상황에 대한 비합리적인 공포, 사회적 상황에서 극심한 불안, 일상적인 일에 대한 과도한 걱정 등이다.

이에 대한 심리학 이론으로 1908년 미국의 심리학자 로버트 여키스(Robert M. Yerkes)와 제자인 존 도슨(John D. Dodson)이 연구하여 발견한 법칙이 있다. 각자의 이름을 따 여키스-도슨(Yerkes-Dodson) 법칙이라 한다.

이 이론에 따르면 적절한 긴장과 불안은 수행력을 높이는 데 오히려 도움이 된다고 한다. 오히려 긴장이나 불안이 없는 경우 수행의 질은 약한 것으로 나타나고 있다. 또한 긴장이나 불안이 너무 심한 경우에도 수행의 질이 좋지 않은 것으로 나타나고 있다.

불안이 아예 없거나 너무 심하면 수행 집중도가 약해지거나 밀리거나 쫓겨서 수행에 잦은 오류도 발생할 수 있다. 그렇기 때문에 불안이 어느 정도 있는 것은 부정적인 현상만이 아닌 긍정적인 부분도 있다.

따라서 불안만 100% 제거되기만을 추종하지 않길 바란다. 가끔 스피치 목적을 '무대에서 절대 떨지 않기'와 같은 내용을 말하는 사람들이 많다. 바람직하지 않다.

중요한 것은 바로 이것이다.

예를 들어 설명하겠다. 불안과 수행의 관계에서 불안이란 농도가 20으로 적고, 수행이란 집중의 농도가 이보다 더 적은 10이라면 어떤 발표 경험을 하게 되겠는가? 긍정 경험을 하게 될까, 아니면 부정 경험을 하게 될까? 답은 긍정 경험이 아닌 부정 경험을 하게 될 것이다.

이번에는 불안의 농도가 30이고 수행의 집중 농도가 20이면 또 어떤 발표 경험을 하게 될까? 맞다. 이 또한 부정적 발표 경험을 하게 될 확률이 높다. 그리고 이처럼 부정적 경험을 하게 되면 어떤 심리가 만들어질까? 긍정 심리가 생길까, 아니면 부정 심리가 생길까? 부정 경험을 하게 되면 긍정 심리가 아닌 부정 심리가 만들어진다.

불안의 농도를 무시할 수는 없겠지만, 불안을 느꼈다고 해서 무조건 트라우마로 남는 것은 아니다. 따라서 불안하게 발표했더라도 절망하지 말고 불안의 원인이 무엇이었고, 자신의 발표에 대해서 어떤 점들이 아쉬웠는지 침착하고 냉정하게 분석해서 다음의 발표는 보다 더 잘할 수 있도록 방향을 삼는다는 생각을 하면 더 이상 트라우마는 아니며 하나의 '데이터'가 될 수 있다.

그럼 이번엔 불안의 정도가 50이고 수행의 집중 농도가 60으로, 즉 불안의 크기보다 수행 집중도가 더 좋고 강하다면 어떻게 될까? 맞다. 발표적 긍정 경험을 하게 되는 꼴이라 할 수 있다. 그리고 이렇게 발표적 긍정 경험을 하고 나면 어떤 생각이 드느냐 하면 '한 번 해볼 수 있겠다'는 생각이 들게 되고, 이 생각은 자신감 심리 생성으로 연결된다.

※ 다음은 박상현의 발표 불안 자가 진단 체크리스트이다. 증상의 정도에 따라 정상 불안과 병적 불안으로 나눌 수 있다.

박상현의 '발표 불안' 지수 체크
(※ 동의하는 정도에 따라 각각의 점수를 체크하여 이를 합해보기 바란다.)

증상	동의하는 정도				
나의 목소리가 떨릴까 봐 겁을 먹고 있다.	10	7.5	5.0	2.5	0
말하다가 중간에 막힐까 봐 겁을 먹고 있다.	10	7.5	5.0	2.5	0
얼굴이 붉어질까 봐 불안하다.	10	7.5	5.0	2.5	0
청중의 시선을 보며 말하는 것이 불편하다.	10	7.5	5.0	2.5	0
사람을 어려워한다. (상사, 선배, 이성, 낯선 사람 등)	10	7.5	5.0	2.5	0

불안 범주	점수 구간	불안 수준	설명
정상 불안	0~12점	낮은 불안 수준	발표 상황을 편안하게 받아들이는 편이다. 발표에 대한 부담이 거의 없거나 잘 통제되고 있는 상태라 할 수 있다.
	13~25점	보통 불안 수준	발표에 다소 긴장하지만, 일상이나 업무에 큰 지장은 없다. 연습으로 개선 가능하나 근본적인 대비는 필요하다.
병적 불안	26~38점	높은 불안 수준	발표 상황에서 눈에 띄는 긴장 반응이 나타날 수 있다. 체계적인 훈련을 권장한다.
	39~50점	매우 높은 불안 수준	발표에 대한 두려움이 심각하여 회피하거나 삶의 질에 영향을 줄 수 있다. 전문가의 도움을 받기를 권장한다.

정상 불안과 병적 불안 정리

· **정상 불안 범주: 0~25점**
  * 일상적인 발표 긴장 수준, 자연스럽고 건강한 긴장 반응.
  * 부정 경험 겪기 전 스피치 역량 강화 필요.

· **병적 불안 범주: 26~50점**
  * 발표 상황에서 회피 행동, 신체 증상(떨림, 얼굴 붉어짐 등) 빈발.
  * 기능적 어려움(말 끊김, 회피, 심한 부담 등)이 나타날 수 있는 수준.

· **대응 및 해결 방안:** 대중 스피치 역량 강화와 불안을 조절할 수 있는 노하우 적극 체화할 것.

정리합니다

  불안에만 초점 맞추고 떨지 않으려고만 신경 쓰고 수행 집중도를 강화하지 않는다면 발표 불안 해결의 문제는 진흙탕에 빠질 수 있다. 쉽게 해결되지 않을 것이다. 이미 발표적 불안이 있는데 어떻게 바로 불안해하지 않을 수 있겠는가?
  불안하더라도 수행에 더 무게 중심을 두고 수행력 강화에 조섬을 낮추어 힘쓰도록 하자. 그럼 수행력이 강화되어서 결국엔 불안도 줄어들게 될 것이다.

  불안에는 정상 불안과 병적 불안이 있는 것처럼 인간은 누구나 정상적인 불안이 있다. 그러므로 불안하게 발표를 하였더라도 너무 불만족해하지 말고, 만족할 만한 부분들도 찾아내 보자. 분명히 있을 것이다. 자신이 생각하는 발표와 남이 느꼈던 발표는 다를 수 있다. 자신의 발표를 접했던 사람에게 한번 물어봐라. 혹시라도 자신의 발표에 대해서 긍정적인 부분이 있었는지. 그럼 생각지도 못한 좋은 이야기를 듣는 경우가 많다.

  내가 교육 시 가장 많이 접하는 부분은 바로 이 부분이다.
  누군가가 연단에서 발표를 실습하고 난 다음에 같이 수업받는 사람들에게 좀 전의 발표자 어땠는지를 물어보면 거의 다 이런 이야기를 한다. "안 떨고 차분하게 했어요."라고 말이다. 그럼, 좀 전의 실습한 사람은 긍정적으로 약간 놀란다. "정말이요? 많이 떨었는데…"라고 말이다.

이처럼 자신은 많이 떨었지만 청중이 접할 때는 이를 못 느끼는 경우가 정말 많다.

그리고 큰 발표를 앞두고 저자 본인이 교육을 진행했던 수강생에게는 다음과 같은 문자도 많이 받았었다. "저는 떨렸지만 상사분이 발표를 잘했다고 했어요. 자신감이 좀 생긴 것 같아요." 등의 내용처럼 긍정적인 내용을 많이 접하였고, 지금도 발표 후 성공했다는 수강생의 메시지를 자주 받는다. 이처럼 자신이 생각하는 발표와 남이 느끼는 발표에는 차이가 있을 수 있다. 떨리는 발표를 했다고 하여 꼭 못한 것은 아닐 수 있으니 낙심하지 말자. 가능하면 최대한 긍정적인 부분들을 끌어내어서 이를 발판삼아 해결의 불씨로 삼도록 하자.

당분간은 불안을 느끼더라도 떨리더라도 차근차근 발표 전개에 신경 쓰고 노력해 주기 바란다. 그럼 점점 발표 불안은 수행의 섬세함에 따라 반비례하게 될 것이다.

인간은 누구나 대중 앞에서 어느 정도는 불안을 느낀다. 자신 혼자만 불안을 느끼는 게 아니다. 따라서 불안을 느끼더라도 일단 불안에 대해 과감하게 수렴하자. 그리고 '불안은 누구나 느끼는 것이니 괜찮다'는 생각으로 자신의 마음을 편하게 해주고, 차근차근 핵심만 이야기하고 무대에서 내려온다고 생각하자. 그럼 오히려 불안을 덜 느끼게 될 수 있으며, 또한 이는 좋은 스피치로 이어지게 하는 기반 역할을 하게 될 것이다.

chapter 4

이번 시간에는 수행 불안에 대해서 살펴보자.

세계 최고의 특수부대들은 적에 침투하기나 위험한 미션을 '수행'할 때 어떠한 점을 중요하게 여길까?

특수부대의 수칙 내용에는 이런 내용이 있다.

특수부대는 항상 최고 수준의 신체적 능력을 유지하도록 훈련한다. 이는 위험한 작전 수행, 극한의 피로와 스트레스 등을 견디기 위함이다.

또한 특수부대는 정신적 강인함을 강화하여 위기 상황에서도 차분함을 유지할 수 있도록 훈련한다. 여기에 임무 중 예기치 못한 상황이 발생할 경우, 이때는 침착하고 유연하게 대처하도록 한다는 수칙이 있다.

이처럼 우리도 발표 수행을 할 때는 신체와 정신의 컨디션을 가능하면 '좋음'으로 끌어올려 놓자.

중요한 발표를 앞두고 있는데 과음을 한다든가 잠을 조금만 자서 몸을 피곤하게 만드는 등의 운영을 하지 않도록 하자. 또한 발표 직전에 기분이 저조할 수 있는 상황이 생기지 않도록 신경 쓰자. 어떤 유명 경제 전문가는 방송하기 전에는 자신의 유튜브 채널 댓글을 아예 안 본다는 이야기도 들어본 적이 있다. 혹시라도 악플 같은 내용을 보게 되면 심리적으로 밀리게 되어서 방송이 잘 안 될 수도 있기 때문이다.

여러 수행을 보다 침착하고 안정적으로 때론 순발력 있게 할 수 있도록 자기 몸의 컨디션과 정신의 컨디션을 잘 다스리는 일은 아주 중요하다고 할 수 있겠다.

그럼, 수행 불안을 줄이고 수행을 안정적으로 하기 위해서는 어떻게 해야 할까?

첫째, 당연한 말 같지만 수행을 잘할 수 있다는 마음을 굳게 먹고 침착하게 최선을 다하여 수행을 하는 것이다.

이렇게 노력을 하다 보면 점진적으로 수행의 질도 좋아지게 될 것이다. 우리가 수행을 할 때 실수 상황이나 좋지 않은 부정적인 생각들을 많이 하게 되면 우리의 잠재적인 요소들도 노력을 안 하게 되어 수행 오류나 수행 불안이 많이 생기게 될 것이다. 하지만 이와는 반대로 잘

할 수 있다는 생각들을 많이 하며 차근차근 심혈을 기울여서 수행을 한다면 보다 안정적이고 정확한 수행이 이루어지게 될 것이다. 이처럼 마음을 애매하게 먹고 수행을 할 때와 마음을 강하게 먹고 수행을 할 때의 차이는 상당하다고 할 수 있겠다.

둘째, 시간적인 부분과 공간적인 부분에 대한 수행 집중력을 높여서 수행 집중력을 '상'으로 끌어올리는 것이다.

수행을 하는 데 있어서 정신이 시간적으로나 공간적으로 분산되어 있고, 어떠한 외부 요인들을 많이 의식한다면 수행 집중력이 약해질 것이다.

그럼 시간적, 공간적으로 집중이 분산되는 형태에는 어떠한 내용이 있는지 알아보자.

먼저, 시간적으로 수행이 분산되는 상황이다.

예를 들면, 어떤 집단에서 사회자가 무언가 시간에 쫓겨서 진행을 한다고 했을 때 이 집단에 있는 많은 사람들도 사회자의 흐름에 따라 자신도 모르게 시간에 쫓기는 수행을 하는 경우를 많이 보았다. 사람들이 말을 빨리 한다든가 눈치를 본다든가 하는 수행 말이다. 그런데 이렇게 시간적으로 쫓겨서 집중이 분산되어 있으면 수행에 오류가 생기기 쉬우며, 불안한 증상도 나타나게 될 것이다.

따라서 전략을 다르게 가지자. 만약 사회자가 급하게 운영한다든가 집단 전체적으로 시간을 급하게 처리하고 있다면 아예 미리부터 자신에게 사용될 시간을 적게 설정하고, 스스로 적게 설정한 시간 만큼만 말을 하며 핵심을 말하는 것이다. 그럼 시간적으로 급한 요소 때문에 집중이 분산되거나 쫓기는 일이 적어질 것이다.

계속해서 시간적으로 분산되는 또 다른 상황에 대해서 알아보자.

우리가 말하기 수행을 할 때는 시간적 전후 집중도 중요하다. 스피치 전개 시 자신이 좀 전에 어떤 말을 했었고, 현재는 어떤 말을 하고 있고, 잠시 후에는 어떤 말을 할지에 대한 시간적 전후 집중력을 높이는 것이다. 그런데 많은 발표자가 좀 전에 자신이 어떤 말을 했는지 깜빡한다든가 현재 자신이 어떤 말을 하고 있는지, 앞으로 스피치 후반부에는 어떤 말을 해야 서론과 적절한 구성의 조화가 될지 집중이 분산되어서 깜빡하는 경우가 있다. 그리고 이러한 상황을 복구하면 좋은데, 복구를 못 하고 이에 좌절하는 경우가 아쉬운 점이다. 따라서 자신이 말하고자 하는 주제에 대하여 생각을 더욱 집중하고 수행할 수 있도록 분산된 신경을 집약시켜 실습해 보자.

다음은 공간적으로 수행 집중이 분산되는 상황이다.

화자는 연단 기준으로 위에 있고, 청중은 연단 기준으로 아래에 있다고 하면 화자가 자신의 공간에서의 집중에 최선을 다해야 하는데, 청중 쪽 공간에 신경을 쓰는 것이다. 자신의 할 말에 더욱더 심혈을 기울이고 온전히 집중해야 하는데, 청중 쪽에 신경을 더 쓴다거나 청중의 시선을 보며 수행하는 것이다. 그럼 당연히 화자 쪽 공간에서의 집중력은 분산될 것이다. 집중이 분산된 수행은 수행 종료 후 만족감보다는 아쉬움이나 속상함 등의 다소 부정적 인지와 심리 상태가 되므로 발표 수행의 긍정 심리를 끌어내는 데는 아쉬운 전략이 될 수 있다. 따라서 자신이 있는 공간에 따른 집중을 최우선으로 하고, 약간은 이기적으로 수행하는 형태도 취할 수 있도록 하자.

다시 말해 시간적으로 여유 있는 나의 집중, 공간적으로 나의 위치에서의 집중력을 끌어올리는 게 수행 불안과 기타 예기 불안 등을 해결하는 데 있어서 또 다른 중요한 점이라고 할 수 있겠다.

이에 대한 표현은 마인드풀니스를 참고하여 표현하였다. mindful-ness, 직역하면 마음이 가득 찬 상태, 즉 '마음 챙김'이다.

마인드풀니스는 불교 수행 전통에서 기원한 심리학적 구성 개념으로 현재 순간을 있는 그대로 수용적인 태도로 자각하는 것이라고 요약할 수 있다. 현재의 순간에 대해서 부정적인 견해를 넣지 말고 있는 그대로 바라보는 것이다. 현재의 상황에 대해서 과거에 속상했던 기억, 부정적인 기억 등을 끌어내지 말고 오로지 현재의 상황을 있는 그대로 느끼는 것이다. 그리고 수용적인, 즉 있는 그대로 온전히 받아들이며 자각하고 즐기는 것을 말한다.

마인드풀니스를 추가로 설명하면 다음과 같다.

마인드풀니스는 현재 순간에 집중하며, 자신의 감정, 생각, 몸의 감각을 있는 그대로 인식하는 마음 상태를 말한다. 어떤 판단이나 해석

없이 현재 경험을 받아들이는 것을 목표로 한다.

예를 들어, 우리가 음식을 먹을 때 마인드풀니스를 실천할 수 있다. 일반적으로 식사할 때 여러 가지 생각을 하거나 스마트폰을 보며 음식을 먹을 수 있는데, 마인드풀니스 마음 챙김 수행은 다르다.

음식을 눈으로 먼저 보고 색깔과 모양을 관찰한다. 다음은 냄새를 맡고 어떤 향이 나는지 집중한다. 그리고 한 입을 천천히 먹으면서 그 맛을 느끼고 식감에 집중한다. 음식을 씹는 동안 어떤 감각이 느껴지는지 알아차리며 오직 그 순간에만 집중하는 것이다.

발표도 마찬가지다. 자신의 발표 주제에 대하여 온전히 몰입하며 자신의 말하기를 더욱더 챙기는 것이다. 그럼 발표 전개도 더욱 잘 될 것이며, 청중도 화자의 이야기에 긍정적인 반응을 보이게 되어 어느덧 화자는 심리적 안정을 취하게 되는 것이다.

그런데 그렇지 않은 경우도 많다. 자신의 말하기 주제에 집중하기보다는 앞 청중의 시선을 보며 다양한 해석을 하는 것이다. '저 사람은 지금 내가 떨고 있는 것을 알아차렸고, 못마땅해하고 있어.', '저 사람은 아마 내 복장에 대해서 부정적인 평가를 하고 있는지도 몰라.' 등등 타 요소들에 대하여 스스로 불리하게 생각하며 정작 자신의 말하기는 제대로 챙기지 못하니 발표 수행도 잘 안 되는 것이다.

  현재 자신이 말하는 주제에 대하여 온전히 생각하고, 주제에 대한 생각들과 일화 등에 대하여 느끼고 즐기며, 이를 나의 목소리와 발음으로 표현하는 데 몰입하다 보면 어느덧 스피치는 안정적으로 전개되고 있음을 느낄 것이다.
  즉, 스피치풀니스를 행하자는 것이다.

  수행에 대한 불안, 즉 수행 불안은 '발표 불안, 연기 불안, 100m 달리기 불안' 등의 여러 불안의 상위적 표현이라 할 수 있다. 이 중 발표 수행 불안은 수행을 부정확하게 한 경험이 있고 이에 대하여 당황했거나 하는 부정적 기억이 있는데 아직 이를 복구하고 성공한 경험을 하지 못했다면 그에 대한 수행 불안이 야기되기 쉬운 성질이 있다.

  특히 사람들 상대를 하며 뇌를 많이 쓰는 대중 스피치 수행 같은 경우에는 사람 대응 역량과 말하기 집중력에 따라서 스피치가 흔들릴 수도 있고 잘 될 수도 있을 것이다.
  이처럼 대중 스피치 수행은 이격과 변수가 정말 많은 영역이니 수행 습관을 잘 들이도록 하자.
  그럼 대중 발표는 수행이 어떻게 이루어지는지 한번 자세히 나누어 보고 이에 대한 대응책도 고려해 보자.

먼저 약간의 불안적 발표 수행의 형태를 나누어보겠다.

먼저 자신이 앉아있는 곳이나 서 있는 곳에서 연단 중앙으로까지 빨리 걸어 나온다.

그리고서는 청중의 눈을 본다.

그 후에는 우선 생각한 내용을 음성으로 낸다.

그리고 다음의 화술 내용에 대해서 계속 생각하며 음성을 낸다.

그런데 어느 순간 내용 생각이 안 난다.

그리고 이때 바라본 청중의 시선은 평소와 다르게 무언가 어색하고 차갑게 느껴진다.

그래서 이에 당황한다.

내용에 대해서 생각을 더 해보려고 하는데 이런 상황이 점점 당황스러워진다.

이에 따라 얼른 대충 급하게 마무리해서라도 연단에서 미끄러지듯 내려온다.

발표불안 증상이 있는 사람들은 발표 수행을 할 때 거의 다가 급하거나 아쉬운 수행 순서를 취한다.

연단까지 걸어 올라갈 때 빠르게 걸어 올라가고, 인사 동작도 빠르게 하고, 처음부터 청중의 시선을 본다.

이러한 급한 속도와 청중의 시선을 처음부터 마주하는 수행은 발표적 불안이 안 생기려야 안 생길 수가 없겠다.

여러분, 발표적 불안은 우리가 발표하기 시작한 처음, 예를 들면 중학교 때 또는 신입 사원 때 등의 시점부터 뚝딱 생겨난 것이 아니다. 연단에서 책을 읽거나 말을 하다가 약간의 오류가 생겼을 때 약간씩 당황했던 것들이 점점 확대되면서 발표적 불안도 확대된 것이다. 약간의 오류가 생기고, 이에 대하여 약간의 당황을 할 때의 시점부터 이를 적극적으로 교정하고 해결했더라면 발표 불안은 더 이상 커지지 않았을 텐데 말이다.

하지만 너무 걱정하지 마라. 다시 발표에 대한 안정적인 수행 요소들을 잘 파악하고 체화시켜 말하기 수행을 한다면 불안도 서서히 적어지게 되고, 안정감과 자신감은 커지게 될 것이다.

자, 그럼 발표 불안적 수행 형태를 다시 교정하고 복원하기 위해서는 어떻게 해야 되는지 안정적인 발표 수행의 순서와 전략에 대해서 나누어서 설명하겠다.

먼저 연단 중앙으로 걸어나갈 때 자신의 걸음에 집중하고 천천히 걷는다.

그리고 연단 중앙의 사회대 앞에 설 때, 이때가 아주 중요하다.

청중의 눈을 바로 바라보지 말고, 청중의 각각의 얼굴 사이를 바라본다.

또는 이게 잘 안 된다면 살짝 청중석의 아래를 본다. 청중이 아무리 서로 따닥따닥 붙어있더라도 얼굴과 얼굴 사이의 거리는 50cm 정도가 나온

다. 이 50cm의 거리 안에 시선을 놓거나 청중석의 약간의 아래를 바라봄으로써 청중의 시선적 부담을 줄일 수 있다. 청중이 100명이 있더라도 살짝 아래를 바라본다면 청중의 수는 더 이상 100명이 아니다. 보이는 청중은 100명에서 30명, 20명 등으로 줄을 수도 있는 것이다. 왜냐하면, 청중의 사이를 바라보거나 청중의 살짝 아래를 바라보면서 화자의 눈에 보이는 청중의 눈의 개수가 적어지기 때문이다.

이런 식으로 시선의 트릭을 적용하면 시선 부담이 적어지니 화자 자신의 화술 내용 전개에 더욱더 집중할 수 있게 되는 것이다. 화술 내용에 집중해서 말을 하니 보다 스피치 전개가 안정적으로 진행될 것이다. 그럼 이때부터는 청중의 시선을 점진적으로 바라봐도 된다.

즉, 다시 말하면 자신의 말하기 수행부터 신경을 집약시켜 놓고, 이게 잘 된 다음에 시선 수행을 해도 늦지 않다는 말이다.

그리고 보통 화자가 긴장되어 있거나 편하지 않다면 화자 자신도 모르게 음성이 급하게 나오려고 하는 속성이 있다. 음성이 급하게 처리될 때 안정감은 쉽사리 따라오지 않는다.

그러므로 음성의 속도를 의식적으로 늦추도록 한다. 상당히 중요한 이야기이다.

음성의 속도를 늦추는 효과적인 방법으로는 어절(보통 띄어쓰기 기준)의 첫소리를 대략 2초 정도로 장음 처리를 하는 것이다.

예를 들면 '나도 취득할 수 있다.'에서 '나'와 '취', '있'을 2초 정도의 장음 처리를 하는 것이다.

'나아도 취이득할 수 이있다.' 이런 식으로 말이다.

그럼 스피치 오프닝 때부터 음성의 속도를 늦추어서 진행하게 되니 전체적인 스피치 속도도 안정적으로 늦추어진다.

그런데 혹자는 이렇게 질문할 수도 있을 것이다.
"강사님, 그렇게 느리게 처리하면…않을까요?"라고 말이다.
자, 음성의 속도를 늦추었을 때, 혹시 듣는 사람 기준에서 너무 느린 것이 아닌가 하고 생각할 수도 있겠지만, 이는 스스로 생각할 때 음성의 속도가 느린 것이 아닌가 생각하는 것이지, 청중이 듣고 느낄 때는 적당한 속도로 들린다. 왜냐하면, 우리가 스피치를 경청할 때 목소리만 듣는 게 아니지 않은가? 내용도 이해해야 하고 소화도 해야 하기 때문이다.
그리고 한번 대중 앞에서 마음먹고 느리게 시도해 봐라. 쉽게 될 것 같은가? 그렇게 쉽게 되지 않는다. 웬만한 깡이 아니라면 대중 앞에서 속도를 느리게 처리하기가 굉장히 어렵다. 속도를 아주 느리게 처리할 정도의 깡과 뻔뻔함이라면 발표 불안도 쉽게 해결될 수 있으니 좋은 일인 것이다. 이렇듯 연단에서 음성의 속도를 늦추는 건 그렇게 쉬운 일이 아니다. 따라서 말하기 속도가 너무 느린 게 아닌가 하는 불필요한 걱정은 하지 않아도 된다.

이렇게 음성의 속도를 늦추는 것만으로도 여러 안정을 끌어내는 데 좋은 기반이 된다. 음성의 속도를 늦추어서 수행하면 음성의 속도를 늦추지 않았을 때보다 말하기 내용에 대해서도 생각할 시간이 조금이라도 더 확보되고, 심리적으로도 훨씬 더 유리해진다.

또한 전체적인 음성의 속도가 늦춰지니 변수에 대하여 대처하기가 보다 수월해지며 이는 예기치 않은 당황의 크기도 줄일 수 있다. 그리고 혹여 스피치 전개가 멈추더라도 한번 복구해 볼 만한 의지와 힘도 생긴다.

정리합니다

 컨디션 좋은 신체와 맑고 기분 좋은 정신의 상태로 끌어올리자.
 시간적 및 공간적으로 나의 수행에 집중함을 연습하자.
 연단으로 등·하단 시 의자를 잡아당기고 미는 소리가 안 나도록 천천히 움직인다.
 연단 중앙에 서면 청중의 시선부터 바라보지 말고, 살짝 청중석의 아래나 청중 사이를 보자.
 처음 말하기 전에 산 정상이라고 생각하고 숨을 깊게 많이 들이마시자.
 어절 첫 음성을 2초 정도로 장음 처리하자.
 그리고 온전히 지금 말하는 주제에 대하여 몰입하고 표현에 집중하며 수행하자.

 그럼, 좋은 수행이 이루어질 것이다.
 그리고 좋은 수행은 좋은 심리를 생성한다.

성공 경험과 부정 경험

chapter 5

혹시 여러분은 발표 성공 경험을 많이 하였는가, 아니면 부정 경험을 많이 하였는가?

여기서 발표적 성공 경험이란, 발표하고 난 후 화자 스스로 생각할 때 그래도 이 정도면 어느 정도는 발표를 잘했다고 만족을 하고, 사람들(청중 및 관계자 등)도 대체적으로 발표를 잘했다고 고개를 끄덕거리거나 칭찬하는 등, 긍정적인 피드백이 나오는 발표를 말한다.

그리고 발표적 부정 경험이란, 발표 시 너무 심하게 떨어서 필요한 말을 제대로 못 했거나 아니면 청중의 시선이 차갑게 느껴졌거나, 청중의 시선에 대하여 부담을 크게 느꼈던 경험, 그리고 스스로 생각할 때 굉장히 불만족스럽고 부정적인 발표를 했다고 느끼게 되는 발표 경험을 말한다. 다시 말하면 발표 부정 경험은 대중 스피치의 여러 요소에 대하여 '겁'으로 연결된다. 한마디로 '겁'먹었다는 이야기이다.

발표적 성공 경험을 체험하게 되면 여러 좋은 점들이 생긴다. 발표에 대한 생각도 '부정'에서 '긍정'으로 바뀌고, 심리도 불안 심리에서 한번 해볼 만한 심리로 바뀌게 된다. 발표 성공 경험을 하고 나면 발표에 대하여 한번 도전해 볼 수 있겠다는 용기가 생기고, 어쨌든 발표를 성공해 보았으니 다음 발표에도 어떤 식으로 준비하고 어떤 식으로 발표하면 성공할 수 있을지에 대한 '감'도 잡을 수 있게 된다.

하지만 이와는 반대로 발표적 부정 경험을 하고 나면 어떠한 현상들이 나타날까?

그렇다. 부정적인 점들이 나타난다. 발표는 더욱더 어렵게 느껴지게 될 것이고, 불안 심리는 더욱더 커지게 된다. 그리고 이때부터 발표 실력 계발에 초점을 맞추지 않고, '떨고 안 떨고'의 발표 불안에만 초점을 맞추는 강박이 시작될 수도 있다. 발표 전략이나 발표 실력 가꾸기에는 별 관심이 없는 오로지 떨지 않으려는 생각에만 빠질 수 있다는 말이다.

여러분께 뭐 하나 물어보겠다.

혹시 어떤 발표를 하는 게 좋은가? '떨지 않는 발표'를 하는 게 좋은가, 아니면 '맛있고 감흥 있는 좋은 발표'를 하는 게 좋은가? 답은 당연히 청중을 위하여 정성을 다하여 좋은 발표를 하는 것이다. 좋은 발표를 하려고 노력하다 보면 자연스럽게 떨림도 줄어들 텐데 말이다. 발표 떨림만을 없애려고 노력한다면 발표 불안의 진흙탕에 빠질 수 있다. '불안'만을 무한대로 쫓는 우(愚: 어리석을 우)를 범하게 될 수 있다. 이런 잘못된 노력의 방향이 불안을 해결하는 데 더욱더 어려워지게 하고, 왜곡된 방향으로 어긋나게 할 수도 있는 것이다.

그렇다면 발표 성공 경험을 하기 위해서는 어떻게 해야 할까? 먼저 자신의 발표 불안의 원인을 자세하게 잘 따져봐야 한다. 목소리가 덜덜 떨려서 자존심이 상할까 봐 불안한지, 아님 청중의 시선이 부담스러워서 그런지, 아니면 자신의 안면 홍조가 심해져서 치욕스러울까 봐 두려워서 떨리는지, 또는 화술 전개력 때문에 떨리는지 그 이유를 냉정하고 자세하게 분석해 보는 것이다. 그래서 잘 안 되는 부분이 있다면 이 부분을 집중적으로 교정해서 성공 경험을 하면 좋겠다.

남들이 성공 경험이라고 하더라도 화자 스스로가 많이 불만족해하고 부정적 경험이라고 여긴다면 성공 경험이 아니라 할 수 있다. 반대로 청중들의 부정적인 의견들이 있는데 화자 스스로 긍정적인 요소들을 발견하고 찾아내어서 긍정적인 생각이 들게 한다면 긍정 경험이나 성공 경험으로도 간주될 수 있다. 이처럼 중요한 건 자신의 발표 강점들을 자주 찾아내 보고, 생각해 보고, 계발시키는 방향으로 (자신의) 스피치를 즐겁게 가꾼다면 발표 불안을 억지로 해결해야 하는 힘든 작업이 되기보다는 재미있는 자기계발이 될 것이다.

그럼, 어떻게 하면 발표 성공 경험을 할 수 있을까?

이에 대한 내용을 조금 더 살펴보자.

발표 성공 경험을 하기 위해서 크게 중요한 3가지는 아래와 같다.

첫째, 천천히 말을 하는 것이다.

둘째, 오프닝 때에는 청중들의 시선을 보며 말을 하기보다는 청중의 시선과 시선 사이 등의 빈 공간을 보면서 말하는 것이다.

셋째, 원고부터 작성하지 말고, 핵심 내용의 줄거리를 음성으로 말해 보아라. 그리고 이 핵심 내용의 줄기리를 음성으로 말해 보는 것에 조금씩 살을 붙여서 몇 회만 연습해 보더라도 어느 정도 스피치가 구성될 것이다. 또한 글이 아닌 목소리를 직접 소리 내면서 연습하는 과정이 되다 보니 자연스러운 체화가 될 것이다. 이렇게 노력하면 몇 번만 훈련하더라도 스피치 체화 진도가 꽤 많이 나가 있을 것이다.

인지 재구성

chapter 6

혹시 여러분의 '발표나 무대'에 대한 인지값은 어떠한가? 긍정적인가, 부정적인가? 예를 들어, '나는 무대가 재미있다고 생각한다.' 또는 '나는 무대가 어렵고 피하고 싶다.'라고 생각하는가? 만약 대중 스피치에 대하여 생각할 때, 화자 자신에게 불리하게 인지되어 있지 않고 유리하게 인지된다면 정말 좋겠다.

앞 챕터에서 우리는 발표 성공 경험과 부정 경험에 대해서 알아보았다. 우리가 성공 경험을 하면 좋겠지만, 부정 경험을 했다고 인식한다면 연단은 더욱더 무서운 곳으로 여겨질 수 있을 것이다. 따라서 이번 챕터에서는 발표 후의 생각과 해석, 그리고 인지값을 발표자의 입장에서 유리하게 재구성하는 방법인 '인지 재구성'에 대해서 학습해 보겠다.

인지 재구성(Cognitive Restructuring) 이론은 심리학자 아론 벡(Aaron Beck)과 앨버트 엘리스(Albert Ellis)의 연구에서 기반을 두고 발전되었다. 기본 전제는 '사건 자체보다 그 사건에 대한 해석이 감정과 행동에 더 큰 영향을 미친다는 것이다. 이 접근은 불안, 우울, 스트레스, 발표 불안 등 다양한 심리 문제를 완화하는 데 효과적으로 활용되고 있다.

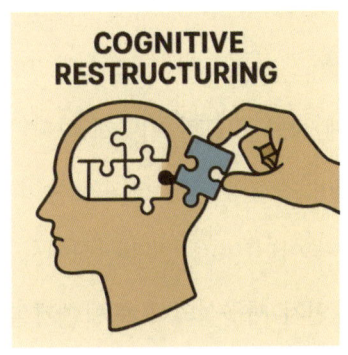

인지 재구성은 자신의 비합리적이거나 부정적인 생각을 현실적이고 긍정적인 사고로 바꾸는 과정이다. 이는 인지행동치료(CBT, Cognitive Behavioral Therapy)의 핵심 기법 중 하나이다. 사람은 어떤 사건을 경험했을 때 그에 대한 생각(인지)에 따라 감정과 행동이 결정된다. 그러므로 잘못된 인지(예: 나는 틀림없이 발표 망칠 거야.)를 교정하면 감정(불안)도 완화된다.

그럼, 인지 재구성의 프로세스는 어떻게 될까?

'상황 인식 – 자동적 사고 – 실체 확인 – 대안적 사고 – 새로운 사고'의 단계로 이루어진다.

1. 상황 인식이다. 어떤 일이 있었는지 파악하는 것이다.
2. 자동적 사고 파악이다. 내가 무심코 떠올린 생각은 무엇인지 파악해 본다.

3. 그 생각이 사실인지 확인해 본다. 증거는 있는지 또는 너무 과장된 건 아닌지 점검해 본다.

4. 대안적 사고를 도입한다. 더 합리적이고 현실적인 생각을 만들어 보는 것이다.

5. 새로운 사고로 연습한다. 그 생각을 반복해서 연습하고, 내 것으로 만드는 것이다.

이해하였는가?
이상으로, 5가지의 인지 재구성의 프로세스에 대하여 알아보았다.

그럼, 계속해서 발표 불안에 대한 인지 재구성의 예시를 알아보도록 하겠다.

먼저 상황이다. 내일 10명 앞에서 발표를 해야 하는 상황이 있다고 가정해 보자.

그럼 이에 대하여 많은 사람들이 자동적인 사고로 부정적인 인지를 많이 한다. '나는 발표를 망칠 거야', '사람들이 날 바보처럼 볼 거야', '목소리가 떨리면 다들 나를 이상하게 생각할 거야.' 등의 스스로에게 불리한 인지를 많이 한다.

하지만 이는 혼자만의 생각일 수 있다. 이유는 실제 현실을 점검해 보면 알 수 있다. '발표를 망쳤던 확실한 근거가 있는가?' 또는 '모두가 나를 바보라고 생각한다는 증거가 있는가?', '이전 발표 때 칭찬받은 적도 있지 않은가?', '발표 중 긴장하는 건 누구에게나 흔한 일 아닌가?' 등으로 실제 현실을 잘 따져보면 증거나 근거는 딱히 없는 경우가 많다.

그럼, 이처럼 부정적인 인지 내용을 재구성된 생각, 즉 긍정적인 대안 인지로 바꿔보면 어떨까? 이는 다음과 같다.

'긴장하는 건 자연스러운 거고, 그걸 잘 극복해 내면 오히려 더 멋져 보일 수 있어', '사람들은 나보다 발표 내용에 더 관심 있을 거야', '실수할 수도 있지만, 그건 학습 과정의 일부야', '발표는 완벽이 아니라 진심이 중요해. 준비한 만큼 전달하면 충분해.'처럼 말이다.

이처럼 재구성된 생각들을 아래와 같이 반복 훈련을 하여 인지값을 보다 강화하면 좋겠다. 방법은 다음과 같다.

1. 위의 긍정적인 대안 인지 내용을 하루에 여러 번, 특히 발표 전에 반복 암시한다.
2. 발표 전에 '나는 준비했고, 괜찮다.'라는 말을 반복한다.
3. 긍정 인지를 쓴 메모를 눈에 잘 보이는 곳에 붙여두고 자주 낭독한다.

등의 방법들로 인지 재구성한 내용을 세뇌한다. 그럼, 인지 재구성이 이루어져 발표에 관한 부정적인 감정이나 생각이 줄어들고 부담도 덜 느껴지게 될 것이다. 자, 여기까지 이해하였는가?

그럼, 각각의 상황에 따른 자동적 사고를 긍정적으로 재구성하는 연습도 해보도록 한다.

상황 1: 발표 전에 심장이 뛴다. → 이러다 또 망친다. (자동적 사고) → 지금 심장이 뛰는 건 몸이 준비되고 있다는 신호야! (긍정적 재구성)

상황 2: 한두 명이 지루해 보인다. → 내 말이 재미없나 봐. (자동적 사고) → 모든 청중이 집중할 수는 없다. 중요한 건 나의 전달력이다. (긍정적 재구성)

상황 3: 목소리가 떨린다. → 난 발표 체질이 아니야. (자동적 사고) → 떨리는 목소리도 나의 일부이다. 하지만 전달은 충분히 가능하다. (긍정적 재구성)

이처럼 자동적 부정적 사고를 긍정적으로 재구성하는 훈련은 불안을 다스리는 데 아주 중요한 내용이다. 자신의 발표에 대하여 좋은 인지가 될 수 있도록, 조금 더 체화될 수 있도록 하자.

추가적인 내용도 살펴보자.
인지 재구성의 대표적인 요소들에는 무엇이 있는지 알아보고, 각각을 인지 재구성의 관점에서 해석한다면 그 내용은 어떠한지도 함께 알아보자.

첫째, 완벽주의를 내려놓는다. 모든 것을 완벽히 하려는 생각 자체가 불안을 키울 수 있다. 또한 완벽주의는 비현실적이고 경직된 사고(예: 완벽하게 하지 않으면 실패야.)를 현실적이고 유연한 사고로 바꾸는 것이다. 이는 인지 재구성의 핵심 중 하나인 비합리적 신념 수정에 해당한다.

둘째, 실수도 자연스럽게 받아들인다. 이는 실수에 대한 부정적 자동 사고(예: 실수하면 망신당할 거야.)를, 현실적이고 수용적인 사고(예: 실수는 누구나 한다.)로 바꾸는 것이다. 자동적 사고를 현실 점검하고 대안적 사고로 재구성하는 대표적인 예라고 할 수 있다.

셋째, 긍정적인 자기 대화 연습을 한다. 이는 부정적 자기 인식(예: 나는 못 해.)을 의식적으로 긍정적인 언어로 재구성하는 방식이다. '나는 할 수 있어', '내 발표는 가치 있어', '나는 성장하고 있어.' 등으로 말이다. 이와 같이 긍정적인 자기 대화는 인지 재구성의 실천적 전략 중 하나이다.

이상으로 '인지 재구성'에 대하여 살펴보았다. 발표에 대한 해석과 인지 방식에 따라 발표가 두렵고 부담스럽게 느껴질 수도 있고, 반대로 도전해 볼 만한 흥미로운 경험으로 인식될 수도 있다. 따라서 앞으로는 자신의 발표에 대해서 긍정적이고 유리한 해석과 인지를 할 수 있도록 의식적인 노력을 기울이도록 하자.

(참고로, '긍정적인 자기 대화 암시문'은 맨 뒷 부분에 정리해 놨다. 이 내용을 방에 붙여놓거나 휴대전화에 첨부하여 실제 무대에서 긍정적인 힘이 되도록 하자.)

chapter 7

발표 불안은 많은 사람들이 겪는 흔한 불안 유형 중 하나이다. 이에 이번 시간에는 심리치료 기법을 통해 조금이라도 발표 불안을 줄일 수 있도록 모색해 보도록 하자. 아래는 발표 불안에 효과적인 주요 심리치료 방법들이다. 하나하나 꼼꼼하게 살펴보자.

첫째, 인지행동치료(CBT: Cognitive Behavioral Therapy)이다.
참고로, 앞에서 주요하게 다룬 인지 재구성과 인지행동치료는 밀접하게 관련되어 있지만 약간은 다르다. 인지 재구성은 부정적인 생각을 긍정적이고 현실적인 생각으로 바꾸는 기법이며, 인지행동치료(CBT)는 이러한 인지 재구성을 포함해 행동 변화 기법까지 함께 사용하는 통합적인 심리치료 방법이다. 즉, 인지 재구성은 인지행동치료의 한 부분이라 할 수 있다.

인지행동치료는 발표 불안 치료에 가장 널리 사용되는 방법 중 하나로, '생각 → 감정 → 행동'의 연결고리를 이해하고 변화시키는 것을 목표로 한다. 우선 자동적 사고를 화자에게 유리하게 재구성(인지 재구성)하는 과정이 핵심이다.

예를 들어, '사람들이 날 비웃을 거야', '내가 말실수하면 끝장이야.'와 같은 부정적 자동 사고를, '모두가 실수할 수 있어', '청중은 나를 응원할 수도 있어.'와 같은 보다 현실적이고 긍정적인 사고로 바꾸는 연습을 한다.

또한 노출 훈련을 병행한다. 이는 점진적으로 발표 상황에 자신을 노출시켜 불안에 익숙해지고, 두려움을 줄여가는 훈련이다. 예를 들면, '거울 앞에서 말하기 → 친한 친구 앞에서 말하기 → 소규모 그룹 앞에서 발표 → 실제 청중 앞 발표'와 같은 단계로 점진적 노출을 통해 두려움을 감소시키는 것이다.

이러한 과정을 통해, '발표는 어렵고 두려운 것'이라는 고정된 인지에서, '연습하면 청중과 긍정적인 상호작용도 가능하고 재미있을 수 있다'는 새로운 인지로 재구성되는 것이 바로 인지행동치료의 핵심이라 할 수 있다.

둘째, 심상 훈련 및 시각화 기법(Imagery & Visualization)이다.
이는 화자 자신의 긍정적인 발표 장면을 마음속으로 그리는 훈련이다. 예를 들어, 내가 안정적으로 말하고 있고, 청중이 미소 짓고 있고,

청중이 나에게 큰 박수를 보내는 모습을 구체적으로 상상하는 것이다. 우리의 두뇌는 실제 경험과 상상된 경험을 유사하게 처리하기 때문에, 자신감을 기르는 데 효과적이다.

셋째, 이완 훈련(Relaxation Training)이다.

심호흡, 복식호흡, 근육이완법(PMR) 등으로 신체의 긴장을 풀고 심박수를 안정시킬 수 있다. 또한 발표 전 긴장을 줄이고, 말하는 도중 떨림이나 숨 가쁨을 완화하는 데 도움이 된다.

넷째, 수용전념치료(ACT: Acceptance & Commitment Therapy)이다.

불안을 없애기보다는, 불안을 수용하면서도 자신이 중요하게 여기는 행동(발표)을 실천하는 데 집중하는 치료이다. '떨리지만 말할 수 있다', '불안은 있어도 내가 전달하고 싶은 메시지가 더 중요하다'는 태도를 기른다.

다섯째, 집단 치료 및 그룹 발표 훈련이다.

비슷한 문제를 가진 사람들과 발표 연습을 하며 공감, 피드백, 실습을 통해 실질적인 자신감을 얻을 수 있다.

이상으로, 심리치료 기법에 대하여 알아보았는데, 이해가 잘 되는가? 좀 더 쉽게 정리를 해보면 다음과 같다.

첫째, 발표에 대한 부정적인 생각을 긍정적인 생각으로 전환될 수 있도록 노력한다. 그리고 혼자라도 또는 가족들 앞에서라도 발표 연습을 해본다.

둘째, 발표를 잘하는 모습을 자주 상상하고 깊은 호흡을 하며 스피치를 수행하자.

셋째, 불안하더라도 이를 긍정적으로 받아들이고 차근차근 할 말을 완료하는 습관을 들일 수 있도록 하자. 그리고 그룹 훈련도 시도해 보자.

이런 방법들을 활용하여 노력한다면 불안에 대한 인식이 조금씩 바뀌면서 발표가 보다 편해질 것이다.

혹시 자신의 발표 불안이 단순한 긴장이 아닌 개인의 인지적 특성과 경험에 뿌리내린 심리적 어려움일 수도 있으니, 이러한 인지 기법과 심리 기법 등의 여러 방법을 모두 동원하여 불안에 대한 생각을 조금씩 조금씩 변화시켜 보자.

주목 불안

chapter 8

많은 사람이 연단 관련하여 불편해하는 또 다른 점이 바로 이목이 자신에게 집중된 상황일 것이다.

아직 스피치를 시작한 것도 아니고 다른 사람들의 이목만 집중되었을 뿐인데도 큰 부담과 긴장을 느끼게 되는 이름하여 주목 불안에 대해서 알아보자. 이 주목 불안을 해결하기 위해서는 크게 점진적 노출 확장, 주목 위치 바꾸기, 동선 이동, 공적 자의식 과잉을 낮추는 방법 등으로 도움받을 수 있다.

그럼 하나하나 자세히 살펴보자.

첫째, 점진적 노출 확장이다.

여러분, 예를 들어 목욕탕 냉탕이나 온탕에 물을 한 번도 안 묻힌 상황에서 바로 물에 들어가면 좀 부담스럽지 않은가? 어느 정도는 적응할 수 있는 시간이 필요하다.

주목 불안도 마찬가지다.

갑자기 사람들 정중앙에 서면 부담스러울 수 있다.

따라서 바로 정중앙에서부터 말하기를 시작하는 것보다 연단 아래에서부터 미리 스몰 토크를 시작하면서 적응을 해나가는 것이다. 꼭 연단 정중앙에서만 발표를 시작할 필요는 없다. 연단 아래에서부터 스몰 토크를 시작해도 된다.

스몰 토크(small talk)는 가벼운 대화를 의미한다. 깊이 있는 주제나 논의를 다룬다기보다 일상적인 주제로 간단하게 나누는 대화이다. 스몰 토크는 사람들과의 관계를 부드럽게 하고, 어색하거나 따따한 분위기를 푸는 데 좋은 역할을 한다. 예를 들면 날씨, 취미, 관심사, 최근 이슈 등 가볍고 긍정적인 주제로 대화를 나누면 된다. 그리고 꼭 발표할 주제와 연관되어 있지 않아도 된다.

또한 스몰 토크는 그냥 잡담이라고 생각해도 좋다. 이런 이야기도 있지 않은가? 미국의 한 회사에서 누군가 신입 직원에게 이것저것 물어보았다. 새로 나온 햄버거는 맛이 있는지, 100m 달리기는 몇 초나 나오는지, 오늘 미식축구는 어디가 이길지, 오늘 날씨는 어떠한지 등등 의미가 있을 수도 있고 의미가 없을 수도 있는 여러 가지 가벼운 질문을 했다고 한다. 그래서 신입 직원은 나에게 자주 말을 거는 이 사람은 도

대체 뭐 하는 사람인가 하고 궁금했었는데 알고 보니 이 회사 사장이었다고 하지 않는가?

이처럼 스몰 토크에 대하여 부담가질 필요가 없고, 또한 꼭 스몰 토크를 잘해야만 하는 것은 아니다. 주위에 있는 사람과 가볍게 대화를 나눈다고 생각하자. 스몰 토크에 대한 요령은 많이 있지만, 여기에서는 간단하게 칭찬 기법 하나와 질문 기법 하나를 제시하겠다.

먼저 제시하고자 하는 방법은 가벼운 칭찬 기법이다.

칭찬은 화자 입장에서 행하기보나는 듣는 사람이 듣고 싶어 하는 말을 하면 좋겠다. 그리고 사물보다는 청자에 초점을 맞추자.

예를 들어서 "넥타이가 예쁘네요."라고 말하는 것은 엄밀히 말하면 넥타이를 디자인한 디자이너를 칭찬하는 것이다. 따라서 "넥타이가 잘 어울리시네요." 등과 같은 칭찬을 하는 게 좋다.

또한 지금 속해있는 시간과 공간에서 이루어지는 소재에 대한 칭찬을 해도 좋다. 예를 들어서 현재의 시간과 공간이 스피치 연습 시간이며 스피치 학원이라면 스피치에 관한 칭찬을 해도 좋다. "목소리가 좋으시네요", "말씀을 조리 있게 잘하시네요." 등과 같은 칭찬 말이다.

이렇게 가벼운 칭찬 하나만으로도 서로가 양방향 소통을 할 수 있도록 티키타카를 유도할 수 있다.

다음은 질문 기법이다.

연단 아래에서부터 사람들에게 열린 질문을 하는 것이다. 열린 질문이란 단답형의 '예', '아니오'처럼 답변이 짧게 끝나거나 정해진 답변이 나올 수 있는 유형의 질문이 아니라 답변의 깊이와 길이가 꽤 깊고 길며, 답변이 다양하게 나올 수 있는 질문을 이야기한다. 열린 질문은 보통 '왜', '어떻게', '무엇을 생각하는가?' 등의 형태를 띤 질문이다.

닫힌 질문은 주로 '예', '아니오' 등 답변이 짧고 제한된 속성의 답변이 나오게 하는 질문을 이야기한다. "오늘 비가 오나요?", "당신의 취미는 볼링인가요?" 등과 같은 질문이다. 그럼 답변은 "비가 온다고 들었어요, 모르겠어요." 또는 "맞습니다, 아닌데요." 등이 정도로만 답이 나올 것이다.
위의 질문을 열린 질문으로 해보면 다음과 같다.
"오늘 어떠한 비가 내릴까요?", "어떻게 하면 볼링을 잘할 수 있나요?" 등이다. 그럼 닫힌 질문의 형태보다는 훨씬 더 다양하고 긴 답변이 나올 것이다.

그리고 가능하다면 부정적 열린 질문보다는 긍정적 열린 질문을 하도록 하자. 예를 들어, "요즘 힘들거나 스트레스 받는 일들이 무엇인가요?"보다는 "요즘 기분 좋았던 일들이 무엇인가요?"처럼 긍정적인 질문들을 통해 긍정적인 응답이 나오게 하자.
이처럼 긍정적 열린 질문은 다양하고 밝은 응답이 나오게 하며, 또한 이를 바탕으로 또 다른 추가적인 훈훈한 발언과 재미있는 포인트도 나올 확률이 높아져서 다 같이 웃는 상황도 기대할 수 있다. 그럼,

분위기가 금세 좋아질 것이다.

　연단에 올라간 다음에 분위기를 좋게 하려고 노력하는 것과 연단 아래에서부터 미리 스몰 토크로 분위기를 좋게 만들어놓고 발표를 시작하는 것은 꽤 차이가 있다. 연단 아래에서부터 일부 청중과의 시선을 마주하며 작은 스피치를 하게 되면 시선에 대한 적응력이 생기게 되어 연단 정중앙으로 올라가서 청중의 시선을 많이 접하더라도 주목에 대한 부담도 이겨낼 수 있게 된다.

　이상, 점진적 노출 확장 방법에 대하여 설명하였고, 이에 관한 내용을 정리하면 다음과 같다.
　꼭 연단에 올라가고 난 후의 시점부터에서만 스피치를 시작하려고 하기보다는 연단 아래에서부터 미리 (청중에게) 칭찬이나 열린 질문 등의 스몰 토크를 시작해 보자. 그럼 청중의 시선 및 표정을 조금이라도 밝게 만들어 놓을 수 있다. 그리고 이는 주목 시에 대한 부담을 줄이는 역할을 한다. 또한 선제적 스몰 토크를 통하여 미리 입도 풀 수 있고, 발표장 분위기도 온화하게 바꿀 수 있는 강점도 있으니 이를 십분 활용하자.

　둘째, 주목 위치 바꾸기이다.
　보통 공간적으로는 화자가 연단 중앙에 있고, 청중은 연단 아래에서 화자를 향하여 앉아있다. 그리고 청중은 화자를 바라보는 구조이다.

화자는 청중을 바라보는 방향이고, 청중은 화자를 바라보는 방향이어서 공간적으로 화자가 청중의 주목을 피하는 게 불가능한 구조로 보일 수 있으나, 그래도 조금이라도 주목의 위치를 바꿀 수 있다.

그 방법은 두 가지다.

하나는 연단 위에서도 화자가 청중에게 생각을 많이 하도록 하는 질문을 하는 것이고, 다른 하나는 특정 청자에게 질문을 함으로써 사람들이 화자가 아닌 특정 청자에게로 시선이 향하게 하는 것이다.

먼저 화자가 청중에게 생각을 많이 하도록 이끌어내는 질문이다.

예를 들면, 다음과 같은 질문을 하는 것이다.

"여러분, 여행 좋아하시나요? 그럼 그동안의 여행 중에 가장 좋은 기억으로 남았던 여행지와 그 이유는 무엇인가요?"와 같은 질문을 하면 청중은 이렇게 생각할 것이다. '내가 그동안 어디 어디 여행을 했으며, 가장 좋은 기억으로 남았던 여행지가 어디였지?'라고 말이다. 그리고 이 이유에 대해서도 생각할 것이다.

그럼, 사람들이 화자 쪽을 바라보고는 있지만 각자 자신의 기억에 남았던 좋은 여행지에 대해서 생각하느라 화자 쪽은 덜 집중하게 된다. 그리고 청중 자신의 좋았던 여행 추억에 대해서 생각하다 보니 은연중에 입가에는 미소를 띠게 되고 전체적인 청중의 표정은 밝아질 것이다. 그러면 화자는 청중의 밝고 따뜻한 표정을 보게 되니 주목 부담의 농도를 줄일 수 있다.

이 밖에도 여러 열린 질문들을 추가로 한다면 주목 부담을 더욱더 덜 수 있고 분위기 온도도 화자에게 유리하게 할 수 있다.

다음은 화자가 지목한 특정 청자에게 질문을 하는 것이다.
그럼 청중은 화자를 바라보는 게 아니라 특정 청자를 바라보게 된다.

예를 들어, "가죽 점퍼 입으신 남성분, 최근에 행복했던 일이 있었습니까?" 등과 같은 질문을 특정 청자에게 하면 사람들은 화자를 바라보던 위치에서 가죽 점퍼 입은 남성 쪽의 위치로 시선이 옮겨질 것이다. 그럼 화자는 상당 부분 주목에서 벗어나게 되는 것이다.
"빨간 넥타이 매신 분, 앞으로 부동산 시장이 어떻게 될 것 같나요? 혹시 긍정적으로 생각하신다면…."
"거기 머리카락이 짧으신 분, 혹시 요즘 관심사가 무엇인가요? 그럼 혹시…."
"뒤쪽에 앉으신 안경 쓰시고 모델 포스 나시는 여성분, 혹시 요즘 운동하시나요? 하신다면…."
등등 청자의 성함을 모르더라도 특징을 말함으로써 대상을 특정할 수 있고 이에 대하여 여러 질문을 할 수 있다.
그럼 주목의 위치도 바꿀 수 있고, 발표 전개에 있어서 좋은 시너지도 이끌어낼 수 있다.

주목 위치 바꾸기의 키 포인트는 다음과 같다.
청중에게 심도 있는 질문을 하여 청중 스스로 생각을 많이 할 수 있도록 하는 것이다. 그럼 청중의 몸과 얼굴이 화자를 향하고 있더라도 청중의 신경은 질문에 대한 답에 대하여 몰두하기 때문에 주목에서 조금이나마 벗어날 수 있게 되는 것이다. 그리고 또 한 가지 방법은 화자가 특정 청자에게 질문함으로써 청중의 시선을 화자에서 특정 청자에게로 자연스럽게 옮기게 하는 것이다.

셋째, 동선을 이동하여 사람들의 시선을 축소하는 방법이다.

예를 들어, 화자 앞에 많은 청중이 앉아있다고 가정하자. 화자가 연단 정중앙에서 이야기를 시작한다. 그런데 어떤 때에는 청중의 시선이 약간 부담스럽게 느껴진다.

그래서 이때 화자는 청중의 정중앙(삽화 B)에서 오른쪽 방향(삽화 C)으로 이동한다. 이에 따라 오른쪽으로 이동하면서 보이는 청중의 얼굴 수가 적어진다. 정중앙에 서있을 때는 청중 전체가 보였는데, 오른쪽으로 이동하면서 청중을 바라보니 화자의 눈에 들어오는 청중의 시선은 동선 이동과 함께 축소되었다. 우리가 이동할 때 바다에 사는 꽃

게처럼 수평으로 이동하지는 않기 때문에 화자의 눈에 보이는 청중의 수가 줄어든 것이다.

동선 이동을 했을 뿐인데 청중의 주목 부담에서 꽤 벗어날 수 있었다. 그리고 또 다른 시너지도 기대할 수 있게 되었는데 주의 환기가 되었으며, 청중을 지루하지 않도록 하였으며, 청중을 계속 집중시키는 역할도 하게 된 것이다.

이번에는 역시 마찬가지로 청중의 오른쪽(삽화 C)에서 이야기하다가 다시 청중의 왼쪽(삽화 A)으로 이동을 해보자. 오른쪽에서 왼쪽으로 걸어서 이동하며 청중을 보니까 화자의 시야에는 역시 청중의 시선의 크기가 많이 축소되는 것이다.

이처럼 필요 상황에 따라 동선 이동을 하게 되면 청중의 주목 부담을 줄이는 데 도움도 되며, 청중을 지루하지 않게 하는 등 또 다른 시너지도 기대할 수 있다. 내용 이해하였는가?
그럼 계속해서 주목 불안을 해결할 수 있는 다른 방법에 대해서도 알아보자.

네 번째, 공적 자의식 과잉을 낮추는 방법이다.
평소에 사람들을 의식하는 크기의 평균값을 자신에게 유리하게 설정해 놔야 주목 상황에서도 보다 좋은 대처를 할 수 있을 것이다. 만약 평소에 사람들을 많이 의식한다면 의식률을 줄일 수 있도록 하고, 또는 사람들을 너무 의식을 안 한다면 어느 정도는 의식할 수 있도록 공적 자의식의 정도를 조절하는 것이다.

페니그스타인(Fenigstein)에 따라 자의식은 사적 자의식, 공적 자의식, 사회적 불안의 세 하위요인으로 분류할 수 있는데, 여기서 단순하게 생각하면 사적 자의식의 비율을 높이게 되면 자연스럽게 공적 자의식 과잉도 낮아지게 되는 것이다. 사적 자의식, 즉 나의 행동에 집중하는 것이다.

다른 사람들이 나를 어떻게 생각할지, 내가 말한 내용에 대해서 어떻게 생각할지, 나의 행동에 대해서 어떻게 생각할지 모든 포커스를 상대방이 나를 어떻게 바라볼까에 초점을 맞추지 말고, 그냥 '나'만 생각하는 것이다.

그럼 누군가가 이렇게 반문할 수도 있다. '강사님, 나만 생각하면 이기주의 아닌가요?'라고 말이다.

그럴 수도 있다. 하지만 사람들을 '어느 정도는 의식'하며 나의 행동에도 집중하겠다고 마음을 먹으면 결괏값은 똑같아질 것이다. 아마 그동안 수십 년 이상을 공적 자의식이 과잉된 비율로 살아와서 이 부분이 많이 고착화되었을 텐데 '어느 정도는 의식하다.'라는 조건값을 붙인다면 쉽게 변화되지 않을 것이다. 그러므로 '나만 생각하자.'라고 약간은 이기적으로 생각하고 노력해야 변화가 뒤따를 것이다. 남에게 피해만 안 주면 되는 것 아닌가? 따라서 남을 의식하는 비율보다 나의 수행에 더 집중하는 행동을 할 수 있도록 자주 암시하고 행동해 보자. 비율이 바뀔 것이다.

여러분에게 하나 질문하겠다.
'주목'은 좋은 건가? 그렇지 않은 건가?
'주목 불안'이라는 표현 앞에는 '무표정하거나 어색하거나 딱딱한'이라는 표현이 생략되어 있다고 생각해도 무방하다. 주목 불안은 곧 '사람들이 나를 무표정하게 또는 어색하게 또는 딱딱하게 바라본다고 느끼는 주목의 불안'을 이야기한다. 사람들이 자신을 따뜻하고 밝게 바라본다고 느낀다면 보통의 경우, 약간은 어색함을 느낄 수는 있으나 주목으로 인한 불안까지는 생기지 않는다. 청중이 자신을 무표정, 어색, 통명한 표정으로 바라본다고 느끼니 불안 증상이 생기는 것이다.
'불안'이란, 피하면 피할수록 커지는 역설적인 감정이라고 할 수 있다. 이 감정의 원인 중 한 가지는 다른 사람의 평가에 대하여 스스로 왜곡된 생각을 자주 하기 때문이다.
'발표하다가 떨어서 아마도 나의 발표를 사람들이 최악이라고 생각할 거야!', '얼굴이 붉어져서 아마도 나를 무시할 거야.' 등등의 왜곡되고 나약한 해석이 문제의 시발점이라 할 수 있다.

중요한 것은 주목받는 상황 자체가 불안하다기보다는, 주목에 대하여 해석할 때 스스로 나약하고 왜곡되게 생각하는 것이 주목 불안뿐만 아니라 여러 불안을 야기시키고 있을지도 모른다. 따라서 주목받거나 여러 발표 상황에 대해서 생각할 때 건강하고 포용력 넓은 생각을 하면 좋겠다. 예를 들면 '저 사람이 아마도 나를 인정하지 않을 거야.'라는 생각보다 '사람들이 나에 대해서 집중을 잘 해주고 있네.'와 같은 건강하고 자신에게 유리한 생각을 하는 것이 발표적 불안을 줄이는 데 도움이 될 것이다.

앞으로는 '주목 불안'에서 '주목 설렘'이 될 수 있도록 하루에 1%씩 비율을 개선시켜 보자.

된다! 바뀔 것이다!

자의식(self-awareness) 과잉과 발표 불안

chapter 9

이번 시간에는 자의식 과잉과 발표 불안에 대해서 알아보자. 먼저, 자의식이란 무엇인지 설명하자면 다음과 같다.

'자신에 대해 가지는 의식'을 말한다. 또는 '자신의 행동이나 성격 등 자신이 누구인지를 깨닫는 상태'를 말한다.

자의식은 인간들이 자연스럽게 갖게 되는 의식이며, 자의식 과잉은 실제로도 존재하지 않는 남의 시선 따위에 과도하게 반응하는 경우를 통틀어 이르는 말이다. 자의식이 지나치면 대개 사회적이고 공적인 상황에서 내적으로 문제가 된다. 페니그스타인(Fenigstein, 1975)에 따르면 자의식은 사적 자의식, 공적 자의식, 사회적 불안의 세 하위요인으로 분류한다.

공적 자의식(public self-consciousness)은 자신에 대한 타인의 인식에 관심을 두는 것으로, 다른 사람의 기준에 따라 자신을 평가하는 데 초점이 맞춰져 있다. 이는 자신의 신체적 외모, 외현적인 행동 방식, 정서 표현 등 사회적 객체로서의 자기표현에 주의를 기울이는 경향을 의미한다.

이러한 공적 자의식의 기반 위에서, 다른 사람들이 자신의 행동을 지속적으로 주시하고 있다고 믿는 '상상 속의 청중(imaginary audience)'이라는 개념(Elkind가 제안, Elkind & Bowen이 검증)이 형성된다.

공적 자의식이 높아지면, 타인에게 자신이 어떤 모습으로 보일지를 민감하게 신경 쓰게 된다. 이러한 공적 자의식의 과잉은 상황에 대한 인지적 처리보다 타인을 의식하는 데 자원을 소모하게 만들며, 그 결과 집중하거나 생각을 정리하는 데 필요한 자기조절 자원이 고갈될 수 있다(Vohs, Baumeister, & Ciarocco, 2005). 이러한 공적 자의식의 특성을 잘 보여주는 흥미로운 실험이 있다. 예컨대, 만약 자신이 이마에 Q자를 쓰라고 한다면 공적 자의식이 높은 사람은 자신의 이마에 남들이 바라보기 쉽게 Q자를 반대로 쓰는 경우가 많다.

사적 자의식이 높은 사람들은 사회적 상황에서 다른 사람들의 의견에 상대적으로 영향을 덜 받으며, 자신의 내적 기준에 따라 자신을 통제하여 일관적인 태도를 보이고, 부정적 평가나 타인으로부터의 거절에 덜 민감하다. 타인에게 인정받으려는 목적보다는 스스로 자부심을 갖게 하는 행동을 추구하려는 동기가 높다. 사적 자의식은 자기 내부에 지속적으로 관심을 두며 자신의 신념이나 주관적 규범이 자신의 태도나 행동보다 더 큰 영향을 미치는 형태이다. 만약 자신의 이마에 Q자를 쓰라고 한다면 사적 자의식이 높은 사람은 자신의 이마에 Q자를 그대로 쓰는 경우가 많다.

사회적 불안은 주로 공적 자의식 과잉의 결과로 생기는 것으로, 대인관계 상황에서 불안해하고 적절하게 행동하지 못하는 것을 말한다. 지나치게 높은 공적 자의식과 사회적 불안은 다른 사람들에게 보이는 자신의 인상을 긍정적으로 조절하려는 욕구를 증가시켜 대인관계에서 외현적으로는 적응적인 양상을 보일 수 있으나, 내적으로는 자신을 과도하게 억압하게 되어 부정적인 정서를 증가시키고 자존감에 역기능을 준다.

공적 자의식 과잉인 사람들은 자신이 남에게 어떤 인상을 주는지에 강하게 집착하는 경향이 있다. 공적 자의식과 연결되는 감정은 크게 4가지 정도가 있다. 당혹감, 수치심, 죄책감, 자긍심이다. 사회생활을 하는 사람이라면 누구나 자연스럽게 위와 같은 감정을 경험한다. 공적 자의식은 스스로 생성되기보다는 타인들과 관계를 맺으면서 만들어지는 사회적 자아인데, 기본적으로 타인의 긍정적인 평가에 대한 욕구는 누구나 있지만, 이 욕구가 커질수록 자의식 과잉에 빠질 수 있다.

공적 자의식 과잉의 예를 들면 다음과 같다.

> '(남들이 볼 때) 지금 내 표정이 이상하지 않은가?'
> '내가 실수한 건가?'
> '다른 사람들이 나를 무시하면 어쩌지?'
> '누군가와 함께 있을 때 무슨 말을 해야 하지?'
> '말하는데 목소리가 떨리면 치욕스러운데?' 등등 자신의 표정, 말투, 대화 내용, 대중 스피치 등등 모두 남이 나를 어떻게 생각할지 수시로 생각하고, 하나하나 다 예민하게 의식하는 것이다.

적당한 자의식은 스스로를 돌아볼 수 있는 장치로써 필요한 부분이지만 공적 자의식이 과잉 상태라면 문제가 될 수 있다.

공적 자의식 과잉 상태에서는 모두 남이 나를 어떻게 생각하는지 수시로 생각하며 스스로를 걱정의 고리에 가두게 된다.

남들이 나를 어떻게 볼지 지나치게 의식을 하고 신경을 많이 쓰게 되면 대

중 속에서 무언가를 수행하는 데 있어서 어색해질 수 있고, 스스로 과한 부담을 느낄 수도 있을 것이다.

로버트 클로닌저 등의 학자들이 고안한 TCI(Temperament and Character Inventory)라는 성격 및 기질 검사에서는 '자의식'의 반대를 '자기초월'이라고 한다. '사람들이 나를 어떻게 생각할까?', '날 좋아할까?' 등과 같은 의식을 하면서 사랑받기 위하여, 인기를 얻기 위하여 애쓰고 노력한다면 오히려 부자연스러워질 수 있다. 사람들에게 잘 보이기 위해서가 아니라 나의 수행과 행동을 편하게 집중하는 것에 초점을 맞추면 좋을 것 같다. 관찰자의 시점에서만 머무르며 자신을 너무 옥죄지 말고, 자신을 짓누르는 자의식의 너트를 살짝 풀어보면 어떨까 한다.

공적 자의식 과잉에서 벗어나기 위해서는 남의 시선으로 보이는 자신에 대해 너무 관심을 두기보다는 이에 대한 관심을 최소화하고, 다른 사람과 나를 비교하는 것도 최소화하면 좋겠다. 그리고 나의 수행, 자신의 수행에 집중하는 훈련을 하자!

실제로 자신의 음성은 전문 성우처럼 정비되고 가꾸어진 소리가 아닌데 청중을 과하게 의식하며 아주 멋지게 음성을 내려고 한다면 스스로 어색해지고 힘이 잔뜩 들어갈 수도 있고, 또한 부담을 크게 안으며 수행하는 상황이 발생할 수 있다.

또는 대중 스피치 경험이 많지 않음에도, 말을 능숙하게 잘하는 아나운서와 자신을 비교하며 스스로를 평가하는 자기 평가적 자의식의 형태가 생기기도 한다.

이러한 비교는 자신을 위축시키고, 결국 발표 중 떨림을 유발하는 요인이 될 수 있다. 사실 약간의 떨림은 타인에게 거의 인지되지 않거나 신경 쓰이지 않을 정도일 수 있지만, 당사자는 이를 과도하게 부정적으로 해석하며 스스로를 깎아내리고, 부정적 상상을 확대해 나가는 경우가 많다.

'사람들이 나에게 왜 이렇게 떠냐고 하면 어떡하지?', '후배들이 도대체 나를 이떻게 생각할까?' 하는 연단 지의식 과잉의 상태는 연단을 흥미롭게 느끼게 하는 게 아니라 연단은 무서운 곳이라고 여기게 만들 뿐이다.

자신의 생각을 관찰자 시점에서 까다롭고 완벽한 시점에서 바라보며 말을 하는 게 아니라, 즉 자신의 생각을 관찰자 시점으로 생각한 포인트를 과하게 거치지 말고, 바로 발신하는 단순한 수행 습관을 기르는 것이 연단 스피치를 보다 편안하게 인식하게 할 수 있을 것이다.

가능하다면 평소에 발성, 목소리, 말 만들기 훈련 등을 꾸준히 하여 대중 스피치의 기본 실력도 잘 구축해 놓고, 또한 평소에 스피치 역량 강화를 하지 못한 상태에서 갑자기 연단에 서더라도 자신의 생각을 관찰자 시점으로 너무 거치지 말고 자신의 뇌에서 다이렉트로 차근차근 말하면 좋겠다. 그럼 오히려 청중은 좋은 스피치로 느낄 수 있을 것이다.

자율신경계

chapter 10

여러분, '자율신경계'라고 들어보았는가?

자율신경계는 신경계의 중요한 부분 중 하나이며, 주로 심장 박동, 소화, 호흡, 혈압 조절 등과 같은 다양한 생리적 과정을 관리한다.

자율신경계와 관련된 법칙으로는 '교감신경-부교감신경 반대작용의 법칙'이 있다.

자율신경계는 크게 교감신경계와 부교감신경계가 있는데, 교감신경계와 부교감신경계가 상반된 작용을 한다는 내용이다. 예를 들면, 교감신경계는 심박수를 증가시키고, 부교감신경계는 심박수를 감소시킨다. 다시 말해 교감신경은 심신의 흥분을 담당하고, 부교감신경은 심신의 안정을 담당한다고 할 수 있다. 참고로 이 두 시스템이 균형을 잘 이루어야 건강한 심신을 유지할 수 있게 된다.

여기서 부교감신경은 심박수를 감소시켜 안정을 담당한다는 내용이 있는데 이 부분이 중요한 포인트다. 부교감신경을 자극시킨다면 심박수를 감소시키는 데 도움이 된다. 부교감신경을 자극시키는 방법은 부교감신경이 많이 몰려있는 곳을 공략하면 된다. 부교감신경은 주로 우리 몸의 배꼽 주위에 많이 몰려 있다고 한다. 그래서 발표할 때 직접 손으로 배를 마사지한다거나 누르면 좋을 텐데 대중 앞에서 발표하며 그렇게 하기에는 시각적으로 조금 무리가 있다. 그럼 어떻게 하면 좋을까?

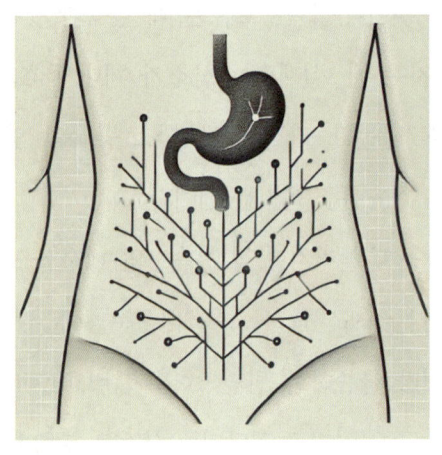

여기 좋은 방법이 있다. 그건 바로 배를 움직이게 하는 복식호흡(腹式呼吸)을 하는 것이다. 복식호흡을 통하여 부교감신경을 활성화시켜 심신의 안정을 꾀하고 또한 음성도 안정적으로 낼 수 있도록 하는 것이다.

복식호흡은 이뿐만 아니라 다음과 같은 좋은 점도 기대할 수 있다. 바로 뇌의 컨디션을 끌어올리는 데에도 중요한 역할을 한다는 점이다. 여기서 한 가지 질문을 해본다.

사람이 긴장해서 심장 박동이 빨라지면, 우리 몸의 산소 상태는 어떻게 될까?

산소가 많아질까, 아니면 부족해질까?

결론부터 말하자면, 겉보기에는 산소 공급이 늘어나는 것처럼 보여도, 실제로는 뇌로 전달되는 산소량이 오히려 줄어들 수 있다.

긴장하면 교감신경이 활성화되면서 심장이 빠르게 뛰고 호흡도 빨라진다. 이로 인해 산소를 흡입하는 횟수는 증가하지만, 문제는 호흡이 얕고 짧아진다는 것이다. 얕은 호흡은 폐 깊숙한 곳(폐포)까지 산소를 충분히 도달시키지 못해, 실제로는 산소가 체내에 효과적으로 흡수되지 못하는 상황을 만든다. 다시 말해, 산소 공급의 '양'은 증가한 것처럼 보여도, '질'과 '효율'은 떨어지는 셈이다.

더불어 심장 박동이 빨라지면 혈류 속도와 대사율도 상승하여, 소식이 산소를 소비하는 속도, 즉 산소를 '태우는' 속도 또한 더 빨라진다. 이처럼 산소 소비가 급증하는 반면, 호흡이 비효율적으로 이루어지면 결국 뇌를 포함한 주요 장기로 전달되는 산소는 부족해질 수밖에 없다.

뇌는 우리 몸에서 산소 소비가 가장 많은 기관 중 하나이다. 뇌에 산소가 부족해지면 사고력과 집중력, 언어 생성 능력이 저하되며, 이로 인해 말이 막히거나 머릿속이 '하얘지는' 상황이 나타난다. 실제로 많은 사람들이 발표 불안을 겪을 때 이러한 경험을 하고, 그 원인을 단순한 심리적 긴장으로만 돌리기도 한다. 그러나 이 현상은 명백한 생리학적 메커니즘에 기반한 현상이다.

즉, 뇌에 산소가 충분히 공급되어야 화자가 해야 할 말을 즉각적으로 구성하고 표현할 수 있다. 그러나 산소 부족으로 인해 뇌의 작동 효율이 떨어지면, 마치 식사를 몇 끼 굶은 듯 멍한 정신 상태에서 말을 이어가야 하는 상황이 벌어진다. 특히 원고 없이 말해야 하는 즉흥적인 스피치 상황에서는 이러한 상태가 큰 부담과 어려움으로 작용할 수밖에 없다.

이러한 악조건을 극복하기 위해 필요한 것이 바로 복식호흡이다.

복식호흡(또는 횡격막 호흡)은 폐 하부까지 공기가 도달하도록 깊게 숨을 들이마시는 호흡법으로, 얕은 흉식 호흡에 비해 산소 흡수 효율이 높다. 이 방식으로 호흡하면 뇌에 산소가 보다 안정적으로 공급되고, 이로 인해 말 만들기 전개의 집중력을 끌어올릴 수 있다.

또한 숨을 깊게 채움으로써 채우는 시간 동안 생각할 시간을 조금이라도 벌 수 있고, 숨을 깊게 자주 채우다 보니 자연스레 말하기의 속도도 늦출 수 있게 되어서 침착하게 말하는 데도 도움이 된다.

결국 복식호흡(또는 횡격막 호흡)은 심신을 이완시키는 데 도움될 뿐 아니라, 집중력, 사고력, 표현력까지 끌어올릴 수 있는, 어떻게 보면 '말하기의 기반'이 된다고도 할 수 있다.

즉, 발표적 불안을 줄이고 싶거나 긴장된 상태에서도 말을 안정적으로 잘하고 싶다면 가능하면 복식호흡 방식을 체화할 수 있도록 하자.

호흡법과 음성

chapter 11

그럼 복식(횡격막)호흡을 하는 방법에 대해서 알아보자.

복식호흡에 대해서 제대로 학습하기 위해서는 먼저 음성에 대한 이해가 필요하다.

음성은 대중 스피치에서 아주 중요한 부분이다. 대중 스피치는 문자로 행하는 발표가 아니라 음성으로 행하는 발표이기 때문이다.

음성 조절을 잘할 수 있는 수행 역량은 우리가 안정적인 발표를 하기 위해서 꼭 필요한 사항이라 할 수 있다.

또한 음성을 길게 낼 수 있는 기술은 말을 조리 있게 만들 수 있도록 뇌의 회전 속도의 조절까지 이끌어낼 수 있는 역할도 한다.

음성을 제대로 내는 요령을 잘 체화해 놓는다면 난이도가 높은 연단에서도 발표를 안정적으로 수행할 수 있을 것이며, 반대로 이에 대한 요령을 모른다면 여러 상황에 따라 음성은 불안정하게 처리되는 기복이 생길 것이다. 또한 이에 대한 요령을 이해만 해놓고 연습을 통하여 체화를 해놓지 않는다면 음성을 실제적으로는 제어할 수 없게 되니 이를 잘 훈련해 놓도록 하자!

본격적으로 음성에 대하여 알아보고, 이에 관계된 호흡법에 대해서도 파악해 보자.

소리는 크게 음향, 음성, 음운으로 나뉜다.

음향(sound)은 자연계에 존재하는 대부분의 소리와 울림으로 비분절적 소리이며 자연의 소리라고 할 수 있다. 사람의 울음소리, 기침 소리, 재채기 등도 음향에 포함된다.

그리고 음성(voice)은 사람의 발음기관을 통해서 내는 물리적 소리이며, 말의 뜻을 구별해 주는 구체적인 개인의 말소리이다.

음운(phoneme)도 사람의 소리이지만 추상적, 관념적, 사회적 소리를 말하며 의미를 구별해 주는 말소리의 최소 단위이다.

음향은 사운드, 즉 자연의 전체적인 소리를 이야기한다. 다시 말해서 우리가 임의로 신경을 써서 제어하기가 대체로 어려운 소리라고 할 수 있다.

하지만 음성은 사람이 내는 목소리, '발음기관'을 통해서 물리적으로 나오게 하는 소리이다. 물리적으로 신경을 써야만 하고, 자신의 음성을 물리적으로 제어가 가능하다는 이야기다. 자연적 소리가 아니라, 신경을 써서 내야만 하고 신경을 쓰는 만큼 제어할 수 있는 소리라고 할 수 있다. 여기서 말하는 신경은 안정적인 호흡법으로 목소리를 내는 방식을 포함한다.

음성은 사람의 발음기관을 통해서 내는 물리적 소리라고 했는데, 여기서 말하는 발음기관은 정확히 어디 어디일까? 어디 어디인지 구체적으로 살펴보면 다음과 같다.

발음기관은 크게 호흡기관, 발성기관, 조음기관으로 나뉜다.

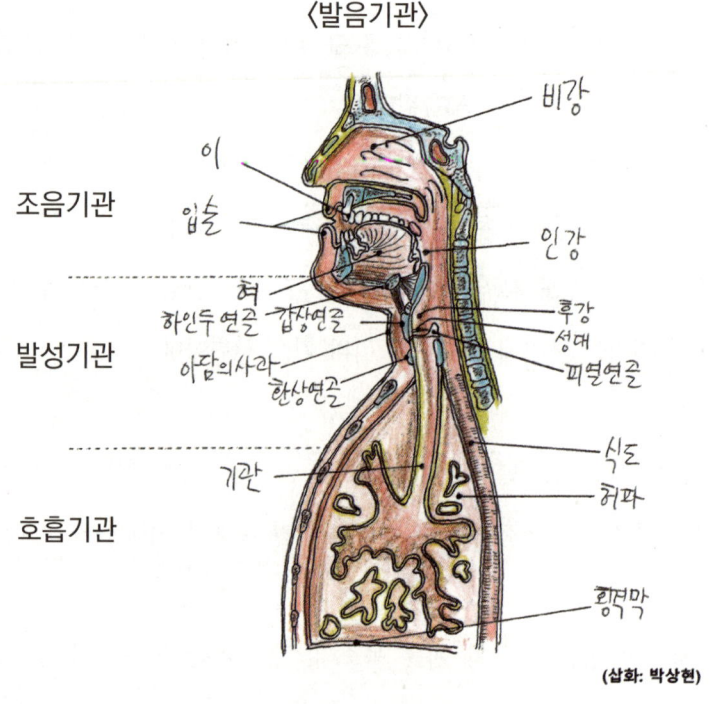

(삽화: 박상현)

즉, 상체 전부를 발음기관이라고 해도 과언이 아니라는 이야기이다.

다음은 호흡법에 대한 설명이다.

호흡법은 크게 흉식호흡, 역방향 호흡, 복식호흡, 횡격막 호흡으로 나눌 수 있다.

  호흡법은 역방향 호흡만 제외하고, 숨을 들이마시는 깊이에 따라서 달라진다고 생각해도 좋다. 흉식 호흡은 말 그대로 가슴[胸]을 사용해 이루어지는 호흡 방식이다. 숨을 들이마시는 깊이는 가슴까지 들이마신 형태, 복식호흡은 배(상복부)의 깊이까지 숨을 들이마신 형태, 횡격막 호흡은 복식호흡보다 조금 더 깊게 숨을 들이마신 형태, 즉 배꼽 아래의 배까지 숨을 들이마신다는 느낌으로 이해하면 되겠다.

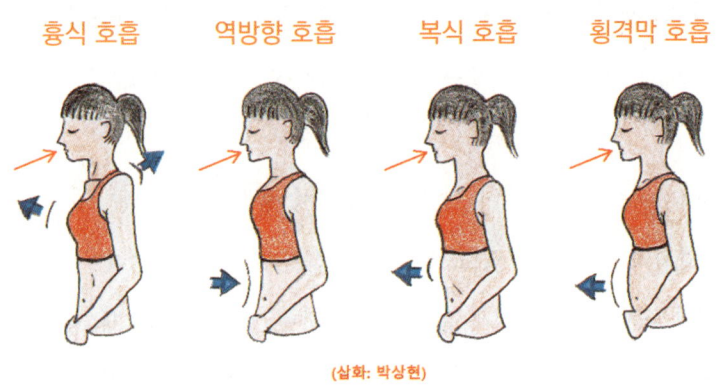

(삽화: 박상현)

  우리는 보통 말을 할 때 음성을 상체 전부로 내는가, 아니면 가슴이나 목으로 내는가?

  보통 우리는 음성을 낼 때 가슴이나 목으로 내는 경우가 다반사다. 왜냐하면, 흉식호흡이 소리를 낼 때 쉽고 편하기 때문이다. '胸(가슴 흉)' 자를 써서 흉식호흡이라고 하는데, 흉식호흡이 복식호흡이나 횡격막 호흡보다 훨씬 편하다. 호흡을 짧게 들이마시고 말하는 방법이 호흡을 깊게 들이마시며 말하는 방법보다 편하다. 하지만 이런 짧은 호흡법으로는 심장 박동이 빨라져서 떨릴 때는 목소리도 걷잡을 수 없이 떨리게 되는 단점이 있다.

  보통의 경우 우리가 음성을 낼 때, 목이나 가슴으로 호흡을 짧게 들이마시고 소리를 내기 때문에 심장 박동이 빨라지게 되면 심장과 꽤 가까운 위치인 조음부, 즉 입의 움직임도 심장 박동의 움직임에 직접 영향을 받게 된다. 심장의 위치와 흉식호흡할 때 가슴의 위치가 비슷해서 배 호흡보다 더 많은 영향을 받는다. 즉, 심장 박동이 빨라지면 자신의 입 모양도 빨리 움직이려고 하는 것이다. 그럼 자신의 의도와는 상관없이 말하기의 속도는 점점 빨라지게 되는 것이다.

  화자(말하는 사람)는 해야 할 말에 대해서 생각이 아직 덜 났는데, 자신의 의지와 상관없이 입도 빠르게 움직이려고 한다. 생각은 덜 났는데, 입은 이보다 더 앞서서 움직이려고 하는 것이다. 이렇게 생각이 덜 난 상태에서 입이 움직이며 말을 하게 되니 쫓기며 말을 만들게 되고, 그러다 보니 안정적으로 조리 있게 말을 못하게 되는 것이다. 이렇게 쫓기는 속도에서는 예상치 못한 실수나 오류 등이 생기기 쉽고, 그럼 불안이 더 가중되는 부정적 경험을 하게 되는 것이다.

  그래서 숨을 배 부근까지 깊게 많이 채우며 호흡량을 안정적으로 확보도 하고, 호흡을 깊게 채우는 시간 동안 생각할 시간도 벌며 말을 한다면 훨씬 더 안정적인 스피치를 하는 데 유리할 것이다.
  간단히 정리하면 아래와 같다.

대중 스피치는 뇌 → 횡격막 → 조음부의 순차적 순서로써 진행되어야 삼박자가 꼬이지 않고 안정적이며, 좋은 스피치를 구사할 수 있게 된다. 즉 이러한 프로세스는 불필요한 불안이 생성되지 않도록 하기 위한 중요한 순서라고 할 수 있다. 횡격막을 사용하며 스피치 하는 것과 횡격막 사용을 생략한 채 말하는 것과는 안정적인 음성 처리와 안정적으로 말을 만드는 데 필요한 속도 조절에서 차이가 난다.

목소리를 목이나 가슴으로 대충 소리 내는 형태로는 압박감이 큰 무대에서는 목소리를 안정적으로 제어하기 어려울 것이다. 음성이 불안정해지니 스피치 의욕도 떨어지게 되고, 말 만들기도 만족스럽지 않게 진행될 것이다. 즉, 전체적으로 애매한 발표 경험을 하게 되는 꼴이 된다. 따라서 보다 성공적인 발표를 하기 위해서는 일단 음성 하나는 안정적으로 처리할 수 있도록 횡격막(or 복식) 호흡법으로 목소리 내는 형태를 잘 습관 들이도록 하자.

이에 대한 자세한 실행 방법은 다음 챕터에서 다룬다.

횡격막 호흡

chapter 12

그럼, 횡격막(or 복식) 호흡으로 음성을 어떻게 내는지 자세히 알아보자. 참고로, 횡격막 호흡과 복식호흡을 하는 방법은 거의 같다고 생각해도 된다. 숨을 가슴이 아닌 배가 나올 때까지 채우는 호흡이며, 배가 나왔을 때 배의 약간의 높이 차이다. 우리가 숨을 깊게 들이마시면 배가 나오고, 또 말을 할 때는 배를 수축해서 음성을 내뱉는 것이다.

헷갈릴 수 있으니 비유를 통하여 설명하겠다.

먼저 풍선으로 비유를 하겠다.
풍선에 공기를 많이 넣으면 풍선이 많이 부풀 것이며 커질 것이다. 그리고 풍선을 손으로 누르면 공기가 빠져나갈 것이다.

이번엔 치약으로 비유하겠다.
치약의 중앙 부분을 손으로 꽉 누르면 어떻게 되는가? 치약이 나올 것이다. 여기서 치약의 입구나 윗부분으로 하는 호흡법이 흉식호흡,

치약의 중간 부분을 누르며 하는 호흡법이 복식호흡이나 횡격막 호흡이라고 생각하면 된다.

계속해서 주사기로 비유해 보겠다.

여러분, 주사기 바늘을 물에 넣고 주사기 레버를 최대한 잡아당기면 주사기 안에 물이 많이 담길 것이다. 그런 다음에 주사기 레버를 밀면 어떻게 되겠는가? 물이 많이 나갈 것이다. 그리고 물줄기가 길게 멀리 나갈 것이다.

그럼 이번에는 주사기 바늘을 물에 넣고 주사기 레비를 짧게 조금만 잡아당겼다가 밀면 어떻게 되겠는가? 빨아들인 물의 양이 적기 때문에 물줄기도 적게 나올 것이다.

주사기 레버를 '많이' 당기며 물을 쏘는 형태가 '복식호흡', 주사기 레버를 '최대한 많이' 잡아당기며 물을 쏘는 형태가 '횡격막 호흡'이라고 할 수 있다. 복식호흡과 횡격막 호흡은 '많이'와 '최대한 많이'로 구분할 수 있을 것 같다. 그리고 주사기 레버를 조금만 잡아당겼다가 물을 쏘는 형태가 흉식호흡이나 목으로 하는 호흡 정도로 생각하면 된다.

여기서 복식호흡만 행하더라도 스피치 음성 컨트롤의 안정권에 들어온다. 복식호흡보다 조금 더 숨을 채우는 맥시멈 호흡법인 횡격막 호흡으로 음성을 내면 더욱더 금상첨화이긴 하지만, 복식호흡으로 해도 안정적인 음성을 내는 데에는 충분하다. 복식호흡은 음성을 안정적으로 내는 정도의 호흡법, 횡격막 호흡법은 안정적인 호흡과 멋진 음성까지 내는 호흡법이라 생각해도 좋다.

즉, 음성 컨트롤의 중요한 포인트는 호흡의 인풋(입력)의 양이나 깊이라고 해도 과언이 아니다. (참고로 호흡을 들이마시는 형태를 알파벳 'D'로 표현했고, 호흡을 내뱉는 형태를 'C'로 표현했다.)

하지만 관련 학원에 다녔던 사람도 발표 시 화자의 배를 보면 C(배 수축)는 되는데, D(배 볼록)는 잘 안 되는 사람들이 너무 많다. 횡격막 호흡을 할 때는 배 모양이 'D'가 된 다음에 'C'가 되어야 한다. 나는 사람들에게 이 부분을 훈련시킬 때 배의 'D'가 잘 되는지 일일이 확인하며 한 사람 한 사람 확실히 지도하려고 노력하고 있다.

근본적으로 대중 스피치를 잘하고 싶다면, 평소에도 음성을 낼 때는 복식호흡(또는 횡격막 호흡)으로 꼭 하길 바란다.

평상시 말을 할 때도 무대에서 통용되는 호흡법으로 해야, 갑작스럽게 만인 앞에서 발표하는 경우가 생기더라도 특별한 신경을 안 쓰고도 안정적인 호흡(복식호흡)과 발성을 할 수 있게 된다. 그래야 말하기에만 집중할 수 있게 되어서 더 좋은 발표 수행을 하게 될 것이다. 발표 행동 구축을 잘하게 되면, 심리도 비례하게 움직인다. 음성을 복식호흡이나 횡격막 호흡으로 제대로 소리 낼 줄 알아야 발표 불안도 조절할 수 있다는 이야기이다. 지금 여러분은 안정적이고 바람직한 발표 음성 구축에 대해서 학습하고 있다.

아래는 복식호흡 및 횡격막 호흡을 하는 방법이다.

꽃향기를 코로 맡듯이, 또는 음료수를 빨대로 빨아들이듯 내 앞의 공기를 코(또는 입)로 3~4초 정도 깊게 들이마신다. 그럼 배가 부풀게 될 것이다. 잘 안 된다면 한 손으로 흉부를 못 움직이게 하고, 다른 한 손으로는 배꼽 근처 배에 손바닥을 댄다. 다음으로는 배를 수축시키면서 (이때 손으로 자신의 배를 눌러도 된다.) 입으로 숨을 5~6초 정도로 내뱉는다.

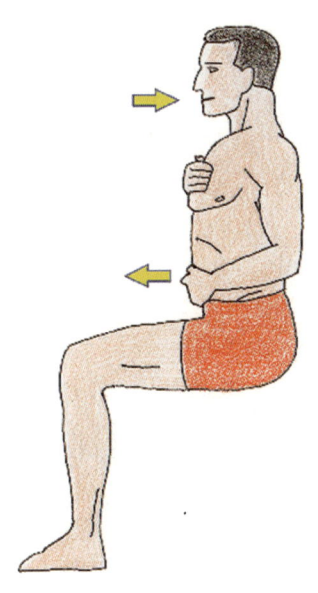

다시 코 또는 입으로 숨을 빨아들여 배를 나오게 한다. 그다음에 배를 수축시키며 또는 손으로 배를 누르며 입으로 숨을 내뱉는다. '호~!' 이렇게 숨을 입으로 내뱉는 기류가 곧 안정적인 음성이라고 이해해도 된다. 다시 말해 여러분의 '입에서 내는 기류'는 '음성'과 (거의) 같다고 생각하면 된다. '기류≒음성'이다.

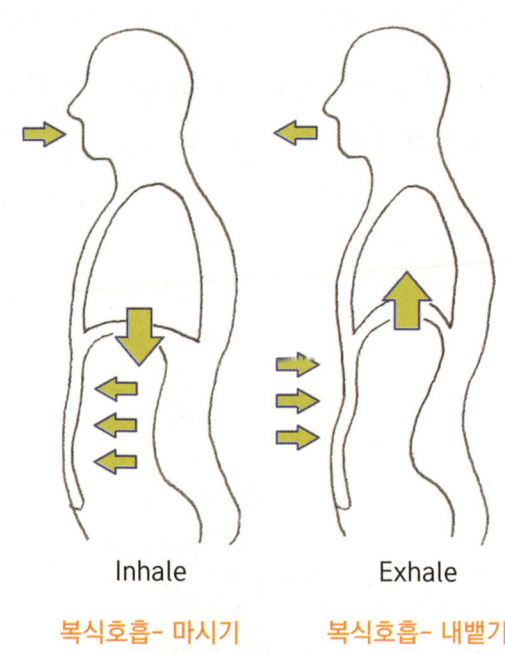

Inhale Exhale
복식호흡- 마시기 복식호흡- 내뱉기

자, 이번에는 이보다 좀 더 긴 '안녕하십니까?'를 배를 사용하여 연습해 보겠다. 방법은 같다.

그런데 여기서 주의할 사항은 어절 덩어리로 한꺼번에 '안녕하십니까?'라고 말을 하려고 하지 말고, 한 음절씩 배가 차근차근 들어가며 자연스럽게 소리를 내는 것이 여섯 글자를 한꺼번에 내는 것보다는 더욱더 안정적이고 좋다. 그리고 각각의 음절의 발음 정확도를 높여가며 연습하면 좋겠다.

> 안-녕-하-십-니-까?

복식호흡(횡격막 호흡과 비슷)을 할 때 숨을 들이마시게 되면 발표자의 몸을 옆에서 봤을 때, 배가 나온다.

그런 모습을 어떻게 하면 쉽게 잘 표현할까 생각하다가 알파벳 대문자 'D'로 표현해 보았다.

다음(블럭) 내용을 직접 자신의 두 손으로 배를 만지며 음성을 내며 훈련하기 바란다. 그리고 숙달 체화시키기 바란다. 대략 20번 정도 연습하면 금방 체화된다. 그리고 일상에서도 수시로 연습하면 좋겠다. 일상에서 쉽게 보이는 간판, 주의 표지판, 버스 번호, 정류장 이름 등 눈에 보이는 모든 텍스트를 복식호흡으로 훈련하기 바란다.

다른 사람이 의식이 되면 휴대폰을 귀에 대어 마치 누군가와 통화하듯이 연출하고 연습하는 방법도 있다. 이렇게 체화를 잘해 놔야 신경 쓰지 않고도 대형 연단에서도 무의식적으로 안정적인 호흡이 잘 이루어질 것이다. 복식호흡을 체화하는 방법으로 가장 좋은 방법은 일상에서 말할 때 아예 복식호흡으로 말을 하는 것이다. 참고로 식사할 때나 음악을 들을 때는 복식호흡을 하지 않아도 된다.

다 같이 아래를 훈련해 보자.

▷ 반갑습니다.
▷ OOO입니다.
▷ 저의 관심사를 ▷ 말씀드리겠습니다.
▷ 저의 관심사는 ▷ 제집 장만입니다.
▷ 열심히 저축하고 ▷ 재테크를 잘해서 ▷ 언제가 될지는 모르겠지만 ▷ 꼭 저의 이름으로 된 ▷ 집을 구입하고 싶습니다.
▷ 이상으로 ▷ 저의 관심사에 대해서 ▷ 말씀드렸습니다.
▷ 감사합니다.

혹시 연습이 힘든가? 하지만 대중 앞에서 또는 어려운 사람에게 말을 할 때, 이 호흡법을 적용시키는 방법만으로도 안정적인 특효약이 될 것이다.

공적 상황에서나 사적 상황에서도 중요한 이야기를 하려고 하거나 부담되는 사람에게는 말하기 전에 숨을 깊게 많이 들이마시고 첫 음성을 내는 게 매우 중요하다. 첫 단추가 잘 끼워져야 안정적인 말하기를 수행할 수 있을 것이다. 첫 단추가 제대로 끼워지지 않으면 의욕적으로 말할 맛도 떨어지고, 할 맛이 떨어지면 발표하는 집중력도 약해져서 맛없는 발표 등 아쉬운 발표를 하게 되기 때문에 숨을 꼭 배 부근까지 채운다는 느낌으로 숨을 채우고 음성을 시작하자.

첫 음성 전에 숨을 채우고, 또 말하다가 호흡량이 부족하다고 느끼면 시간이 걸리더라도 숨을 제대로 채우고 또 음성을 내면 좋다. 이 방식만 제대로 행동으로 구축을 해놓는다면 무대에서 음성이 안정적으로 구현되어서 혹시 심장이 떨리더라도 음성은 떨리지 않게 처리할 수 있다.

저자 본인이 아카데미에서 15년 이상 다양한 사람들을 지도하며 실제 성공으로 이끈 값이기 때문에 자신이 발표 불안증에서 벗어나고 싶다면 꼭 음성을 호흡 인풋(Input: 들이마시다) 한 다음에 (목)소리를 낼 수 있도록 하자.

정리합니다

　말하기를 시작할 때, 호흡부터 잔뜩 채우고 첫소리를 작게 낸다. 배부터 'D'를 최대한 만들고 소리를 천천히 작게 처리하자.

　이 습관이 제대로 든 다음, 인사 동작을 처리해도 늦지 않다. 가뜩이나 떨리는데 인사 동작과 말하기 두 가지를 한꺼번에 수행하려고 하다 보니, 처음부터 안정적인 음성을 내는 데 신경 쓰기 어려운 것이다.

　무대에서 인사 동작과 음성을 동시 다발적으로 내려고 하지 말고, 구분해서 수행하면 좋겠다. 인사 동작 완전히 한 후 음성 내기 또는 음성 낸 다음 인사 동작하기 등으로 인사 동작과 음성 내기를 구분 지어서 수행하기 바란다.

　중요한 건 복식호흡부터 제대로 체화해 놓자. 그럼, 불안했던 시작이 보다 안정적인 시작으로 바뀔 것이다.

chapter 13

장음 처리를 자주 하면 불안 해소에 도움이 된다.
말할 때 장음으로 소리를 자주 내면 말하기에 대한 뇌의 회전과 음성 발화의 속도를 유리하게 설정하며 말할 수 있어서 불안 해소에 도움이 된다.

사람의 '눈'과 하늘에서 내리는 '눈'은 글자가 같은데, 어떻게 구분할까? 그렇다. 소리의 길이, 장단에 따라 의미가 구분된다는 것, 학창 시절 국어 시간에 배운 적이 있는 데 기억나는가?
눈(감각기관)은 짧게, 눈(얼음의 결정체)은 길게 소리를 내서 구분한다.
근데 이게 발표 불안과 무슨 관계가 있는지 물어볼 것 같다. 관계가 있다. 차근차근 설명하겠다.

먼저 장음(長音)과 단음 중 단음(短音)에 대해서 설명하겠다.

> 단음에서 '단(短)'은 '짧을 단(短)' 자를 써서 짧게 소리 낸다는 의미이다. 그리고 단음은 쉽게 낼 수 있는 소리이다. 호흡량이 별로 없어도 충분히 바로 낼 수 있는 소리이다.
> 그럼 장음은 어떨까?
> 장음은 단음과는 반대로 소리를 길게 내는 것이다. 소리를 길게 내기 위해서는 어떻게 해야 할까? 소리를 길게 내기 위해서는 어느 정도의 호흡량, 즉 숨이 필요하다.

숨을 들이마시지 않고 내는 소리와 숨을 꽤 많이 들이미시고 내는 소리 둘 중에 어느 소리가 입 밖으로 늦게 나올까?

맞다. 숨을 꽤 많이 들이마시고 소리 내는 형태가 숨을 들이마시지 않고 내는 소리보다는 입 밖으로 늦게 나온다. 그 이유는 숨을 들이마시는 데 조금이라도 시간이 걸리기 때문이다.

그런데 이게 왜 중요한가?

음성을 길게 내려면 호흡량과 힘이 필요하고, 자신의 호흡에 집중이 된다. 그리고 음절 하나를 길게 처리하면 짧게 단음으로 처리하는 것보다는 생각할 시간을 조금이라도 벌 수 있고, 그럼 조금이라도 안정적인 말하기를 하는 데 도움이 된다. 또한 장음을 처리함으로써 오류 발음과 같은 실수율도 줄일 수 있게 된다. 즉, 발표 불안을 조금이라도 줄이는 데 도움이 된다는 말이다.

발표 불안의 상당한 원인은 바로 '급한 속도'에서 비롯되었다고 해도 과언이 아니다. 수행 부담과 수행 긴장, 사람들 의식 등의 이유로 심장이 빠르게 뛰면 수행은 급해진다.

대중 스피치의 속도가 급하게 처리되면 오류 발음이 나올 것이다. 음성 버벅, 음성 겹침, 음성 씹힘, 음성 꼬임, 음성의 오진입 등이 생긴다. 특히 만인 앞에 서서 처음 이야기할 때 만약 오류 발음이 생긴다면 당황할 것이고, 더욱더 떨리게 될 것이다. 오류 발음은 스피치 멘탈을 흔드는 데 충분하다.

이런 급한 속도의 스피치 스타일로는 무대에 백 번을 서더라도 발표 성공을 경험하기가 어렵다. 무대에 설 때마다 속도적으로 쫓겨서 조금이라도 수행 오류가 생기고, 당황하고 떠는 경험을 하게 될 확률이 매우 높다. 그리고 이러한 부정적인 경험은 발표의 부정 심리를 만든다. 즉, 발표의 불안 심리를 만드는 것이다. 그래서 가능하면 앞으로 서게 될 연단과 무대에서는 긍정 경험을 해봄으로써 스피치 불안이 많이 해결되기를 바란다. 긍정 경험을 통하여 대중 스피치가 해볼 만한 것이고, 짜릿하고 재미있는 영역이라고 인식되게 하면 좋겠다.

그럼, 말하기 속도를 복식호흡뿐만 아니라 더욱더 안정적으로 처리할 수 있는 '속도 불안 해결' 방법에 대해서 알아보자.

떨리는 정도가 꽤 심하다면 복식호흡을 하더라도 제어가 덜 되고, 이미 심장 박동이 빨라져서 자신의 의지와 상관없이 급한 속도로 말을 하게 될 것이다. 급한 속도(조절)의 문제는 발표 불안을 해결하는 데 있어서 정말 중요한 교정 작업이라고 할 수 있다. 발표 불안의 상당한 원인이 '급한 속도'에서 비롯되었다고 해도 과언이 아닐 정도이다.

이렇게 급한 속도를 어떻게 하면 해결할 수 있을까?
그 방법은 바로 'Sync'를 조절하는 것이다.

여러분, Sync-싱크에 대해서 들어본 적이 있는가? 보통 음악이나 동영상 편집에서 자주 쓰이는 표현이긴 하다. 'Sync'는 우리말로 '때맞춤'이라고 한다. 적절한 때를 맞추는 것이다.
가끔 TV나 어떤 영상을 보면 화면 속 사람의 입은 이미 다 움직였는데 그제서야 사람의 말소리가 들리는 경우들도 있고, 이와 반대되는 경우도 있다. 이렇게 비디오와 오디오의 싱크가 정확하지 않으면 좀 답답하긴 하다.

만약 우리가 무대에서 말을 할 때 필요한 요령으로 오히려 이러한 sync의 원리를 잘 활용한다면 어떨까?
오히려 스피치 안정성을 끌어내는 데 탁월할 수도 있다.

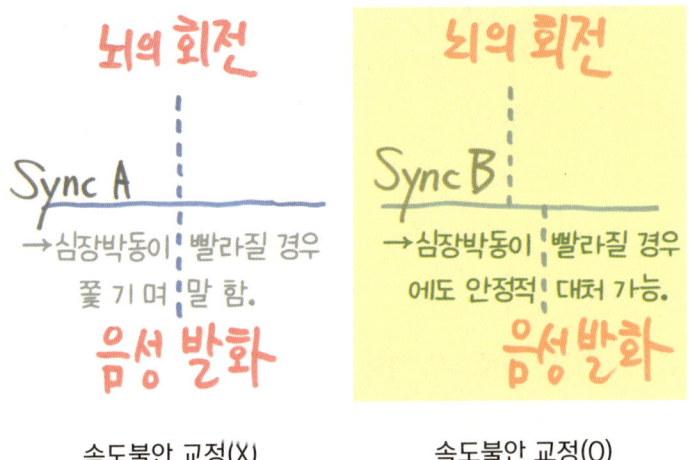

　우리가 대중 스피치를 할 때, '뇌-횡격막-입'의 순서로 전개한다고 했을 때, 처음에 뇌가 빠르게 회전하고, 두 번째로 횡격막 움직임이 역시 빠르게 움직이고, 그다음 세 번째로 입의 수행으로 넘어갈 때, 다시 말해서 뇌와 횡격막은 빠르게 가동되고 여기에 입의 움직임을 의도적으로 늦춘다면 어떤 시너지가 나올까? 그건 바로 아주 안정적인 속도의 기반이 될 수 있다. 보통의 속도보다 입의 움직임을 1~2초만 늦추어도 안정적인 스피치 속도를 만들 수 있다.

　게임 중에 테트리스라는 게임이 있는데 알고 있는가? 이 게임에서 속도를 약간만 늦추어도 많이 해결할 수 있고, 속도가 약간만 빨라져도 오류가 생기고 게임이 실패로 돌아간다. 이처럼 1~2초 빨라지고 1~2초 늦추는 게 별거 아닌 것 같지만, 발표 불안을 해결하는 데 있어서 정말 중요한 사안이다.

저자 본인은 발표 불안을 가진 사람들에게 이런 질문을 꽤 많이 받는다. "강사님, 너무 천천히 말하면 듣는 사람들이 너무 답답해하지 않을까요?"라고 말이다.

사실 대중 앞에서 매우 천천히 하려면 상당한 내공이 필요하다. 상당한 배짱과 깡이 필요하다. 그래서 대중 앞에서 천천히 말할 수 있다면 발표 불안을 많이 해결할 수 있는 경지로 들어선 거니 매우 천천히만 할 수 있다면 아주 고무적인 것이다. 웬만한 내공이 아니면 대중 앞에서 천천히 하기 어렵다. 따라서 지금 발표 불안 때문에 고민인데 무대에서 천천히 말해서 사람들이 답답해하지 않을까 하는 걱정은 안 해도 된다. 이해되는가?

그리고 천천히 말하면 청중이 내용을 잘 이해할 수 있고, 보다 여유로운 진행이 되므로 청중의 집중도도 높아지는 등 여러 가지 강점이 있다. 그리고 천천히 말하다가 떨림이 많이 없어지면 그때부터 알아서 속도 완급 조절을 하면 되는 것이다.

자, 다시 언급하겠다.

스피치의 급한 속도를 교정하기 위하여 복식호흡도 하고, 싱크도 살짝(1~2초 정도)만 늦추어서 말해 보자. 스피치의 모든 전 구간을 박자를 늦추어서 하라는 게 아니다.

오프닝 구간 1분 만이라도 이렇게 한 번 실험해 보아라. 서론(Opening), 본론(Body), 결론(Closing) 중에서 바로 오프닝 때만이라도 sync를 1~2초 정도만 늦추는 것이다.

숨을 배의 깊이까지 채우고 의도적으로 속도를 늦춘다. 그리고 어절 첫소리, 첫음절을 장음 처리한다. 이런 속도로 오프닝 일부 구간을 5회만 연습해 보고, 지금 자리에서 일어서서 한번 스피치해 보아라. 가능성 있는 좋은 경험을 하게 될 것이다.

아래는 안정적인 속도 구축 및 오류 발음을 최소화하는 훈련 방법이다.
먼저, 호흡의 인풋 행동 'D D D'를 자주 한다. 그리고 다음은 어절 첫소리를 '장음' 처리한다.

> **연습 문장**
>
> 나도 취득할 수 있다.
> → D 나아도 D 취이득할 수 이있다.
>
> 뉴스 특보입니다. 4일 오후 12시 12분 일본 지바현 지바시 남동쪽 58km 해역에서 규모 5.4의 지진이 발생했습니다.
> → D 뉴으스 특보입니다. D 사아일 오후 D 시입이시 십이분 D 이일본 지이바현 지바시 D 나암동쪽 오오십팔km 해역에서 D 규우모 D 오오쩜사의 지이진이 D 바알생했습니다.

이상으로, 스피치의 급한 속도를 안정적으로 훈련할 수 있는 방법에 대해서 알아보았다.
정리하면 다음과 같다.

첫째, 복식호흡으로 숨을 많이 들이마시고, sync를 1~2초만 늦추어 말한다.

둘째, 어절 첫소리를 장음 처리한다. 오프닝 구간에서만 적용시켜도 된다.

꼭 연습해 보고 체화할 수 있도록 해라. 발표 불안을 해결하는 데 있어서 아주 중요한 내용이다.

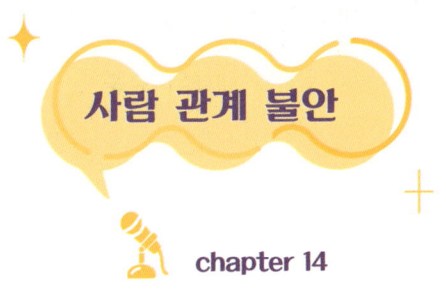

사람 관계 불안

chapter 14

앞서 발표 불안의 원인을 두 가지로 나눈다면 어떻게 나눈다고 했는지 기억나는가? 하나는 '발표' 때문이고, 다른 하나는 '사람들' 때문이라고 언급하였다.

발표 불안을 현실적인 이유 두 가지로 나눈다면 바로 '발표'와 '사람들' 때문이다.

첫 번째 원인인 '발표'에 대해서는 뒷부분의 「제3장 말 만들기 전개 요령」에서 자세히 다루니 이를 참고하고, 여기서는 '사람들'에 따른 불안에 대해서 설명하겠다.

우선 내가 말하고 싶은 것은 사람들을 너무 어려워하지 말고, 너무 과하게 높게도 생각하지 말자는 것이다.

한 가지 일화를 체크해 보겠다.

A라는 어떤 사람이 누군가에 대하여 이야기를 하는데 나의 귀를 멈추게 하는 표현이 몇 번 들렸다.

바로 그 표현은 어떤 것인 줄 아는가? 바로 '감히'라는 표현을 사용하는 것이었다. A라는 사람은 자신이 속한 조직의 대표와 충분히 나눌 수 있는 이야기인데도 불구하고 이렇게 말했다. "대표님에게 감히 그런 말씀(의견 제시) 못 드려요."라고 말이다. 나는 그런 발언을 듣고 그 사람에게 이야기했다. "해당 대표님이 뭐 한 나라의 임금님이라도 되나요?"라고 말이다.

A라는 사람은 멋쩍은 표정을 지으며 살짝 웃었다. 사람을 이렇게 굉장히 어려워하고 신적으로 생각하니까 소식의 발전을 위하여 중요한 제안을 하는 것임에도 불구하고 엄두도 못 내고 벌벌 떠는 것이다.

내가 하고 싶은 말은 사람들을 상대할 때 과거 시대처럼 너무 수직적 구조로 바라보지 않았으면 좋겠다. 이유는 다음과 같다. 누군가를 너무 높게 평가하거나 어렵게 생각하면 정작 필요한 말을 해야 할 때 의견 피력에 대한 과감성이 떨어질 수 있는 문제점이 생길 수 있기 때문이다. 존경만 하면 되는 것이지, 임금님이 아닌 이상 임금님 이상으로 모실 필요까지는 없지 않은가!

가끔 주위를 보면 무의식적으로 말할 때 '그분에게 감히!'라는 표현과 비슷한 맥락의 표현들을 하는 경우가 꽤 많은 것 같다. 이러한 표현을 사용하고 있는 관계 구조에서는 사람들을 대하거나 말할 때 사람의 유형에 따라서 불규칙적인 기복이 생길 수 있다. 어떤 사람은 편하게 대하고, 어떤 사람을 대할 때는 불편하게 대하고 따라서 긴장까지 올라오는 기복 말이다.

이런 말이 있다.

니콜라이 벨리미로비치(Nikolai Velimirovich)는 "세상에서 가장 추한 자도 결국 너와 같은 인간이니 겸손해져라. 눈부시게 빛나는 스타도 결국 자신과 같은 인간이니 자신감을 가져라."라고 말했다.

지금까지의 이야기를 듣고 무슨 생각이 드는가?

여러분, 사람을 너무 어렵게 생각하지 마라. 너무 쉽게 생각해도 안 되겠지만, 너무 어렵게 생각하면 발언할 때 본인만 손해다. 그리고 각자의 조직 발전을 위하여 의견을 제시하는 건 중요한 것이다. 의견 제시를 통하여 조직이 더욱더 발전하는 계기가 되는 것이다. 의견 제시를 하지 않는다는 것은 어떻게 보면 조직에 대한 애정이 없는 것일 수도 있고, 상황에 따라서는 직무 유기에 포함될 수도 있다. 그러므로 과감성 있는 스피치를 언제든지 할 수 있도록 설정해 놓자! 사람들에 대한 영점 조준 난이도를 어려움, 보통, 쉬움의 3가지 분류가 있다고 하면 '보통' 이하로 설정하면 좋겠다.

사람들을 생각하는 난이도가 보통 이상으로 높다면 그만큼 삶이 피곤해질 것이다. 인간관계에서 오는 스트레스도 많아질 것이고, 당연히 대중 스피치는 어려워질 것이다. 이런 구조에서는 아직까지 무대에 서지 않았더라도 머지않아 덜덜 떠는 경험을 할 수밖에 없는 것이다.

추가로 설명하겠다.
예를 들어, 자신의 강점을 1가지만 생각하고 단점을 3가지를 생각하고, 상대방의 강점을 3가지를 생각하고 단점 1가지만 생각한다면 상대방 앞에서 기를 펴지 못할 것이다. 그런데 이번에는 나의 강점을 3가지를 생각하고 상대방의 강점을 1가지만 생각한다면 상대방을 어려워하지 않을 것이고, 당당하게 말할 수 있을 것이다.
또한 상대방의 강점 1가지만을 생각하는데 이 강점 1가지에 대하여 어마어마하게 크게 인식을 한다면 나의 강점 3가지를 생각하더라도 '기'에서 밀릴 것이다. 그러므로 상대방의 강점 1가지를 생각하더라도 너무 과하고 크게 생각하지 말자. 단순화시키자.

만약에 상대방이 성우라고 하자. 성우는 목소리가 좋다. 그 사람이 목소리가 좋다고 생각하는 건 괜찮은데, 그 사람의 목소리는 나의 목소리에 비한다면 하늘을 찌를 듯 좋다고 자주 생각하면 그 사람 앞에서는 음성에 관한 수행에서는 의욕이 떨어질 것이고 자신감 있게 말하기가 어려워질 수 있다.
따라서 그 사람의 목소리는 완벽한데 나의 목소리는 그렇지 않다고 생각하지 말고, 여러 가지 시각에서 자신의 좋은 점들을 생각해 보고 강점들을 정리해 놓자. 예를 들어 그 사람은 목소리는 좋은 편이지만 나는 어휘력이 좋다든가 나는 그 사람보다 5년은 더 젊으니까 내가 꾸준하게 더 노력한다면 그 사람보다 스피치의 강점들을 더 많이 향상시켜서 더 매력적인 화자가 될 수 있다고 생각하는 것이다.

그리고 목소리만 좋다고 꼭 말발이 좋다고만 할 수는 없다. 낭독만 잘한다고 스피치를 꼭 잘하는 건 아니지 않은가? 스피치는 내용 구성, 어휘 표현 등의 말 만들기를 잘하는 게 아주 중요하고, 말 만들기를 잘해야 무대에서 안 떨고 스피치를 잘할 수 있다. 이렇듯 상대방의 강점만 너무 크게 생각하지 말고, 나의 좋은 강섬들도 자주 익식하고 인식하면서 자존감도 높이고 자신감도 키울 수 있도록 하자.

계속해서 사람 불편, 사람 불안에 대하여 중요한 스몰 토크에 대해서 설명하겠다.

앞서서도 조금 다루었지만 스몰 토크를 통해서 낯선 사람들에게서 느껴지는 냉한 푸석푸석함을 분해할 수 있다. 연단에 올라가기 전에

사람들과 가벼운 이야기를 나누면 친밀도가 형성되고, 친밀도가 형성되면 약간은 서로 우호적인 방향이 생기는 장점이 있다. 또한 각각의 사람들에 대한 특징도 어느 정도 파악할 수 있기 때문에 연단에 올랐을 때 조금 더

편안하게 말할 수 있다.

이렇듯 사람들과 나누는 스몰 토크도 중요하다. 흔히 농담 따 먹기 한다는 식으로 대화나 스몰 토크의 역할을 부정적으로 생각하는 사람도 많은데, 이러한 잠재적으로 깃든 부정적인 생각들이 자신의 커뮤니케이션 역량 계발에 마이너스가 된다는 점을 유의하자. 많은 사람이 외국어(영어, 중국어, 일본어 등등)를 유창하게 잘할 수 있도록 하기 위한 로망이 많은데 이렇게 스피치에 대하여 직간접적으로 관련된 것들에 대한 부정적인 인식을 갖는다? 혹시라도 이렇게 생각하는 사람이 있다면 이렇게 생각하니까 외국어를 해도 해도 스피킹이 (잘) 안 되는 것이다. 문법(grammar)만 많이 공부하면 뭐하나? 실전에서 스피킹이 안 되면 큰 의미가 없지 않은가! 즉, 스몰 토크를 '농담 따 먹기 식'이라고 부정적인 뉘앙스로 이야기하지 않았으면 좋겠다. 만약에 자신이 대중 스피치 및 외국어를 잘하고 싶다면 말이다.

그리고 이왕이면 스몰 토크 내용은 가볍고 밝은 이야기를 하면 좋겠다. 혹시 누군가가 평소에 부정적인 사고가 많아서 부정적인 내용으로 말을 건네고 대화를 시작한다면 상대방에게서 생각지도 못한 부정적인 발언이 리액션 되면서 이는 오히려 자신의 멘탈리티를 붕괴시키는 자충수가 될 수도 있다. 그러므로 이왕이면 가볍고 긍정적인 이야기를 하자. 또한 스몰 토크, 대화 등을 할 때는 너무 욕심을 부리지 말고, 연단에 나설 때 사람들(청중, 관계자)에 대하여 편하게 느낄 정도로만 실행해도 된다. 그럼 사람들 앞에서 조금이라도 안정적으로 말할 수 있을 것이다.

이처럼 스몰 토크는 딱딱하게 느꼈던 사람들도 인간적인 요소나 친근한 부분을 발견할 수 있게 하여 화자가 편안함을 느끼게 하는 데 중요하다. 발표 불안이 고민인 사람들을 관찰해 보면 무대 서기 전에 스몰 토크가 거의 없는 경우가 많다. 입도 한 번도 안 풀고, 사람들에 대한 딱딱한 의식도 누그러지게 해놓지 않고 연단에 올라가니 당연히 긴장하기 쉬울 수밖에 없으리라.

그리고 스몰 토크는 자신이 먼저 하면 좋겠다. 남들이 말을 걸어주기까지 가만히 있지 말고, 자신이 먼저 말을 건네서 친밀도를 만들 수 있도록 시도해 보자. 그럼 이러한 습관으로 어떤 집단에 가더라도 다른 사람들보다는 조금이라도 긴장이 완화된 상태에서 스피치를 할 수 있을 것이다.

판을 내가 만들자! 연단의 판을 내가 이끌자!

그럼, 이제부터는 사람 불편, 사람 불안의 불씨가 되는 불쾌함이나 오해 등을 푸는 화술에 대해서 학습해 보자.

어떠한 조직에서 B라는 누군가가 나에게 언짢은 말을 건넨다. 또는

B라는 사람이 나를 무시하는 발언을 한다. 기분이 불쾌하지만 어떻게 해야 할지 방법을 잘 모르겠다. 소리를 지르면 사람들이 나를 이상하게 볼 것 같고, 정색하면서 이야기하면 분위기가 싸해질 것 같다. 그래서 자신도 모르게 조용히 무대응하게 되었다.

그런데 B라는 사람에게서 비롯된 이렇게 언짢게 느껴지는 부분을 정리해 놓지 않는다면 언제라도 B라는 사람 앞에서 또는 B가 섞여 있는 집단에서 스피치 할 때는 의욕적으로 스피치 하기가 힘들어질 수 있고, 오히려 불안하게 떨리는 상황이 올 수도 있다.

이렇게 관계가 불편해지거나 감정이 상해 있으면 자신의 제 역량을 펼치기가 힘드니 가능하면 연단에 서기 전에 사전에 이 부분을 정리하거나 해결하면 좋겠다.

아래는 상황 예시다.
박 부장: 박 대리, 밥 좀 많이 먹어야겠어. 패잔병 같아! 하하하!
박 대리: 네…. 하하. (속으로는 불쾌함)

이런 농담 섞인 이야기를 듣고 자신의 감정이 상하지 않았고 크게 상처받지 않았다면 상관이 없는데, 만약 이런 이야기를 듣고 감정이 조금 상하거나 상처를 받았다면 앞으로 그 사람(박 부장)이 포함된 자리에서는 자신의 커뮤니케이션을 편하게 수행하기 어려울 것이고, 이 밖에도 여러 수행에 마이너스가 될 수 있다. 그리고 그 사람 앞에서는 수행 불편, 수행 불안이 야기될 수 있는 것이다.

그럼 위와 같은 상황을 어떻게 대처해 보면 좋을까?

대처에 대한 답은 여러 가지가 있는데, 그중 하나의 예시를 들어보면 다음과 같다.

박 부장: 박 대리, 밥 좀 많이 먹어야겠어. 패잔병 같잖아! 하하하!

박 대리: 부장님, 패잔병 같다는 표현이 뭡니까? 하하. 부장님 몸으로 하실 말씀은 아니신 것 같은데요. 하하. 그리고 부장님이 저에게 보양식 좀 많이 사 주시면서 그런 말씀하시면 좋겠습니다. 하하. 보양식 기대하겠습니다. 하하.

이런 식으로 농담 반 진담 반 식으로 강도 세기를 나누어서 여러 문장으로 표현을 해보면 좋을 것 같다. 한두 문장으로 강하게 이야기해도 되지만, 그러면 두 문장 안에 대응할 수 있는 의미 크기를 모두 실어야 하니 상대방이 느끼는 타격이 클 수 있다.

따라서 한두 문장보다는 서너 문장으로 구체적으로 표현하여 상대방이 느낄 수 있는 타격감은 줄이고, 상대방이 인지할 수 있는 정도의 양으로 표현하길 바란다.

다시 말해 언짢은 이야기를 듣는다면 표현을 하고 표현의 강약을 조절하는 것이다.

완만하게 의견을 표현할 수도 있고 또는 돌직구로 한 번 이야기하고 그다음에는 기분 좋은 이야기로 약하게 말하는 식으로 강약을 섞어서 표현해도 된다. 효과가 있을 것이다.

정리합니다

　혹시라도 자신을 너무 낮추고 상대방을 너무 높게 본다면 자신감 있는 언행이 나오기 어려울 것이다. 그리고 임의의 어떤 사람을 어렵게 느낀다면 말 한마디를 꺼내는 것도 힘들 수 있다. 굳이 사람 관계를 이렇게 어렵게 운영할 필요는 없을 것이다.
　따라서 우선 사람에 대한 어색함과 불편함 등을 해소시킬 수 있는 스몰 토크를 선제적으로 시도해 보자.

　그리고 또한 누군가의 발언에 대하여 자신이 불쾌함을 느끼는 상황이 생긴다면 현장에서 신속하고 지혜롭게 정리할 수 있도록 사적 스피치 역량 계발에도 힘써 놓자. 처음에는 서툴 수 있지만, 자주 시도하다 보면 사람 불편과 사람 불안에 대한 사적 스피치의 요령과 '수(手)'도 많이 체화되어서 이를 잘 해결할 수 있게 될 것이다.

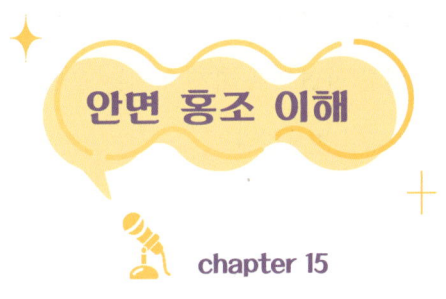

안면 홍조 이해

chapter 15

발표 불안을 가중시키는 요소 중의 또 하나가 바로 '안면 홍조'이다. 연단에서 자신의 얼굴이 붉어질까 봐 그래서 사람들이 뭔다고 생각할까 봐, 발표를 못 한다고 생각할까 봐 부담과 불안을 느끼는 형태이다.

자신의 얼굴에 열이 나고 붉어지는 느낌이 들면 당황하고 급격히 불안한 발표를 하는 경우가 많다. 발표 행동, 또는 무대 행동을 진행하는 데 있어서 안면 홍조가 큰 걸림돌이 되면 안 될 것이다. 어떤 방법을 통해서든 이를 해결하면 좋겠다.

안면 홍조에는 여러 원인이 있다. 자외선에 자주 노출됐거나 멜라토닌 부족, 고혈압 약 같은 약물 복용, 정신적인 질환, 정서적인 불안과 긴장, 피부 질환, 폐경 등이다. 이뿐만 아니라 겨울철 실내외의 큰 온도 차 때문에 발생하기도 한다. 바깥의 차가운 온도에서 수축되어 있던 안면의 혈관들이 실내의 따뜻한 온도에서 확장되면서 안면으로 피가 몰리는 울혈 현상 등 안면 홍조는 다양한 원인에 의해서 발생한다.

이처럼 안면 홍조의 원인은 아주 다양하고 꽤 복잡하다는 것을 알 수 있다. 따라서 효율적인 학습을 위하여 여기(현재 챕터 및 다음 챕터)에서는 안면 홍조의 전체를 다루기보다는 감정에 의하여 생기는 감정 홍조에 대해서 보다 집중적으로 다루도록 하겠다.

얼굴이 붉어지는 여러 원인 가운데 가장 흔한 건 감정 변화이다.
흔히 긴장하거나 당황스러운 상황에서 얼굴에 열이 나며 색깔이 붉어진다.
당황하거나 화가 났을 때 자율신경에 영향을 미치면서 피부 혈관이 확장되고, 혈류량이 증가하면서 얼굴에 열이 오르고 붉어지게 된다. '당황, 분노 → 자율신경계 영향 → 피부혈관 팽창 → 얼굴 붉어짐'의 순서로 나타난다.

과도한 긴장이나 불안으로 평소보다 심장에서 피가 얼굴로 많이 뿜어져 나와 안면 피부의 혈관을 확장시키게 되어 얼굴이 붉게 보이게 된다. 감정 홍조의 보다 근원적인 문제는 안면 피부 자체보다는 피부 안에 있는 혈관들이다. 심장에서 출발한 혈관이 안면에서 순환하고 다시 심장으로 돌아가야 하는데 일부 혈액순환이 잘 되지 않는 사람들은 혈관의 탄성이 떨어진 상태가 많아서 얼굴의 붉은 혈기가 빠져나가는 데도 시간이 오래 걸려서 홍조가 지속되는 경우도 많다.

안면에는 겉에 보이는 표면보다 더욱 깊숙한 곳에도 혈관이 많기 때문에 피부 표면을 치료한다고 해도 심장에서 뿜어져 나오는 혈액량이 많으면 홍조기가 나타나기 때문에 가능하면 애초에 심장에서 혈액량이 조금이라도 덜 뿜어져 나오게 하는 것이 중요한 점이라 할 수 있겠다.

신체에 문제가 있어서 야기되는 안면 홍조가 아닌 특별한 생각과 감정에 따른 감정 홍조 같은 경우에는 이 생각과 감정을 조절할 필요가 있다.

보통 감정 홍조의 증상을 겪는 사람들 같은 경우, 다음과 같은 속성이 있다. 첫째, 공적 상황(남들 앞에 서는 상황)이나 타인의 평가를 민감하게 의식할 때 둘째, 예민하거나 긴장에 민감할 때 셋째, 강박적이거나 다혈질적일 때 등이다. (참고로, 자율신경계에는 크게 교감신경과 부교감신경이 있는데 여기서 교감신경은 심신의 흥분을 담당하고 부교감신경은 심신의 안정을 담당한다.) 이와 같은 특성의 상당 부분은 교감신경이 잘 조절되지 않는 교감신경 항진(높을 항亢, 나아갈 진進: 병세 따위가 심하여짐)을 잡아야 한다.

얼굴 붉어짐의 여러 순서인 '당황, 분노 – 자율신경계 영향 – 피부 혈관 팽창 – 얼굴 붉어짐'의 순서에서 자율신경계에 영향을 주기 전의 가장 첫 번째 원인인 '당황과 분노'에 해당하는 부분들에 대해서 조절을 잘 할 수 있도록 하자. (이에 대한 내용들은 다음 챕터에서 다룬다.)

chapter 16

그럼, 감정(안면) 홍조의 증상을 줄이기 위한 여러 방법에 대해서 알아보고, 스스로도 연구해 보자.

1. 자신의 '당황과 분노'에 대해서 분석해 보자.

평소에 자그마한 일에도 쉽게 흥분하거나 민감해하고 당황한다면 이에 대하여 조금 더 유연하게 대처할 수 있도록 여유를 가지도록 노력하자. 또한 심리학적으로 '미소'는 평범한 것 같지만 여러 면에서 중요한 역할을 한다. 그래서 당황스러운 상황이 생기더라도 살짝 미소를 머금으며 침착하게 대응해 보자. 그럼 대응을 하는 만큼 얼굴도 덜 붉어질 것이다. 그리고 자신이 흥분하고 당황하는 범주가 타이트한지 아님 넓은지를 생각해 보고, 이에 대한 한계치와 포용치를 넓게 키우는 것도 방법일 것이다.

자율신경계의 교감신경이 부교감신경보다 더 많이 활성화되면 붕 뜬 상태가 되어서 연단에서도 불안해지기 쉽고, 얼굴 홍조에도 쉽게 영향을 받을 수 있으니 가급적 깊은 호흡으로 들이마시고 내쉰다. 또한 연단 등단과 하단할 때의 걸음걸이 속도도 천천히 하고, 말도 차분하고 천천히 하면 좋겠다. 그리고 이왕이면 천천히 말하면서 진지함까지 곁들인다면 감정 홍조를 덜 나타나게 하는데 더욱더 효과가 좋을 것이다.

그 이유는 다음과 같다.

화려하거나 유머러스하게 말하려고 하면 약간이나마 흥분이 올라온다. 심신의 흥분을 담당하는 교감신경의 활성화가 시작되기 때문이다. 화려하게 말하다가 조금만 실수가 나오더라도 진지한 콘셉트보다는 당황하기 더 쉽다.

그리고 유머러스하게 분위기를 끌어올리려고 농담을 하거나 까불까불 말하려고 한다면 다른 사람들도 이 화자에게는 장난스러운 말을 쉽게 해도 되는 분위기로 여길 것이다. 예를 들면, 까불까불한 말투로 '제 외모 어때요?'라고 말을 한다면 누군가는 '못생겼어요.'라고 말을 할 수도 있을 것이다. 그럼 화자가 이 이야기를 듣고 오히려 당황해하고 또한 교감신경도 기저로 이미 활성화되어 있다 보니 기존보다 더 쉽게 얼굴이 붉어질 수 있다. 이러한 운영은 무대에서 홍조 관리의 자충수가 될 수 있다. 다소 웃을 수 있는 분위기는 될 수 있으나 화자 입장에서는 잃는 게 더 많은 아쉬운 운영이 되는 것이다.

이번엔 진지함을 가지고 천천히 말해 보자.

'제 외모 어떻습니까?'라고. 그럼 누군가가 '신뢰감이 있습니다.'라는 긍정적인 말을 할 확률이 높을 것이다. 왜냐하면, 진지하게 발언을 하였기 때문이다. '진지'와 '신뢰감'은 결이 같지 않은가?

이처럼 얼굴 홍조에서 중요한 점은 전후의 얼굴 색깔 변화의 정도와 크기이다. 미리부터 얼굴에 붉은 기가 조금 있고 처음의 얼굴 색깔 그대로 유지되고 변화가 없다면 누가 '얼굴 빨개졌어요.'라는 말을 안 할 것이다. 그런데 좀 전에는 얼굴이 황색이었는데, 가볍고 까불까불 말을 하다가 실수하거나 어느 특정 구간에서 갑자기 얼굴이 붉게 변한다면 '얼굴이 빨개졌어요.'라는 이야기를 들을 수 있다.

그러므로 불필요하게 교감신경을 활성화시키지 말고, 부교감신경을 활성화시켜서 안정을 꾀하면 좋겠다. 진지하게 그리고 천천히 말을 한다면 얼굴 색깔의 차이도 거의 없을 것이다.

나는 이렇게 생각한다. 연단, 불안, 홍조에 대한 운영은 마치 먼지 청소와 비슷하다고 생각한다. 급하게 청소하면 먼지는 붕 뜬다. 천천히 먼지를 쓸어내야 한다. 그래야 먼지가 일어나지 않는다. 여기서 먼지는 교감신경, 즉 흥분이나 긴장을 이야기한다.

그리고 참고로 우리의 심신의 안정을 위하여 심호흡이나 명상 등으로 자율신경계를 안정시킬 수 있다. 그런데 더욱더 세부적인 도움을 받고 싶다면 자율신경보다 더 상위에 있는 중추신경인 뇌가 느끼는 불안함에 대한 역치(한곗값)를 올려주는 치료(신경외과 또는 정신건강의학과)도 참고할 수 있다.

그리고 저자 본인이 여러 발표 상황을 보았을 때 굳이 당황스럽게 생각하지 않아도 되는데 당황하는 경우들도 많이 봤다. 화자가 느끼기에는 당황스럽다고 생각하지만, 청중의 시각에서 역지사지로 입장을 바꿔놓고 생각해 보면 충분히 필요한 말을 한 경우들도 많았다.

예를 들어서 화자가 겨울철에 이런 말을 한다. '실내의 난방기를 잠시 끌게요.'라고. 그런데 이때 어떤 누군가가 '왜 끕니까?'라고 물어볼 수 있다. 그런데 화자 입장에서 '혹시 나한테 따지는 건가?'라고 생각한다면 당황할 수도 있겠다. 그런데 물어본 사람 입장도 한번 생각해 봐라. 겨울에 실내 난방기를 끈다고 했을 때, 궁금할 수도 있지 않은가? 실내가 너무 건조해서 끈 건지 전기세를 아끼려고 끈 건지 궁금할 수 있다. 그래야 물어본 사람 입장에서 나중에 난방기 사용에 대한 정보를 체크할 수 있다. 만약에 리더(발표자)가 실내가 건조해서 끈 거라면 질문자의 집에 남는 가습기를 가져다줄 수도 있고, 전기세가 아까워서 난방기를 껐다면 질문자가 나중에 강의실에 일찍 오게 된다면 되도록이면 난방기 사용을 자제하여 사용한다거나 하는 등의 정보를 얻기 위한 질문이었을 수도 있다.

그리고 사람마다 친절한 말투로 '혹시 난방기 왜 껐는지 여쭤봐도 되나요?'라고 정중하고 차분하게 물어보는 사람도 있고, 짧게 '난방기는 왜 끕니까?'라고 물어볼 수도 있다. 그동안 많은 발표 상황들을 봤을 때, 청중의 질문과 화자의 응답을 제3자의 입장에서 보면 청중이 화자에게 충분히 물어볼 수 있는 질문인데도 불구하고 화자는 이에 당황을 하는 경우들을 많이 확인할 수 있었다.

어떤 발표자가 말하길, '어떻게 하다가 자그마한 건물을 샀어요.'라고 말했을 때 어느 누군가가 '혹시 대출이랑 껴서 샀나요?'라고 물어볼 수도 있는 것이다. 그런데 발표자가 '그런 건 왜 물어봅니까?' 하며 인상을 찌푸리거나 당황하여 얼굴이 붉어질 수도 있는데, 질문자 입장에서는 충분히 물어볼 수 있는 발언이다. 그리고 발표자가 건물을 샀다고 말을 안 했다면 이런 질문도 없었을 것이다.

또한 전체 분위기를 좋게 하려고 유머로 말한 상황을 유머 의도인지 모르고 왜곡 해석하여 얼굴이 붉어지는 경우도 더러 있다. 화자가 이런 말을 한다. '웃으면 복이 옵니다.' 그런데 누군가가 '그렇게 웃으면 복이 안 와요.'라고 말한다. 그러자 사람들 모두가 화기애애하게 웃는 것이다. 그런데 화자 스스로 다른 생각을 할 수도 있다. '어디서 감히 나에게 복이 안 온다고 하는 거야?'라고 생각하며 슬슬 얼굴이 붉어지는 것이다. 이런 상황은 유머 멘트인데 유머로 생각 안 하고 유머 멘트를 너무 진지하게 받아들여 감정 홍조가 생기는 경우라고 할 수 있겠다.

이런 여러 상황에서처럼 사람들이 발언할 때는 다 이유가 있어서 발언하는 것이고, 충분히 납득할 만한 정도의 상황이 대부분이니 평소에 사람들이 발언하고 질문할 때 이런 발언이나 질문을 왜 했는지 잘 봐둬야 한다. 청중의 입장에서 역지사지의 자세로 청중의 여러 발언에 대해서 틈틈이 이해도 해놓고, 가능하면 시뮬레이션이라도 해놓으면 당황하지 않는 데 도움이 될 것이다. 그래서 당황을 덜 하거나 안 한다면 이에 따라 감정 홍조도 별로 나타나지 않을 것이다.

그리고 대부분의 발표는 음주 상황이 아닌 멀쩡한 상황에서 진행되는 경우가 많다. 또한 청중석에는 대부분 매너 있는 사람들이 많다. 그래서 청중이 있는 언난에서는 화자가 너무 크게 당황할만한 상황도 어찌 보면 별로 없다.

예를 들어, 100명의 청중에서 97명이 점잖고 3명이 날카로운 발언을 한다고 했을 때 이 날카로운 발언이 주제와 연관되어 있다면 이 상황에 대해서 97명도 가만히 있을 것이고, 만약에 주제와 관련 없는 선을 많이 넘는 발언을 한다면 97명 중에 누군가가 제지할 것이다. 따라서 혹시라도 자신의 얼굴이 붉어질까 봐 미리부터 벌벌 떨 필요는 없다. 그리고 무대 서는 사람은 너무 착하면 안 된다. 무대에 설 때는 이기적이고 뻔뻔하게 중무장해서 올라가자.

과거 사례다.

우리 아카데미 수강생 중 어떤 공무원이 생각이 난다. 이 사람은 금전적 보상과 관련된 주민 공청회의 사회를 직접 맡게 되어 운영해야 하는 상황이었다. 그래서 그런지 이에 대하여 많이 부담스러워했다. 따라서 저자 본인은 그 학생(공무원)이 성공적인 공청회 사회 운영을 할 수 있도록 압박 훈련을 준비하였다. 교육 훈련을 시킬 때 당황할 만한 상황 몇 가지 훈련들을 집중적으로 시켰다.

예를 들면, 아카데미에서 A4용지를 사회자(공무원 수강생) 쪽으로 던진다든가 큰 목소리로 "도대체 언제 우리에게 보상을 해줄 겁니까?"라고 심각한 인상을 쓰며 질의 응답을 연습했다. 이런 압박 훈련은 계속 되었다. 이 학생(공무원)은 처음에만 약간 당황했지, 그 다음부터는 침착하게 여유를 가지고 진지하게 답변하려고 노력했다. 시간이 좀 흐르고 어느 지점부터는 내(질문자)가 강하게 질문을 하더라도 충분히 납득할 만한 성의 있는 답변도 할 수 있게 되었다.

이렇게 훈련을 하고 난 후 주민 공청회 때에는 실제 주민들 앞에서도 사회 운영을 하였고, 유튜브 라이브로도 스트리밍 하게 되었는데 해당 수강생의 어머님이 그 유튜브 영상을 보시고 (수강생에게) 아나운서 같았다는 이야기를 하셨다고 한다. 그 말씀은, 즉 이 수강생(공무원)은 발표 성공 경험을 했다는 이야기이다.

자, 이처럼 어떤 발표 상황을 앞두고 있더라도 사전에 압박 훈련과 반복 훈련을 하게 된다면 훈련 초반에만 약간 당황할 뿐, 그다음부터는 충분히 대응할 수 있는 적응력과 루트가 개발된다. 따라서 당황에 의한 감정 홍조는 사전 이해와 반복된 노출 학습으로 충분히 대비할 수 있다.

2. 혹시 자신의 안면 홍조의 정도가 어느 정도나 되는지 확인해 볼 필요가 있다.

얼굴이 붉어졌을 때의 색깔이 자신이 생각하는 농도와 실제의 농도 사이에서 인지 왜곡되어 있는지 확인해 보는 것도 중요하다. 과거 우리 아카데미에서 어떤 성인 여성 수강생이 사람들 앞에서 발표하고 난 다음, 저자 본인이 해당 수강생의 휴대전화로 촬영한 영상을 수강생이 다시 확인하면서 이런 말을 했던 게 생각난다. "제 얼굴이 생각했던 것보다 빨갛지는 않네요."라고 말이다. 그렇게 자신의 실제 얼굴 색깔을 확인한 후부터는 그 학생은 발표할 때 크게 안면 홍조에 대해 걱정하지 않았고, 발표를 꽤 편하게 하게 되었다. 이처럼 자신이 생각한 붉어진 정도와 실제 붉어진 정도는 다를 수 있으니 확인 기법으로 실제를 파악해 보자. 그리고 본인만 자신의 얼굴이 홍조가 심하다고 생각하는지, 남들도 그렇게 생각하는지도 확인해 볼 필요가 있다.

저자 본인은 15년 이상 많은 수강생을 지도하고 있다. 그동안 사람들이 당황했을 때의 얼굴 색깔을 줄곧 보아왔는데 대부분 큰 문제가 없었다. 오히려 약간의 분홍빛 볼터치를 한 것처럼 건강 미인으로 인식되었다. 그리고 자신의 얼굴의 열에 과하게 신경을 쓰느라 정작 필요한 말하기에는 신경을 덜 쓰게 되는 구조로 진행된 경우가 많았다. 이는 바람직하지 않다. 얼굴 홍조에만 지나치게 신경을 쓰기보다는 자신의 스피치 구사에 더욱더 심혈을 기울이면 좋겠다. 그래서 스피치가 잘 전개되다 보면 스스로의 만족도도 생기고 기분도 좋아져서 얼굴 홍조도 사라지게 되는 것이다.

그리고 유명한 사람 중에 안면 홍조인 사람들도 많다. 대한민국 월드컵 축구 4강 신화를 이끌었던 거스 히딩크 감독님, 미국의 42대 빌 클린턴 대통령 등 많다. 하지만 이들은 홍조에 연연하지 않는다. 성과 리더십에 집중한다.

3. 스스로를 불안하게 만드는 표현을 좀 바꾸자.

 A: 얼굴이 빨개지면 안 되는데….

 B: 가끔 얼굴이 조금 붉어질 수도 있지.

둘 중에 어느 표현이 우리의 마음을 편안하게 해주는가? 'B'가 좀 더 편안하지 않은가? 생각에 강박이 없어야 심장도 요동치지 않는다. 그리고 심장이 요동치지 않으면 자연스레 혈류량도 과하지 않게 조절될 것이다.

'뭐 하면 안 되는데!', '기회는 이제 한 번밖에 없다.' 등의 이런 표현들은 스스로를 긴장하게 하고 불안하게 하는 표현이며, 스스로 강박을 불러일으키는 표현이다. 따라서 이러한 아슬아슬한 생각의 표현을 자신에게 유리하고 안정된 표현으로 바꿔보자!

4. 안면 홍조를 예방할 수 있도록 외출할 때 선크림을 바르거나 얼굴에 팩트를 바르면 홍조를 꽤 많이 가릴 수 있다.

실제로 저자 본인은 초등학교 시절에 홍역을 꽤 길게 앓으면서 얼굴이 붉어지는 증상이 기본적으로 심하다. 그래서 이 얼굴 붉어짐 때문에 대중 앞에 서야 하는 레크리에이션 및 스피치 강사를 포기할까도 생각했다. 물론 포기하지 않았지만 말이다.

어렸을 적에 정말 많은 고민 끝에 부담스러웠지만 행동하였다. 무슨 행동을 하였느냐 하면, 피부과에 한 번 가보는 것이었다. 실제 피부과에 가서 상담을 받아보기로 생각하고 무거운 몸을 이끌고 피부과에 갔었다. 상담료, 그때 당시 3천 원인가? 그 정도를 달라고 해서 현금으로 꼬깃꼬깃한 3천 원을 납부하며 상담을 받아보았던 적이 생각난다.

그때 당시 의사 선생님께서 말씀하시길, 저자 본인의 안면 홍조의 원인이 되는 광대뼈 쪽 실핏줄을 모두 제거해야 한다고 하였다. 그런데 실핏줄의 길이도 다 합하면 아주 길고, 복잡하게 뻗어진 이 실핏줄 제거 수술도 굉장히 복잡하고 또한 비용도 많이 들 거라고 하시며 병원 앞에 있는 화장품 가게에 한 번 가볼 것을 추천하였다.

이에 본인은 바로 화장품 가게에 가서 얼굴 홍조를 가릴 수 있는 것이 있는지 문의해 보고, 있다면 뭐가 좋은지 추천해 달라고 하였다. 그리고 거기서 추천한 화장품을 사서 얼굴에 발라봤다. 그랬더니 확실히 안면 홍조가 꽤 가려지는 것이었다. 붉은색이 별로 티가 안 나는 것이었다. 마치 가면을 쓴 것처럼 말이다. 그래서 그때부터 대중 앞에 설 일이 있으면 스킨과 로션을 바른 후에 비비크림을 바르고, 팩트라고 하는 것을 얼굴에 발랐다. 이때 당시에는 남자가 화장하는 게 유연한 시대는 아니었지만, 나의 피부에 알맞게 자연스러운 톤으로 커버할 수 있었다. 그리고 이렇게 화장을 해도 사람들은 내가 화장했는지 모르는 것 같았다.

오히려 이걸 바른 후부터는 사람들이 나에게 피부가 좋다고 가끔 칭찬도 해주었다. 그러자 조금씩 나의 안면 홍조에 대한 부담과 스트레스는 줄어들게 되었고, 자신감이 상승했다. 그리고 여기에 추가로 나의 안면 홍조가 심해질 때를 자세히 정리해 보게 되었는데, 여기서 나의 태도에서 한 가지 부족한 점을 발견할 수 있었다.

5. 뻔뻔해지자!

바로 그 부족한 점은 나의 태도 중에 스스로를 약하게 하는 부분들이 있었다.

죄를 지은 것도 아니고 남에게 피해를 준 것도 아닌데 필요 이상으로 겸손해지려고 하였고, 사람들에게 미안한 마음을 가지고 있는 것이었다. 남에게 착한 사람이라고 이야기를 들으면 뭐하나, 정작 나는 얼굴이 붉으락푸르락하는데 말이다.

그래서 뻔뻔함 강화를 위하여 노력하였다.

예를 들면, 누군가가 나에게 '얼굴이 빨개졌어요.'라고 말을 한다면 농담 식으로 '어쩌라고요?'라고 하는 식이다. 그럼 오히려 그 말을 한 사람이 얼굴 색깔이 붉어지더라. 이러한 상황에 대하여 자주 연습하였고, 정리하였다.

또한 생각해 보니까 '연단에서 나의 얼굴이 붉어졌을 때 왜 내가 청중에게 죄송해야 하는가?'라고 곱씹어보고 발진 방향을 연구해 보았다.

그리고 누군가가 나에게 좋은 스피치였다고 칭찬을 하면 그냥 가만히 있거나 '별말씀을요.' 또는 '감사합니다.'라고 하면 되는데 '두서가 없었네요', '체계적이지 못했던 것 같아요.' 등등 자신감 없는 이야기, 부정적인 이야기 등등을 하는 태도로 말미암아 홍조도 드러나고 이마에 땀도 나는 상황이 두드러진 것이었다.

여러분, 무대에서는 뻔뻔해야 멋있다. 배짱이 두둑해야 멋있다.
겸손하고 착하면 멋이 없다.
당당하게 활동하자.

다음과 같은 내용을 자주 소리 내서 읽고, 나에게 유리하게 최면을 걸어보자!

> - 얼굴이 빨개지더라도 내가 당신들에게 피해 주고 있는 게 아니다!
> - 내가 당신들에게 죄를 짓는 행동을 하고 있는 게 아니다!
> - 나는 얼굴에 홍조기가 있어서 건강해 보인다!
> - 가끔 얼굴이 붉어지면 인간적이다!
> - 가끔 수줍은 듯 얼굴이 붉어지는 것도 사람들에게 인간적 매력으로 보일 수 있다!

6. 또한 이 밖에도 안면 홍조를 줄일 수 있는 방법들이 있는데, 그 방법은 바로 안면 홍조에 좋은 음식들을 섭취하는 것이다.

이에 대하여 하나하나 살펴보자.

오렌지

오렌지는 비타민이 풍부하고, 바이오 플라보노이드(bioflavonoid)도 함유하고 있다. 바이오 플라보노이드는 모세혈관이 자극에 의해 민감해지는 것을 방지해 주는 효과를 주며, 모세혈관을 튼튼하게 해주는 역할을 한다.

튼튼한 모세혈관은 외부의 자극에 쉽게 반응하지 않으니 안면 홍조 예방에 효과적이다.

당근

당근은 안면 홍조에 좋은 대표적인 식품이다. 당근에는 비타민 A와 베타카로틴(beta-carotene)이 풍부하게 함유되어 있어 모세혈관 확장으로 일어난 안면 홍조의 붉은 기를 개선해 주는 데 효과가 있다. 또한 다양한 비타민이 풍부하여 피부 점막을 건강하게 하는 데 효과적이며, 홍조로 인해 생긴 붉은 점을 개선하는 데 도움을 준다.

녹차

녹차에는 테아닌(theanine)이라는 성분이 있다. 테아닌은 1949년에 일본의 화학자에 의해 구조가 밝혀졌는데, 긴장 완화 효과가 있는 것으로 알려져 있다. 몸과 마음을 편안하게 해주며, 신경과 근육의 긴장까지도 완화시켜 준다. 녹차에는 커피와 같이 카페인이 들어있는데도 커피와는 달리 흥분되지 않고 안정되는 이유는 테아닌 때문이다. 테아닌 성분은 두뇌 신경전달물질의 수준과 기능에 영향을 주어 혈관 이완, 뇌의 건강, 면역력 강화에 도움이 된다.

그리고 녹차는 심혈관계와 신진대사에 긍정적인 영향을 주는 항산화 작용과 항염작용을 하기에 여린 피부에 도움을 주며, 안면 홍조 완화에도 긍정적인 영향을 준다.

블루베리

블루베리에 함유된 안토시아닌(anthocyanin)은 체내의 활성산소를 없애기 때문에 항산화 기능 및 붉은 기를 개선해 주는 데 효과적이다.

콩

콩에는 식물성 에스트로겐(estrogen)이 많아 안면 홍조를 완화시키는 데 도움이 된다.

알로에

알로에는 피부 보습 기능이 뛰어나다. 수분이 많고 차가운 성분을 가지고 있어 피부 재생 능력에 좋아 홍조를 진정시키는 데 효과적이다.

7. 중요한 발표 전날에는 과도한 음주를 삼가자.

음주 후에는 발표자의 컨디션에 여러 영향을 줄 수 있다. 몸도 무겁고, 말하기에 대한 창의성도 좋은 상태가 아니다. 또한 몸이 둔해져서 말 만들기도 잘 되지 않는 경우가 많다. 그리고 얼굴에는 홍조기도 빠르게 없어지지 않는다.

따라서 중요한 발표 전날에는 가능하면 과도한 음주를 하지 말자.

8. 발표 전에 식사를 할 경우, 뜨겁고 매운 음식과 카페인이 많이 든 음료를 줄일 필요가 있다.

보편적으로 매운 음식, 자극적인 음식들은 얼굴의 붉은 기를 유발할 수 있다. 청양고추를 먹었을 때 얼굴이 붉어지는 현상에서 이를 확인할 수 있다.

9. 아이스팩 등을 휴대하여, 필요할 때 얼굴에 대어 혈관을 수축시킬 수 있다.

우리 아카데미에서 수업을 진행할 때 겨울철에는 강의실에 난방기를 가동하니 얼굴이 하얗던 사람들도 강의실에 앉아서 시간이 조금 지나면 얼굴에 약간은 홍조를 띠기는 한다. 만약 이러한 홍조가 부담스럽다면 아이스팩을 지니고 다니며 얼굴의 피부 혈관이 확장되지 않게 할 수 있다.

참고로 저자 본인은 기본적으로 얼굴에 홍조가 있어서 비비크림이나 팩트를 얼굴에 바르지 않고 맨 얼굴로 이야기를 하다 보면 긴장하지 않고 당황하지도 않았는데 가끔 누군가가 "얼굴이 빨개요."라는 이야기를 한다.

그럼 나도 이렇게 말한다. "어쩌라고요? 하하." 또는 "그런 말씀만 하지 마시고요, 보양식이나 맛있는 음식 좀 사주세요!" 또는 "저는 감정 홍조 이전에 신체적 기저 홍조가 있습니다. 이 부분 참고 바랍니다. 계속해서 말씀드리겠습니다."

이런 식으로 상황에 적절한 대응을 하거나 아예 무대응을 하며 현재의 중요한 스피치에 초점을 맞추며 그냥 밀어붙인다. 그리고 더욱더 중요한 포인트에 집중한다. 그럼 알아서 해결된다.
　지금까지 감정(안면) 홍조 대책에 대해서 알아보았다.

　중요한 건, 우리들의 감정이 쉽사리 약하게 움직이지 않도록 평소에도 사람들의 웬만한 의견들에 대해서는 흥분하지 않고 불쾌해하지 않도록 배짱의 미소를 머금고 대응하는 태도라고 할 수 있겠다.

chapter 17

시선 왜곡 교정

　대중 앞에서 이야기할 때, 바로 앞에 있는 수많은 시선이 발표자를 부담스럽게 한다.
　두 가지만 잡으면 발표 불안을 해결할 수 있을 텐데 말이다.
　바로 사람들의 '시선'에 대한 해결과 말하기 '수행'에 대한 해결만 하면 좋은데 말이다. 이게 어렵게 생각하면 어렵고, 쉽게 생각하면 또 쉽게 한 번 해볼 만한 생각도 든다.

　이 시간에는 '시선 불안 해결' 중 '청중의 시선에 대한 왜곡 교정'에 대해서 이야기하겠다.
　먼저 몇 가지 상황을 살펴보자.

　첫 번째 상황이다.
　무대에서 발표자 자신의 시선을 청중 중 한 사람이 잘 바라보지 않는 상황에 대해서 이야기하겠다. 발표자가 발표하고 있는데 무대 아래쪽에 앉아있는 청중 한 사람이 발표자를 바라보고 있는 것 같다. 그래서 발표자 자신은 그쪽을 바라보았는데 그 청중은 어느덧 발표자의 시선을 회피하고 아래를 바라본다. 발표자는 이상하다고 생각했지만 그래도 발표를 이어간다. 역시 발표를 계속 진행하고 있는데, 또 무대 아래쪽에 앉아있는 청자가 발표자 자신의 얼굴을 바라보는 것 같다. 그래서 이번에도 발표자가 그 청자와 눈을 마주쳐보려고 그 청자를 향하여 고개를 움직인다.

그런데 이때도 역시 이 청중은 발표자와 눈을 마주치지 않고 또 아래를 바라보는 것이다. 결론적으로 이 사람은 발표자의 시선을 애매하게 회피하고 있는 것이다.

여러분! 하나 질문하겠다.

이 청자는 어떤 사람인가? 약한 사람에 가까운 사람인가 아니면 강한 사람에 가까운 사람인가?

굳이 한쪽을 고르라고 한다면 아마 약한 사람에 가까운 것 같다. 또는 발표자가 발표를 잘할 수 있도록 시선 배려를 해주는 것일 수도 있거나 발표자에게 무관심해서 그럴 수도 있다. 그럼 발표자가 이런 애매한 시선에 대해서 굳이 끌려다니며 '왜 나를 안 바라보는 거야?'라고 생각하며 발표 집중력을 빼앗겨야 하는가? 아니다. 그냥 과감하게 말하면 된다. 고로 청중이 화자와 눈 맞춤을 잘 안 한다면 어떻게 발표하면 되는가? 맞다. 이러한 시선에 신경 쓰지 말고 과감하게 자신의 말하기에 집중하면 된다.

자, 이번에는 다른 상황이다.
청중은 발표자의 눈을 잘 바라보며 내용을 듣고 있지만, 발표자 스스로가 떨면서 말하고 있는 상황이다. 그런데 청중은 발표자를 계속 바라보고 있고 아무 말도 안 한다. 여러분, 무슨 상황인가? '발표자가 떨면서 말을 하고 있다. 그런데 청중은 가만히 듣고 있다.'
그럼 청중의 입장에서 화자의 내용을 듣는 데 특별히 문제가 있다는 것인가? 없다는 것인가? 없다는 것이다. 발표 내용을 듣는 데 특별한 문제 없이 어느 정도는 잘 진행되고 있다는 뜻이라 할 수 있겠다.

만약 떠는 정도가 내용을 듣기 거북할 정도로 심하다면 아마도 청중은 민망해서 고개를 푹 숙인다거나, 헛기침을 한다거나, 또는 필요 이상으로 고개를 끄덕이며 화자에게 힘을 내라는 등의 리액션을 할 수도 있다. 그런데 발표자가 떨면서 말하는데도 청중은 특이사항 없이 계속 듣고 있는 상황이니 특별히 문제가 없다는 이야기일 수 있다.
따라서 발표자는 스스로가 떨더라도 청중이 자신을 계속 바라본다면 떠는 티가 듣기 심각한 정도는 아니며, 어느 정도는 잘 진행되고 있다고 생각을 하고 최선을 다해 말하기에 계속 집중하며 수행하길 바란다.

그리고 이때 청중의 상태도 한번 분석해 보겠다. 청중이 화자를 바라보며 이야기에 집중하고 있다는 것은 화자에, 발표자에 협조적인 것인가? 비협조적인 것인가? 협조적인 것이다. 또한 그 청중은 소극적인 건가, 적극적인 건가? 적극적인 것이라고 할 수 있겠다. 적극적인 사람들은 대체로 발표자의 말의 '내용'을 들으려 하지 '떨림'을 느끼려고 하지는 않는다. 또한 적극적인 사람들은 떨림 가지고는 뭐라고 하지 않는다. 뭐라고 한다면 성의 없는 태도를 뭐라고 하겠다. 따라서 발표자가 떨면서 말하는데도 청중이 자신을 계속 바라보고 있다면 어느 정도는 잘 진행되고 있는 것이니 밀어붙이면 좋겠다.

또 다른 관점에서 설명하겠다.

사람들이 한 공간에 있다. 그중 'A'라는 어느 누군가가 노래를 시도한다고 했을 때, 사람들은 'A'가 노래를 잘 부르기를 원할까, 아니면 못 부르기를 원할까? 보통은 사람들이 누가 노래를 부르건 잘 부르기를 원할 것이다. 왜냐하면, 만약 노래를 못 부른다면 함께 있는 사람들도 시간 낭비하는 꼴이 될 수도 있고, 힐링도 되지 않기 때문이다.

이왕이면 떨더라도 최선을 다해서 부르기를 원할 것이다. 그런데 이때의 사람들(청중)의 표정은 왜 무표정인가? 이 청중들이 방청객 아르바이트는 아니지 않은가? 그렇다고 인상을 쓰지는 않았다. 청중의 표정이 무표정이긴 했지만 이왕이면 누군가가 무대에서 무언가를 할 때는 잘하기를 원하는 심리가 많다. 청중이 애정 없는 무표정을 짓더라도 청중의 대체적인 니즈는 무대에 선 사람이 잘하기를 바라고 있으니 떨더라도 최선을 다하기 바란다.

저자 본인은 15년 넘게 대중 스피치의 많은 상황들을 여러 상황에서 다양하게 지켜보았는데, 청중이 무표정으로 발표자를 빤히 바라볼 때 화자가 왜곡 해석해서 어쩔 줄 몰라 하며 당황하는 모습들을 많이 보았다. 청중이 발표자를 무표정으로 빤히 바라보는 건 어느 정도는 잘 진행되고 있다고 생각하고 (발표자는) 발표 전개에 더욱더 집중하면 좋겠다.

추가적인 예시이다. 조직에서 보고를 한다. 'B'라는 부하직원이 상사분들 앞에서 보고한다고 가정했을 때, 상사 입장에서 'B'라는 부하 직원이 떨더라도 큰 목소리로 성의 있게 보고하는 걸 원하겠는가? 아니면 부하직원 스스로가 떨리니까 떠는 티가 안 나게 음성을 아주 작게 하며 발표 길이도 짧게 하며 보고하기를 원하겠는가? 당연히 상사분들은 부하직원이 떨더라도 큰 목소리로 야무지게 보고하는 걸 원할 것이다.

만약 'B'라는 부하직원이 떨리니까 떠는 티가 덜 나도록 음성을 아주 작게 하며 짧게 발표하면 혼날 수도 있다. 그리고 이렇게 혼나는 경험 등의 부정적 발표 경험을 한 경우에는 다음에 비슷한 발표 상황에서는 예기 불안이 생기게 되고, 예기 불안의 정도가 큰 상태에서 직면 수행을 하면 직면 불안이 또 생길 수밖에 없을 것이다. 즉, 발표 불안의 악순환에 빠지게 되는 것이다. 따라서 떨든 안정적이든, 작은 무대든 큰 무대든 최선을 다해서 발표하기 바란다.

발표자가 최선을 다해서 발표하지 않는다면 부정적인 상황들이 생길 수 있으며, 이는 또 발표 직전에 기다리는 불안인 예기 불안이 커져서, 무대에서 직면 수행이 어려워질 수 있다. 이런 악순환의 고리를 만들지 않으려면 무대에 설 때는 여러 좋은 방법들을 총동원해서 가능하면 긍정적 발표 경험을 할 수 있도록 악착같이 노력해 주기 바란다.

정리합니다

크게 두 가지 상황으로 청중의 '시선 회피'와 '빤히 바라보는 상황' 정리이다.

청중이 화자의 시선을 잘 바라보지 않는다.
→ 이는 '약한 사람이거나, 무관심하거나, 시선 배려'를 해주는 것일 수 있다. 따라서 과감하게 발표하자.

화자가 떨면서 말하는데도 청중이 화자의 눈을 잘 바라보고 있다.
→ 어느 정도는 잘 진행되고 있다는 것이니 계속해서 집중해서 발표하자. 청중이 빤히 무표정으로 화자를 보더라도 청중은 나름 화자에게 협조하고 있는 상황이니 집중해서 발표를 전개하자. 이런 실무적이거나 적극적인 사람은 '떨림'보다는 '내용'을 들으려고 하니 발표 내용 전개에 더욱더 신경 쓰며 최선을 다하며 말하자.

한 무리, 한 집단에서 같은 공간에 있고 같은 시간을 보내는 상황이면 사람들의 표정이 무표정이긴 하지만 무대에 선 사람에게 약간이라도 응원하고 있는 마음이 많으니 긍정적으로 생각하고 정성을 다해서 수행하자.

혹여 시선 불안이나 여러 원인으로 발표 불안이 거듭되고 있다면 악순환의 상황이니 이 흐름을 끊을 수 있도록 모든 방법을 총동원해서 발표에 대하여 긍정적인 상황들이 많이 나올 수 있도록 노력하자.

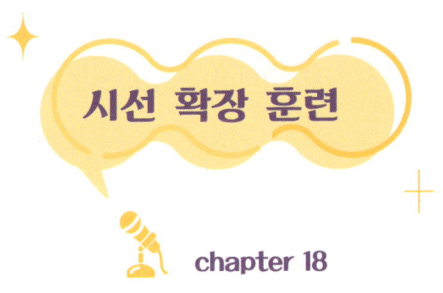

시선 확장 훈련

chapter 18

'청중의 시선 왜곡 교정'에 이어서 '화자의 시선 확장 훈련'에 대해서 설명하겠다. 많은 사람이 시선 처리를 하는 데 있어서 딱 둘로 나누는 이분법적인 잣대를 드리우는 경우가 많은 것 같다.

예를 들면, 보통의 경우 다른 사람의 시선을 볼 때 상대방의 두 눈 모두를 바라보든지 아니면 두 눈을 아예 안 보든지 하는 경우이다. 왜 시선 처리를 할 때 하나의 눈만은 바라보지 않는 것인가? 많은 사람이 사람들의 눈을 바라볼 때는 눈 하나가 아닌 한꺼번에 두 눈을 응시하는 습관이 익숙하게 형성되어 있는 게 사실이다.

그런데 우리가 사람들의 코를 바라볼 때는 코 하나만 바라보지 않던가? 하기야 코는 하나밖에 없다.

내가 하고 싶은 말은 시선 처리를 할 때 한꺼번에 꼭 두 눈을 바라봐야만 하는 법칙은 없다는 것이다. 하나의 눈만을 바라봐도 된다는 이야기다. 나의 수행을 할 때는 150% 이상의 집중을 끌어내고, 나의 수행 이외의 타 요소들에 대한 의식은 나에게 의식이 최소화될 수 있도록 최대한 분산시켜 화자 스스로에게 유리하게 운영하는 것이다. 나의 수행은 150% 이상, 타 요소들 의식은 50% 이하의 느낌으로 수행 비율을 바꾼다면 대중 앞에서도 편안하고 자신감 있는 행동을 하는 데 도움이 될 것이다.

여러분은 연단에서 대중 스피치를 할 때 대중의 시선을 어떻게 바라보는가? 한꺼번에 두 눈을 바라보지 않는가?

대중 앞에서 스피치 할 때 사람들의 두 눈 모두를 응시하고, 이에 대하여 복잡한 의식을 많이 하면서 '발표 불안이 없어지질 않아요.'라고 고민을 토로하는 것은 아닌지 모르겠다. 사람들의 두 눈을 한꺼번에 동시에 바라보는 형태의 시선 처리 행동은 때로는 생각지 못한 부담을 불러일으킬 수 있고, 또한 순간적으로 스피치 집중력이 분산되거나 붕괴될 수도 있는 행동이 될 수 있다.

이런 식으로 전략 없는 시선 처리를 한다면 대중의 시선 처리에 대한 능숙함과 연단에서의 여유로움이 발전되기는 어려울 것이다.

예전에 어떤 면접 책에선가 또는 어떤 강사들이 다음과 같은 내용을 언급했던 것 같다. 시선 처리를 할 때는 상대방의 인중이나 이마를 바라보라는 코칭 내용이었다. 이 말도 어느 정도 일리는 있다.

그런데 대중 앞에서 스피치 할 때는 이를 조금 다르게 하면 좋겠다. 대중 스피치를 할 때는 전반적으로 청중의 앞쪽 줄의 시선이 화자에게 크게 영향을 끼치지 뒤쪽 줄은 크게 영향을 끼치지 않는다. 다시 말해 뒤쪽 시선보다는 앞쪽에 있는 청중의 시선 처리를 효과적으로 운영하는 게 화자가 발표하기에 더욱더 편하게 운영하는 방식이라 할 수 있다.

만약 화자가 많은 청중 앞에서 청자 한 사람 한 사람의 인중을 바라보며 스피치를 하려고 한다면 아마 더 어렵고 혼란스러워질 수 있다. 보통 대중 스피치 때에는 연단에서 화자가 청중을 좌우로 많이 살피니 횡의 시선, 즉 가로 시선 처리를 잘하는 게 도움이 된다. 물론 종의 시선, 세로 시선 처리를 잘하는 것도 중요하긴 하지만 뒤쪽 줄 청중의 시선은 화자를 크게 부담스럽게 하지는 않는다. 왜냐하면, 청중의 뒤쪽 줄들은 얼굴이 잘 안 보이기 때문이다. 따라서 청중의 시선 처리를 할 때 좌우 처리만 잘해도 승산을 꽤 기대할 수 있을 것이다.

그럼, 청중의 시선 처리를 어떻게 하면 효과적으로 할 수 있는지 이에 대하여 구체적으로 알아보자. 그 방법의 세부 내용은 다음과 같다.

> 우선, 자신의 앞에 청자가 있다고 가정해 보고 청자의 얼굴을 바라보자. 맨 처음 청자의 한쪽 귀를 바라본다. 그 다음 청자의 눈 하나를 바라본다. 그리고 청자의 눈 하나를 선택하여 나름의 임의의 금을 세로로 그어보자. 눈꼬리, 흰 자, 검은 눈동자 이런 식으로 말이다.

자, 그럼 청자의 얼굴에서 두 눈을 한꺼번에 바라보지 말고, 청자의 얼굴에 여러 단계를 나누어서 단계별로 일부분씩 조금씩 시선 처리를 넓히는 방법을 시도해 본다.

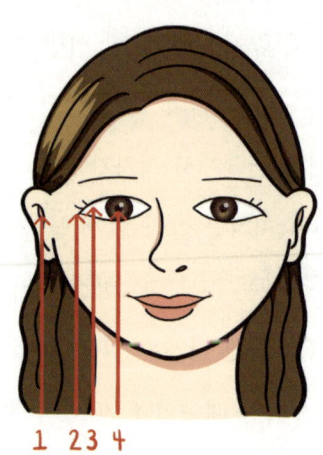

자, 단계를 나누어보겠다.
예를 들면, 상대방의 한쪽 귀부터 점진적으로 바라보는 것이다.
'왼쪽 귀 – 눈꼬리 – 흰자 – 눈동자' 이런 식으로 바라보는 것이다.

이렇게 단계별로 나누어서 시선 처리를 하다 보니 어느덧 청자의 눈 하나를 바라보게 되었다. 눈 하나만을 바라보았을 때 어색한가 아니면 괜찮은가? 아마 괜찮을 것이다. 눈 하나를 바라봤을 때 괜찮으니 눈 둘, 두 눈을 한번 바라보아라. 눈 하나부터 바라본 다음에 두 눈을 바라보면 괜찮을 것이고, 처음부터 두 눈을 바라보면 어딘가 좀 어색함을 느낄 수도 있을 것이다.

혹시 (청자의) 한쪽 귀부터 시작하여 눈꼬리, 흰자, 눈동자까지 하여 하나의 눈을 바라보고 두 눈까지 바라보았는데 어떤가? 보통은 괜찮아한다. 혹시 두 눈을 바라보는데 뭔가 약간 어색하거나 부담스럽다면 다시 두 눈 맞춤에서 한 눈을 바라보는 순서로 역순으로 시선 처리하면 된다. 그리고 다시 자신의 말하기에 집중하는 것이다.

자, 이런 식으로 실습하도록 하겠다.
*핵심 실습 연습 사항: 단박에 두 눈 맞춤(X), 귀부터 점진적 시선 처리(O)

이해하였는가?
만약 본인이 평소 사석에서도 시선 처리를 하는 데 있어서 약간은 어색해한다면 사람들이 더 많은 청중의 시선 처리는 더욱 어색해지고 어려워질 것이다. 그리고 이런 상황만으로 (발표는 아직 시작도 안 했는데) 벌써 발표 부담과 불편이 생겨서 발표 불안은 점차 커지는 상태가 될 것이다.

발표 불안이 커진 상태에서 말 만들기가 잘 되겠는가? 어려울 것이다.
따라서 미리 사람과의 시선 처리를 유리하게 하는 방법을 익혀놓거나 무대에서 스피치 할 때 청중의 시선부터 바라보지 말고, 자신의 음성 표현과 말 만들기부터 집중해 놓고, 그다음에 점진적으로 시선 처리를 하는 순서로 화자 자신에게 유리하게 해놓는 훈련들을 집중적으로 체화시켜 놓자. 발표 불안 해결에 도움이 많이 될 것이다.

제2장
발표 불안의 여러 해결 2

> 자신을 믿는 감정 강화, 즉 자신감 강화를 위해서는 어떻게 해야 할까? 정도(正道)도 있을 것이고, 여러 창의적인 요령이나 아이디어도 있을 것인데 이에 대하여 다양하게 설명하겠다. 자신감 강화를 위한 방법들이다.
>
> 첫째, 단점 정렬보다 장점 정렬을 많이 하는 것이다.
> 둘째, 다른 사람과 단순 비교를 하지 말자.
> 셋째, 스스로에게 자주 좋은 말과 칭찬을 해주자.

예기 불안

chapter 1

예기(미리 예豫, 기다릴 기期), 즉 앞으로 닥쳐올 일에 대하여 미리 생각하고 기다리는 것을 의미한다. 여기에 '불안'이라는 표현을 추가하여 예기 불안(豫期不女, expectation anxiety)은 아직 벌어지지 않은 일에 대하여 부정적으로 생각하며 불안함을 느끼는 상태를 말한다.

그럼, 예기 불안 중 스피치 예기 불안은 무엇인가?

스피치 예기 불안은 중요한 발표나 연설을 앞두고 발생하는 불안감이나 긴장감을 의미한다.

이에 대한 주요 원인으로는 다음과 같다.

실수에 대한 두려움, 평가에 대한 압박, 자신감 부족, 과거의 부정적 경험, 실제 수행 대비 높은 기대 등의 원인 등이 있다.

청중 앞에서 실수할까 봐, 다른 사람(들)이 나를 어떻게 평가할지에 대한 염려, 말하기에 대한 자신감 부족, 이전에 비슷한 상황에서 겪은 부정적인 경험, 자신이나 타인이 설정한 높은 기준에 부응해야 한다는 부담감 등의 원인으로 스피치 예기 불안이 나타난다.

증상은 다음과 같다.

보통 심장 박동의 증가, 손발 떨림, 목소리 떨림, 감정 홍조, 말이 막히거나 목이 마름, 땀의 분비 등의 불안 증상이 수반된다.

이러한 스피치 예기 불안을 해결하기 위해서는 어떻게 해야 할까?

해결 방법 중 가장 큰 틀과 근본적인 방법은 다음과 같다.

하나는 평소에 자신의 스피치 역량을 침착하게 수행할 수 있도록 습관을 잘 들여놓는 것이다.

그리고 다른 하나는 발표 현상에 있는 사람들 및 현장의 분위기보다 화자 자신의 기세가 우위에 서게끔 하는 것이다. 이 방법은 쉬운 건 아니지만 그래도 노력해 보자.

기세를 끌어올리기 위한 취지로, 발언 당일의 자신의 신체적 컨디션과 정신적 컨디션이 '상'이 되게끔 하자. 일단 금주를 하고 숙면을 취하고 맛있는 음식을 먹는다.

그리고 주머니에 현금도 두둑이 채워 넣기도 해보고, 발표 전에 가족이나 친한 지인들에게 자신에게 칭찬 5개 정도의 응원을 해달라고 요청하는 것이다. 통화든 메시지든 좋다. 그럼 화자 자신의 기세가 보다 더 좋아질 것이다.

또는 이와는 반대인 방법도 있다. 청중 및 분위기가 만만하게 느껴지도록 청중의 빈틈을 찾아내는 것이다. 바람직하지 않을 수도 있지만 그렇게 생각을 해서라도 예기 불안을 줄여보고 이겨내 보자.

이상, 스피치 예기 불안을 줄일 수 있는 근본적인 방향에 대해서 제시해 봤고, 그럼 계속해서 스피치 예기 불안을 해결하기 위한 구체적인 방법에는 어떠한 것들이 있는지 알아보자.

1. '생각'에 대한 부분이다.

첫째, 긍정적인 이미지화를 형성하는 것이다.

화자 자신이 성공적으로 발표하는 장면을 상상하며, 잘할 수 있다는 마음가짐과 긍정적인 이미지화를 형성하는 것이다. 떠는 상상만 하는 게 아니라, 떨더라도 말은 최대한 차근차근 침착하게 완료하는 모습을 추가로 더 생생하게 상상하는 것이다.

떨고 있는 모습만을 상상한다면 이는 부정적인 이미지화에 머무르게 될 것이고, 떨고 있는 장면이 떠오르더라도 여기에 조금 더 덧붙여 긍정적인 상상을 추가한다면 이는 오히려 긍정적인 이미지화로 전환될 수 있다.

둘째, 사소한 실수는 포용할 수 있도록 자신의 스피치 포용 기준점을 넓히는 것이다.

발음 하나만 엉켜도 가슴이 철렁하고, 생각이 2초만 안 나게 되어도 화자 혼자 당황하는 경우가 많은데, 이 기준점을 조금 더 넓혀보자. 이렇게 자신의 실수에 대하여 너무나 타이트하게 설정하기보다는 보다 여유 있게 설정을 하는 것이 좋겠다.

  예를 들어서 다섯 번 정도 이내로 발음이 엉키거나 가끔 말이 막히는 상황에 대해서는 '나는 그 정도는 미리 감안해 놓아서 괜찮다.'라고 할 정도로 미리부터 감안해 놓고 포용해 놓자. 평소에도 말할 때 오류 발음이 나오기도 하고, 할 말이 바로 떠오르지 않는 경우도 많은데 공적 상황에서 발음 오류가 나온다고 해서 당황하는 건 앞뒤가 안 맞는 것 같다. 평소에는 발음에 오류가 하나도 없는데 공적 상황에서는 발음이 엉키는 건 어느 정도 이해가 되지만, 평소에도 가끔 발음이 엉키는 언어 습관이 있는데 공적 상황에서 발음이 엉키는 경우가 조금 나온다고 해서 당황스러워하는 건 조금 모순인 것 같다.

  바람직한 방향은 평소 말하기 습관도 지금보다 더 잘 구축해 놓고 공적 상황에서도 좋은 말하기 습관으로 말을 할 수 있도록 연습해 놓자. 또한 이렇게 생각하자. 가끔 오류 발음이 나오는 건 내용 전달에 큰 방해 요소는 아니니 이를 수용하고 포용하는 것이다. 즉, 말을 깔끔하게 잘하면 더할 나위 없이 좋은 것이고, 조금 버벅대면서 말하더라도 약간은 뻔뻔하게 괜찮다고 이해해 놓자.

  그리고 실수라는 것은 청중에게 갑자기 심한 말을 한다거나 무례한 말을 하는 게 실수이지, 가끔 의도치 않게 오류 발음이 나오거나 하는 등의 부분은 스피치 목적 달성에 있어서 방해되는 실수는 아니라고 할 수 있다. 따라서 자신이 의도치 않은 약간의 발음 실수나 가끔 생각이 잠깐 멈추는 상황에 대해서는 수용하고 포용하자.

그리고 인간은 누구나 정상 불안이 따른다는 사실 잘 알고 있지 않은가? 그러므로 발언 전에 긴장하거나 조금 떨리는 건 과감하고 신속하게 받아들이고, 자신의 말하기에 더욱더 선명한 초점을 맞추어서 집중력을 가지고 침착하게 발언하도록 하자.

셋째, 청중의 빈틈을 많이 생각하는 것이다.

청중의 강점을 많이 생각하면 '기'에서 밀릴 수가 있다. '기'에서 밀리게 되면 발표뿐만 아니라 (수복받는 상황에서) 글씨 쓰는 것도 떨릴 수가 있다. 따라서 청중의 약점을 자주 생각하는 것이다. 어떠한 사람도 완벽한 사람은 없다. 예를 들면 명문대 출신이더라도 노래를 못 부른다든가 목소리가 매력이 없는 경우도 많다. 이런 식으로라도 청중의 빈틈을 오히려 많이 찾아내서 생각한다면 전체적으로 청중이 좀 만만하게 느껴질 수 있을 것이다. 그러면 예기 불안과 직면(곧을 직直, 얼굴 면面: 맞닥뜨린 상황) 수행 불안을 줄이는 데 도움이 될 것이다.

청중이 너무 잘났다고 생각을 하지 말고, 자신의 강점 정렬을 최대한 많이 해놔서 상대적으로 자신의 '기'를 끌어올리는 게 중요한 포인트다.

넷째, 객관적 관조 기법을 활용하는 것이다.

NLP(Neuro-Linguistic Programming)라는 신경언어학 프로그래밍이 있는데, 여기에는 주관적 몰입과 객관적 관조라는 접근이 있다. 주관적 몰입은 좋은 경험과 좋은 기억에 활용되고, 객관적 관조는 부정 경험과 부정 기억에 활용되는 기법이다. 여기에서는 불안을 줄이는 데 도움이 되는 객관적 관조 기법을 활용해 보자. (NLP에 대한 자세한 내용은 뒤의 NLP 챕터에서 다룬다.) 방법은 다음과 같다. 아래 내용을 눈을 감고 순서대로 그리고 구체적으로 상상해 보아라.

① 발표할 때 긴장하는 자신의 모습을 작은 흑백 브라운관 TV 안에 영상으로 재생시킨다.
② 이 흑백 TV 영상에 경쾌한 BGM을 재생한다.
③ ①~②의 BGM이 입혀진 영상을 제3자의 입장에서 바라본다.
④ 이 흑백 TV를 제3자의 입장으로 10m 뒤에서 바라본다.
⑤ 이 흑백 TV를 제3자의 입장으로 100m 뒤에서 바라본다.
⑥ 이 흑백 TV를 제3자의 입장으로 우주에서 바라본다.
⑦ ③~⑥ 과정을 2~3회 반복한다.

이러한 객관적 관조 기법은 부정적인 생각과 감정을 작게 느끼게 하는 데 도움이 된다.

2. '행동'에 대한 부분이다.
첫째, 할 수 있겠다는 생각이 들도록 충분한 연습을 하는 것이다.

불안에 대응하는 가장 좋은 방법은 바로 성공에 가깝도록 연습을 많이 하는 것이다. 그리고 긴장이 되지 않는 평소에도 무대라고 생각하고 침착하게 말하는 습관이 잘 구축될 수 있도록 수시로 연습해 놓자.

둘째, 호흡 방식을 크게 갖는 것이다.

이미 여러분도 잘 아시다시피 긴장을 풀어내는 좋은 방법인 심호흡을 하는 것이다. 배가 부풀 정도로 숨을 깊게 들이마시고 천천히 숨을 내쉬어서 배가 쏙 들어갈 정도로 호흡을 반복하는 것만으로도 신체적, 심리적 안정을 끌어낼 수 있다.

만약 긴장이 된다면 깊게 숨을 들이마시고 천천히 숨을 내뱉는 행동을 반복해 보자. 몸의 긴장이 서서히 풀리면서 마음까지 편안해지는 데 도움이 될 것이다.

셋째, 실제 공간이나 실제와 비슷한 상황을 미리 체험해 보는 것이다.

예기 불안이 발생하는 원인에는 말하기 수행에만 한정되어 있지 않다. 발언할 때의 장소나 테이블 등의 환경적인 요소들도 낯섦이나 불편함 또는 불안이 생길 수 있는 요소가 될 수 있으니 미리 실제 공간이나 실제와 비슷한 상황을 답사해 보고 체험해 본다면 이 부분에 있어서 화자 스스로가 보다 편하게 느낄 수 있도록 역할을 할 것이다.

넷째, 실제 직면 수행 시에 수행 집중력을 높이는 것이다.

우리가 직면 수행 시에 잘 안되는 것 중 하나가 바로 수행 집중력이 분산되는 것이다. 자신의 수행에 대해서 잘 집중할 수 있도록 수행 집중력을 키우는 노력을 해보자.

'타인을 의식하는 비율보다 나의 수행에 초집중한다.'와 같은 문장을 자주 암시하고 세뇌하다 보면 집중과 분산의 비율을 좋은 비율로 바꿀 수 있다. 수행 집중 비율이 높아야 하고, 타 요소들을 의식하는 비율은 낮아야 한다.

지금부터 위의 암시 문장을 매일 매일 암시해 보고 외쳐보자. 아마 몇 달 후에는 좋은 비율로 꽤 많이 바뀌어 있는 모습을 확인하게 될 것이다.

이상, 스피치 예기 불안을 줄이는 방법에 대해서 알아보았다.

그런데 스피치 예기 불안을 다스리는 데 있어서 더욱 중요한 사항이 있다. 이는 무엇일까?

해당 내용은 다음과 같다.

스피치 예기 불안의 속성 중, 부담스러운 한 가지 속성이 자칫 관성을 탈 경우에는 제어가 쉽지 않다는 것이다. 불안이 한 번 올라와서 불안의 크기가 점점 커지는 관성을 타면 이러한 불안이 줄어들도록 하기가 쉬운 건 아니라는 이야기이다.

따라서 가능하면 스피치 예기 불안이 생성된 다음에 노력하기보다는 불안이 생성되기 전에 선제적이고 적극적인 노력을 기울이는 것이 중요한 점이라고 할 수 있겠다.

그럼, 예기 불안 생성 전의 선제적인 대응 방법에는 어떠한 방법이 있는지 이에 대하여 알아보자.

그 방법은 바로, 녹음 스피치를 수차례 해보는 것이다.

예를 들면, 간단한 주제로 1~3분 정도를 녹음해 본다. 주제는 '오늘 무대에 임하는 각오'나 '이번 발표 줄거리' 또는 '나의 강점' 등으로 간단히 입을 푼다는 느낌으로 녹음해 본다.

그다음에는 녹음된 내용을 다시 들어본다. 처음에는 점수가 잘 나오지 않을 것이다. 그런데 랜덤 주제로 대략 3~5회 정도 녹음을 해서 들다 보면 만족도가 조금씩 조금씩 올라가는 것을 확인할 수 있을 것이다. 이렇게 녹음 연습을 몇 회 연습하다 보면 자신의 스피치 만족도가 10점 만점에 4점, 5점, 6점, 7점, 8점 등으로 높아지는 추이를 느낄 수 있을 것이다. 이렇게 녹음 만족도를 대략 7점 이상으로 끌어올린다면 좋은 발언 상태가 되었다고 할 수 있다. 그럼 당일의 발표는 상당히 잘 될 것이다. 그리고 불안 역시 적어진다. 또한 녹음 만족도를 '상'으로 끌어올리는 데 소요되는 시간도 보통 30~60분이면 충분하다.

이처럼 녹음 스피치로 연습하는 형태는 스피치 예기 불안뿐만 아니라 스피치 직면 불안을 줄이는 데도 효과적이다.

이상, 스피치 예기 불안에 대해서 자세히 살펴보았고, 위의 내용을 전체적으로 요약하면 아래와 같다.

스피치 예기 불안이 느껴진다면 할 수 있는 여러 방법을 총동원해서 예기 불안이 더 이상 확대되지 않도록 하자. 그리고 이보다 더 좋은 방법으로는 예기 불안 생성 전에 선제적으로 노력하는 것이다.

또한 평소의 말하기 습관을 침착하게 수행할 수 있도록 잘 정비해 놓고, 발표 당일 아침에 녹음 스피치를 수차례 연습하여 말하기 컨트롤 역량을 끌어올려 놓자. 그럼 스피치 수행이 잘 될 것이다.

이처럼 여러 방법을 통하여 스피치 예기 불안을 잘 다스릴 수 있도록 잘 상기해 놓고 체화하길 바란다.

chapter 2

이번엔 '순서 불안'에 대해서 알아보자.

우리가 어떤 집단에서 한 사람씩 돌아가며 차례대로 말을 할 때가 있다.

만약 11명이 있다고 가정한다면 처음에 1번째로 발언하는 사람은 예기 불안은 적을 수 있지만, 스피치 순발력이 적을 경우에는 부담이 될 수 있다. 그리고 마지막 10번째나 11번째 발언하는 사람들은 어떤 내용을 말할 것인지 생각할 시간은 있지만, 자신의 발표 순서가 다가오면서 점점 불안이 가중될 수도 있다.

자신이 발언하고 싶을 때 발표하는 발표 스타일은 어느 정도 말할 거리를 구상 및 준비할 수 있고, 예기 불안의 상태가 적은 상태에서 스피치를 할 수가 있어서 불안을 대응하는 데에 있어서는 순서를 타는 발표보다는 조금 낫다.

그런데 순서를 타며 말하는 발표 스타일은 보통 전반부 순서도 쉽지는 않지만, 특히 마지막 부근 발표자들은 더 많은 순서의 시간을 기다리며 쌓인 부담감과 불안 때문에 발언 시에 흔들리는 경우가 꽤 많다.

그럼, 이런 순서 불안을 어떻게 하면 해결할 수 있을까?

먼저, 순서 불안이 가장 큰 마지막 순서 부근 발표자들의 생각이나 상황 등을 분석해 보자.

마지막 발표 차례 부근의 사람들은 보통 이렇게 생각한다.

'사람들이 나를 아주 야무지게 생각하고 있는데 부들부들 떨면 실망할 텐데!'

'내가 상사인데 부하직원들 앞에서 떨면 쪽팔린데!'

'내가 평소 멋있는 이미지인데, 목소리가 떨리면 위신이 너무 안 설 거야!'

'내가 나름대로 공부를 잘하는데, 얼굴이 빨개지고 목소리가 떨리면 사람들이 아마 나를 사람 취급도 안 할 수 있어!'

자신의 발표 차례가 임박했을 때, 순간적으로 생각을 어떻게 하느냐에 따라서 갑자기 부담이 크게 올라오면서 심장 박동이 빨라질 수도 있고, 심리 변화 없이 안정적일 수도 있다. 순간적인 생각을 어떻게 하느냐가 정말 중요하다.

순간적인 생각을 '어, 나 못하면 어떻게 하지?', '떨면 어떻게 하지?', '큰일 났다.' 이런 식으로 부정적으로 생각하지 말고, '이번에는 짧게 말하고 끝내야겠다', '간단하게 두괄식으로 핵심만 말해야겠다', '입은 조금 더 넓은 직사각형 형태로 크게 벌려야겠다', '호흡을 많이 채우고 말해 보자.' 등등 이런 식으로 말하기 수행에 대하여 간단하고 긍정적인 마음을 먹는 것이 중요하다고 할 수 있겠다.

발표 순서와 발표 수행의 두 가시 사항이 있다면 발표 순서에 너무 의식하지 말고, 자신이 해야 할 말에 대해서 더욱더 밝은 집중을 하면서 여유 있는 수행(발언)을 하면 좋겠다.

그리고 자신도 인지하지 못하고 있는 기저의 암시 내용에도 다시 방향을 설정하도록 하자. 자신의 발표 수행에 대하여 집중을 하기보다 자신에게 다가오는 발표 순서를 더 많이 의식하며 인상 쓰며 기다리게 된다면 당연히 예기 불안의 정도가 커지지 않겠는가?

아래와 같이 암시를 해보자.

'나는 순서 타는 발표도 잘해! 역시 나는 말을 안정적으로 잘해! 나는 최고야!' 등등으로 말이다. 그럼, 이렇게 암시한 내용과 비슷하게 말하기 수행이 이루어질 것이다. 하지만 이와는 반대로 '나는 사람들의 이목이 주목되면 말하는 걸 잘 못 하고, 주목을 싫어하는 사람이야.'라고 스스로 불리하게 생각하는 어리석은 생각은 하지 않길 바란다.

긍정적으로 자주 생각하고 암시하여 자신의 발언 집중 비율을 확대하고, 스피치의 꼼꼼함도 더욱더 좋아질 수 있도록 발전시켜보기 바란다.

그리고 자칫 중요하게 생각하지 않을 수 있는 발표자의 '이것'도 매우 중요하다. 바로 '표정'이다.

'나 못하면 어떻게 하지?', '떨면 어떻게 하지?' 이런 생각을 하다 보니 표정이 다소 어두워지는 경우가 많은데, 일부러라도 표정을 밝게 '미소' 지으면 좋겠다. 가능하면 '뒤센 미소'를 지을 수 있도록 해보아라.

참고로 뒤센 미소(Duchenne smile)가 무엇인지 설명한다.

미국의 심리학자 폴 에크만(Paul Ekman)은 여러 연구를 통하여 인간은 얼굴 근육 42개를 조합해 모두 19가지 미소를 만들 수 있다고 주장하였다. 이 19가지 미소에는 가짜 미소가 대부분이었고, 그중 하나의 미소만 진짜 미소임을 밝혀낼 수 있었다. 폴 에크만은 이러한 사실을 처음 밝혀낸 19세기 프랑스의 신경심리학자 기욤 뒤센(Guillaume Duchenne)의 이름을 따 진짜 미소를 '뒤센 미소'라 부르기 시작하였다.

위에서 언급하였듯이 뒤센 미소는 진정한 미소를 의미하며, 감정적으로 진실되고 자발적으로 웃을 때 나타나는 표정을 말한다. 뒤센 미소는 얼굴의 두 가지 주요 근육이 동시에 작동할 때 나타난다. 하나는 입꼬리를 올리는 대관골근이다. 대관골근을 사용해 입꼬리를 위로 당겨 웃는 표정을 만든다. 그리고 다른 하나는 눈 주변 근육인 안륜근을 사용하여 눈가를 주름지게 하여 '눈웃음'을 형성한다. 진정한 뒤센 미소는 감정적으로 기쁨이나 행복을 느낄 때 자연스럽게 나타나며, 단순히 입꼬리만 올라가는 가짜 미소인 비뒤센 미소와 구별된다.

여러분도 이렇게 행복 호르몬이 나올 수 있는 진짜 미소를 지어보길 바란다. 가능하면 발표하기 전에도 뒤센 미소를 지어봄으로써 긴장을 완화하도록 하자.

자, 한 번 시도해 보자.

지금 우리는 순서 불안을 줄이는 방법에 대해서 학습하고 있다. 보다 순서 불안을 줄이고 안정적으로 스피치를 할 수 있는 또 다른 방법에는 어떠한 것들이 있는지 계속해서 알아보자.

첫째, 순간적인 생각과 암시를 자신에게 유리하게 한다.

'나는 잘할 수 있다. 찬찬히 짧게 말하자. 떠는 티 거의 안 나니까 미소 지으며 말하자.'

둘째, 3초 호흡법을 생각하자.

여러분, 중요할 때 총알을 써야 하듯이 스피치 스타트 하기 직전에 숨을 좀 많이 들이마시면 좋겠다.

예를 들어, 어떤 사람이 정말 답답한 이야기를 할 경우, 자신도 모르게 들이마시는 숨과 같이 숨을 깊게 뻘이들이고 내쉬기를 반복한다. 즉, 스피치를 시작하기 전에 3초간 천천히 숨을 들이마시고, 3초간 내뱉기를 반복한다. 이는 심박수를 안정시키고 긴장감을 줄여 자연스러운 목소리를 낼 수 있도록 돕는다.

셋째, 스피치 길이를 아주 짧게 말한다.

'오늘 좋았습니다. 감사합니다', '오늘 열심히 하겠습니다. 이상입니다.'처럼 말이다. 유명 배우 소지섭 씨도 과거 수상 소감 때 단 다섯 글자인 "감사합니다."라고 짧게 말했던 적도 있었는데, 그 누구도 뭐라고 하지 않았고 개인적으로 아주 멋있었던 모습으로 기억한다.

넷째, 최대한 천천히 말을 하는 것이다.

초반에 발음에 오류가 하나라도 생기면 당황할 수 있으니 어절이나 단어 단위로 발음하지 말고, 하나의 음절(한 글자)씩 발음을 하면 좋겠다.

다섯째, 자신의 마음을 속이는 것이다.

애초에 마음가짐을 어떻게 하냐면 핵심만 아주 짧게 말하고 종료한다고 마음먹는다. 그럼 심적인 부담도 적어져서 스타트를 보다 안정적으로 할 수 있을 것이다. 또한 이렇게 하면 예상했던 것보다 스피치가 잘 되는 경우가 많다. 이렇게 예상보다 스피치가 잘된다면 어느덧 생각이 바뀌게 된다. 심적 부담이 커서 많이 떨릴 줄 알았는데 스피치가 잘 전개되다 보니 심리가 바뀌게 된 것이다. 한번 해볼 만한 심리로 말이다. 그래서 당초에는 조금만 말하려고 했으나 추가로 더 말을 하게 되고, 생각보다 말도 잘되는 것이다.

여섯째, 청중에게 질문을 연달아 3개 정도 한다.

'전체 질문 → 개별 질문 → 어떻게 질문'이다.

"여러분, 오늘 즐거우셨나요? 존경하는 OOO 님 즐거우셨어요? 다음에도 오늘과 같이 즐거운 시간이 되게 하려면 '어떻게' 해야 할까요?"처럼 말이다. 그럼 어느덧 긴장도 풀리고 청중과의 우호적인 분위기도 다소 이끌어낼 수 있을 것이다.

일곱째, 기본적인 스피치 실력을 키운다.

스피치를 아주 멋지게, 유창하게, 조리 있게, 맛있게 말을 할 수 있는 평균적 실력을 높이는 것이다. 그럼, '불안'에서 '설렘'으로 바뀌게 될 것이다.

이상, 순서 불안에 대해서 알아보았다. 중요한 건 이런 게 아닐까 한다. 어떤 발표 스타일이건 생각하기 나름이다. 그리고 어떤 연단이건 빈틈은 있다. 따라서 발표에 대해서 쉽게 생각하자. 어렵게 생각하면 실제로도 어렵게 느낄 것이고, 부담도 크게 따라올 것이다. 그러나 쉽게 쉽게 생각하면 실제로도 부담이 적어서 의외로 스피치가 안정적으로 잘될 것이다.

이번 기회에 각자 한번 스스로를 정비해 보자.
평소 자신이 대중을 어떻게 생각하고 대하는지와 나의 멘탈리티는 어떤지를 말이다.

이미지 불안

chapter 3

이미지는 영어로 image이며, 국어사전에는 '어떤 사람이나 사물로부터 받는 느낌'이라고 정의되어 있다.

가끔 발표 불안에 대해서 고민을 들어보면 청중들의 수에 굉장히 민감해하는 것 같다. 또는 국내 탑클래스 명문대에서 발표나 강의를 하는 상황에서도 사람들이 크게 부담을 느끼고 미리부터 떨고 걱정하는 경우를 많이 보았다. 그리고 대형 방송국 생방송도 이미 그 이미지에 대하여 수행에 대한 많은 것들이 겁의 지배를 당하는 것 같다.

위의 사항들에는 공통점이 있다.
청중의 수가 100명 또는 1,000명과 같은 이미지다.
국내 탑 명문대라는 간판의 이미지다.
대형 방송국 생방송이라는 이미지다.

　예를 들어, 청중의 수가 100명, 1,000명이라고 한다면 이러한 수치에 대하여 발표도 하기 전인데 지레 겁을 크게 먹는 경우가 많은 게 현실이다. 또한 명문대에서 발표한다고 했을 때도 이미 그 명문대 간판에서 주눅이 들어 굉장히 어려워하는 사람들이 많다. 그리고 메이저 방송국 생방송도 마찬가지다. 이미 이러한 이미지들 앞에서 크게 겁을 먹는 것이다.

　이러한 불안의 형태를 체크해 보면 바로 '이미지'에 대하여 겁을 먹는 것이 문제점이다.
　이게 바로 이미지 불안이다.
　만약에 킥복싱 경기에서 상대방이 피지컬이 좋다고 한다면 미리부터 지레 겁을 먹는 경우와 비슷하다. 축구 공격수가 신장이 190cm가 넘는다고 하면 몸싸움을 하기도 전에 이미 겁을 먹는 것과 비슷하다.

그린네 보는 것들은 실체를 까봐야 안다. 부딪혀봐야 한다. 그래야 실체를 알 수 있다. 언뜻 생각이 드는 이미지만으로 미리부터 이미지 불안을 느낄 필요가 없다.

따라서 평소에 어떠한 기관, 어떠한 사람들 등등의 발표에 연관된 항목들을 생각할 때, 그리고 이에 대한 이미지를 떠올릴 때 너무 거대하게 생각하지 않았으면 좋겠다. 때로는 이런 부분에 대해서 만만하게 생각할 필요도 있다.

발표 불안에서 언급되는 법칙 중에는 다음과 같은 법칙이 있다. 바로 '근거의 법칙(The Law of Evidence-Based Thinking)'이다.

발표 불안을 느낄 때, 그 불안이 얼마나 현실적인지 스스로에게 질문을 해보는 것이다. 막상 이에 대하여 파악해 보면 자신이 느끼는 불안이 크게 근거가 없는 경우가 많다는 점을 인식할 것이다. 그러므로 이런 이미지 불안에 대해서도 이성적으로 인식하도록 하자.

이 발표가 나의 삶에 큰 영향을 미치지 않는다거나 실수를 해도 큰 문제가 없다는 식으로 스스로에게 현실적인 근거를 상기시켜서 근거 없는 불안에 대해서 조금이라도 벗어나 보자.

이러한 이미지 불안을 해결할 수 있도록 시간이 있을 때 미리 사전 작업을 해두면 좋겠다.

나 같은 경우에는 다음과 같은 아이디어로 도움을 받을 수 있었다. 만약에 내가 국내 최고의 명문대에서 강의를 펼친다면 어떨까 생각을 해보았다. 얼른 느껴지는 생각은 편안하지는 않다. 그래서 어떻게 해결하면 좋을까 생각하다가 시간이 있을 때 해당 명문대 출신 박사님께 실험 삼아 1:1로 교육을 받아봤다. 그리고 이 교육을 받은 다음 느낀 점이 있었다. 그건 바로 일류 명문대 출신 박사님이라고 할지라도 빈틈도 있다는 걸 느끼게 되었다. 그 후로는 해당 학교가 언론에 나오더라도 이 일류 이미지에 대하여 경외심이 들거나 심장이 얼거나 하는 그런 점들이 하나도 안 생기는 것이었다. '인간 사는 세상 다 거기서 거기!'라는 생각이 들면서 마음이 편안해졌다. 이로써 이 일류 명문대에 대한 이미지 부담(or 불안)이 말끔히 정리될 수 있었다.

평상시에 어떠한 기관이나 어떠한 사람들 등에 대한 이미지에 대하여 너무 높게 생각하지 말고, 차라리 빈틈이나 허점이나 오류 등을 발견해서라도 겁을 먹지 않도록 하면 좋겠다.

그리고 마음먹고 스피치를 치밀하게 준비하고 차근차근 수행한다면 어떠한 곳에서라도 최소한 발표를 못 한다는 의견은 나오지 않으며, 오히려 잘한다는 의견이 더 많이 나오는 게 스피치의 또 다른 원리이다. 따라서 어디에서건 어떤 사람들 앞에서건 이를 잘 상기하여 당당하게 자신의 생각을 말하도록 하자.

과하게 창피한가?

chapter 4

여러분, 창피하다고 생각하지 말고 포용하길 바란다.

혹시 발표 떨림이 과하게 창피한가?

불안한 게 창피한 건가? 불안함을 제어하지 못하는 게 창피한 건가?

목소리가 떨리는 게 창피한 건가? 목소리가 떨리는데 복식호흡을 못 하는 게 창피한 건가? 복식호흡을 제대로 훈련하지 못한 게으름이 창피한 건가? 음성 강화와 발표력을 향상시키면서 흔들리는 것은 창피한 건 아니라고 본다. 능력 계발을 안 하면서 떨림 자체를 창피해하는 형태가 창피한 거라고 생각한다.

아직 연단에서 숙달된 게 아니라면 있는 그대로 받아들이고 포용하자. 우리는 인간이다. 모든 상황에서 항상 안 떨 수는 없다. 가끔은 당황할 때도 있고, 조금 흔들릴 때도 있다. 만약 만인 앞에서 설레거나 편안한 심리로 말을 하고 싶다면 약간 떠는 정도는 애교로 포용해 주고 사랑해 주고 긍정으로 받아들여야 더 큰 무대도 겁내지 않고 편안한 마음으로 덤빌 수 있을 것이다.

잘 생각해 보자.

먼저, 연단과 관련하여 창피함을 한 번 세부적으로 나누어보겠다.

- 목소리가 떨리는 것
- 얼굴이 붉어지는 것
- 손이 떨리는 것
- 얼굴에 땀이 나는 것
- 호흡이 가빠지는 것

이거 말고 또 뭐가 있는가? 물론 추가로 나누어보면 조금 더 나오긴 할 텐데 이 챕터에서 중요한 건 어마어마한 세분화된 분류보다도 불안을 대하는 마인드에 대한 부분이니 이 정도로 나누어보고 계속 이야기해 보자.

1. 목소리가 떨리는 것

여기서 목소리가 떨리는 것은 심호흡으로 음성을 내면 덜 흔들린다. 심호흡이라는 것은 횡격막을 사용해서 내는 음성을 말한다.

즉, 횡격막 호흡으로 음성을 내면 흥부나 목으로 소리 내는 것보다

음성이 훨씬 안정적으로 나온다.

2. 얼굴이 붉어지는 것

그리고 얼굴이 붉어지는 안면(감정) 홍조의 형태는 비비크림이나 팩트로 어느 정도 덮을 수 있다.

이러한 화장 제품을 이용하면 빨갛지는 않고 약간의 분홍 빛깔이 도는 정도로 건강하고 예쁜 피부로 인식되도록 상당 부분 커버가 가능하다. 이뿐만 아니라 앞부분의 안면(감정) 홍조에 대한 내용을 바탕으로 요령을 잘 활용한다면 충분히 대처할 수 있다.

3. 손이 떨리는 것

미리 두꺼운 파일로 A4용지를 받쳐서 발표한다든가 아니면 사회대에 아예 종이를 놓고 보고 말하면 문제 될 게 없다.

4. 얼굴에 땀이 나는 것

얼굴에 땀이 나는 형태는 발표자가 더워서 땀이 난다고 생각할 수 있고, 또한 사람들이 크게 동요하지 않는다.

5. 호흡이 가빠지는 것

화자 스스로는 조금 힘들 수도 있지만 청중은 이에 대하여 거의 못 느끼는 경우가 대부분이다.

만약 발표자가 바람직한 방향으로 어느 정도 연습을 해놓고 발표를 한다면 화자가 떨더라도 그렇게 티 나지는 않을 것이고, 청중이 발표 내용을 듣는 데 화자의 불안이 그렇게 방해가 되지 않는다. 그리고 화자가 성실하게 발표를 한다면 (화자가 불안해하더라도) 청중은 대체로 이해를 하고 포용을 하는 편이다.

발표자가 떨 때 미소 지으면서 "좀 떨리네요."라고 자신의 감정을 솔직히 이야기하고서 스피치를 이어가면 전혀 이상하지 않다. 오히려 남들이 볼 때 위축되어 있고, 긴장해 있고 떠는데 "저는 발표를 많이 해봤습니다." 또는 "저는 무대 체질인가 봐요."라고 이야기하거나 안 떠는 척하면 오히려 보는 사람이 민망해할 수 있다. 그리고 사람들은 그렇게 말하는 사람들을 오히려 긴장했다고 여길 것이다.

다시 말하면 떨리는 현상을 (상황에 따라서) 인정하고 전개하면 내용에 더 집중할 수 있으니 조금이라도 좋은 스피치로 전개가 될 것이다. 그럼 청중이 공감도 하고 인정하는 분위기로 이어져서 화자는 더욱더 빠르게 안정을 찾을 수 있을 것이다. 그리고 사람들은 초반에 '떨리네요.'라고 말한 값보다 그 후에 안정되고 좋았던 값을 더 많이 기억하게 되어서 (해당 화자가) 떨었다는 것을 자연스레 잊을 것이다.

떨림에 대해서 과도하게 치욕스러워 한다거나 또는 굉장한 자존심을 부린다거나 완벽주의 성향으로 과한 스트레스를 받는다면 오히려 떨림은 잘 잡히지 않을 수 있다. 공인이나 연예인들도 방송에서 기끔 "떨리네요."라는 말을 하기도 하지만 전혀 이상하지 않다. 인간인 이상 100번의 무대에 선다고 했을 때 가끔 몇 번은 흔들릴 때가 있다. 따라서 그 흔들림, 떨림을 긍정적으로 받아들이는 것은 아주 중요하다.

자신의 발표불안에 대해서 창피하다고 생각하면 할수록 문제 해결은 어려워질 것이고, 자신의 발표 불안에 대해서 당당히 인정하고 포용하면서 스피치 실력 향상과 발표 준비에 성실하게 임한다면 문제는 유연하게 해결될 것이다.

기초 자신감

chapter 5

국어사전에서 자신감(自信感)을 찾아보면 '스스로 자, 믿을 신, 느낄 감'의 한자어로 되어있다. 이를 풀어보면 '자신이 있다는 느낌'이 된다.

우리가 어떤 운동을 배우는 데 있어서 어떤 사람들은 빨리 배우고, 어떤 사람들은 느리게 배운다. 빨리 배우는 사람들 같은 경우, 새로 배우는 스포츠임에도 금방 적응하고 실력이 생긴다. 비결이 뭘까? 그 이유는 바로 '기초'가 있기 때문이다. 기초 운동신경이 있어서 이 부분이 적은 사람보다는 더욱 빠르게 적응을 하는 것이다.

마찬가지로 어떤 학문을 학습하는 데 있어서도 어떤 사람들은 이해를 빨리하는 것 같은데 나만 잘 못 따라가고 뒤처지는 것 같다? 그런 생각이 든다? 이것도 역시 비슷한 상황이라 할 수 있다. 역시 그 이유는 바로 이게 부족하기 때문이다. 바로 '기초'이다. 기초 지식이다. 그 학문을 학습하기 위한 기초 지식이 적기 때문이다.

기초 운동신경과 기초 지식이라! 여러분, 내가 이런 이야기를 왜 꺼냈는지 어느 정도 이유를 눈치챘는가? 맞다.

발표도 마찬가지라는 이야기이다. 발표는 사람들의 이목을 받으며 하는 것이다. 다시 말해 '사람들' 앞에서 말하는 것이다. 알게 모르게 사람들을 많이 상대하며 행하는 것이 바로 (대중) 발표인데 자신의 기초 자신감이 낮다면 사람들 앞에서 발표할 때 어떻게 될까? 지배할까? 아니면 지배당할까? 지배당할 것이다. 또한 기초 자신감이 많은 사람보다 기초 자신감이 적은 사람이 더욱 많이 떨 것이다.

따라서 자신의 기본적인 자신감은 다양한 사람들 앞에 나설 때 정말 중요하므로, 대중 스피치 불안을 해결하는 데 있어서도 평소 자신을 신뢰하고 인정하여 자신감을 많이 키워놓으면 좋겠다.

그렇다면 자신을 믿는 감정 강화, 즉 자신감 강화를 위해서는 어떻게 해야 할까?

정도(正導)도 있을 것이고, 여러 창의적인 요령이나 아이디어도 있을 것인데 이에 대하여 다양하게 설명하겠다.

아래는 자신감 강화를 위한 방법들이다.

첫째, 단점 정렬보다 장점 정렬을 많이 하는 것이다.

사람은 누구나 장점과 단점이 있기 마련이다. 그런데 여기서 완벽주의 성향의 시각으로 자신의 장점보다도 단점을 많이 바라본다면 자신감은 생기기 어려울 것이다.

자신의 콤플렉스를 과하게 생각할 시간에 매력 있는 강점을 가꾸자. 누구나 콤플렉스는 하나 정도는 다 가지고 있다. 자신의 콤플렉스에만 집중하면 자신감이 최대화가 되지 않을 것이다. 콤플렉스에 집중할 때 차라리 자신의 강점과 매력을 키우는 데 집중하고 노력한다면 더욱 멋진 사람으로 거듭날 것이다.

예를 들어서 키가 작은 게 콤플렉스라고 생각하고 여기에만 몰두하며 한탄하다가는 자신감도 떨어지고 점점 매력 없는 사람으로 퇴화될 것이다. 주위를 보면 키가 작아도 자신의 강점을 강화하며 인정받는 사람들이 많다. 또한 인정을 받으면서 이 자체에 힐링도 하고 행복을 느끼기도 하니 이런 콤플렉스를 생각할 틈도 적어지게 된다.

유명한 사람 중에서 이런 사람들은 익히 많다. 미국의 유명한 팝가수 아리아나 그란데 같은 경우는 키가 꽤 작지만 노래를 기가 막히게 잘 부르니 많은 사람에게 존경받고 사랑받고 있다. 정말 멋지지 않은가? 우리나라에도 키가 작지만 노래를 잘 부르거나 연기를 잘한다거나 사업을 잘한다거나 하는 뛰어난 사람들도 많다. 그리고 이런 사람들은 어디를 가든지 대우받고 사랑받고 있지 않은가?

자, 그럼 이제부터 이렇게 해보자.

 자신과 연관된 모든 것들을 강점 정렬을 해놓는 것이다. 자격증 보유 현황, 자격증을 취득할 때의 성실하고 적극적인 노력의 모습들, 가장 열정적으로 살았을 때, 친구나 지인에게 칭찬 들었던 사항 등을 정리해 놓고 자주 볼 수 있도록 강점 정리 노트를 만들어놓는다거나 휴대전화 화면에 자주 보일 수 있도록 메모 앱을 활용하는 등의 방법을 구축해 보자.

 그리고 무엇보다도 발표에 관한 장점들이 많으면 더욱 좋으니, 자신의 발표와 연관된 강점들도 많이 정리해 보자.

 '나의 성대는 튼튼하다, 어떤 가수들은 성대결절 수술까지 해서 큰 목소리를 내는 데 많은 부담을 가지고 있는데 나는 그렇지 않다, 나의 목소리가 약간이긴 하지만 그래도 좋은 편이다, 말투가 인간적이다, 발음은 좋다, 술자리에서는 말을 잘한다, 잘 들어준다, 표정은 좋은 편이다, 안면 홍조는 없다, 말은 더듬지 않는다.' 등등 가능하면 발표와 연관된 강점들을 많이 생각하고 인지하도록 하자.

둘째, 다른 사람과 단순 비교를 하지 말자.

가끔 어떤 사람의 전성기 정점과 자신의 슬럼프 시기와 비교를 하는 경우가 있는데, 그럼 당연히 자신감이 떨어지지 않겠는가? 다른 사람의 정점과 자신의 정점을 비교하면 좋겠다. 아직 정점이 안 왔다면 아직 남들이 인정해 주는 실력은 아닐 수 있거나 어떤 아쉬운 점이 있다는 이야기일 수 있으니 SWOT(강점, 약점, 기회, 위기) 분석을 한번 해보기 바란다. 그리고 바람직한 방향으로 더욱더 열심히 노력하면 좋은 날이 분명히 올 것이다. 확실히 정점은 온다.

누구든 대부분 정점일 때는 자신감이 하늘을 찌를 듯하겠으며 슬럼프일 때는 자신감이 많이 저하되어 있을 것이다. 거시적인 시각에서 스스로를 긍정적으로 격려해 주며 목표를 세우고 노력하자. 그럼 꼭 좋은 결과가 나타날 것이다.

이 밖에도 자신감을 강화할 수 있는 방법은 다음과 같다.

작은 성취의 빈도수를 높여보자.

몇 년에 걸쳐서 이루는 커다란 성취도 좋고, 단기간에 이룰 수 있는 작은 성취에도 의미를 부여하며 성취감을 느껴보자. 그리고 성공 경험의 빈도수도 높여보자. 그럼 자신감을 키우는 데 효과적일 것이다.

셋째, 스스로에게 자주 좋은 말과 칭찬을 해주자.

우리가 힘든 일이 있거나 고민이 있을 때 친구나 지인, 또는 전문가와 상담을 한다. 이때 힘이 될 수 있는 말들을 많이 듣게 되는데, 이 역할을 꼭 다른 사람들에게만 의존하는 것이 아니라 스스로에게 좋은 격려와 가능성, 비전 등을 자주 말해 주며 스스로를 경영하는 것이다.

한번 스스로에게 칭찬을 해봐라. 그러면 자신이 한 칭찬이라도 신경 쓰면서 더욱 노력하는 자신이 보이게 될 것이다. 그리고 더욱 노력하면 또 다른 작은 성공들이 눈앞에 나타나게 될 것이다. 자기비판과 반성은 어느 정도의 경지에 닿으면 시작해도 좋으니 지금은 10개 중에 단 한 개를 성공하더라도 가치 있게 여기고 행복해하다 보면 시간이 지나서 자신도 모르게 자신을 사랑하는 자신을 깨닫게 될 것이다.

또한 자신을 사랑하면 자신감, 자존감, 용기도 부수적으로 따라온다. 그럼 마치 옹달샘처럼 맑은 물이 계속 올라오는 것처럼 자신을 믿는 감정(자신감)도 계속 강화될 수 있을 것이다.

스스로에게 좋은 말들을 자주 하자. 이러한 셀프 좋은 말 시스템은 자신감을 끌어올리는 데 근본적인 도움으로 작용할 것이다.

chapter 6

여러분의 정신력은 좋은 편인가, 약한 편인가?

지금부터는 정신력에 대해서 말하겠다. 보통 영어로 '멘탈리티'라고 하는데, 부르기 쉽게 줄여서 '멘탈'로 표현하겠다.

여러분 스스로가 생각을 어떻게 하느냐에 따라서 실제 상황에서 플러스가 될 수도 있고, 마이너스가 될 수도 있을 것이다. 자, 다음 이야기를 잘 생각해 보자.

혹시 여러분은 호두 알맹이를 먹는가? 아니면 호두 껍데기를 먹는가?

당연히 알맹이를 먹을 것이다. 알맹이를 먹어야 영양을 흡수할 수 있고 에너지화된다. 호두 껍데기를 먹어봐야 힘이 나지는 않는다.

또 간단하게 물어보겠다. 여러분은 인삼(뿌리)을 먹는가, 아니면 인삼(뿌리)을 감싸고 있는 낙엽을 먹는가? 이 역시 인삼을 택할 것이다. 인삼을 먹어야 힘이 나고 컨디션이 좋아질 것이다.

이처럼 물질의 알맹이도 있고, 껍데기도 있듯이, 우리의 생각에도 알맹이와 껍데기가 있다.

우리가 여기서 주목할 것은 '생각'의 알맹이와 껍데기다.

예를 들어보겠다.

어느 학원이 있다고 가정해 보자. 전화를 받는 직원이 다음과 같이 전화를 받는다.
A 학원: 여보세요? 네, 저희는 오후 6시 이후에는 상담이 이루어지지 않습니다.
B 학원: 여보세요? 저희는 오후 6시까지 상담을 열심히 해드리고 있습니다. 한 번 오세요!

A 학원과 B 학원 중 어느 학원이 더 잘 되겠는가?
B 학원이 A 학원보다 더 잘 될 거라고 예상하지 않는가?
맞다! 실제로 B 학원이 A 학원보다 더 잘 된다.

> A와 B, 둘 다 팩트(fact), 사실은 같은데 생각과 내용을 어떻게 풀이하느냐에 따라서 이렇게 상황도 달라진다.
>
> 여기서 A의 내용은 껍데기이고, B의 내용은 알맹이다.

그럼, 다음의 내용은 알맹이 쪽인지, 껍데기 쪽인지 한번 맞춰봐라.

> **내일로 미루지 말자! vs 오늘 할 일을 오늘 하자!**
>
> 어느 쪽이 알맹이이고 껍데기인가?
>
> 정답은 '내일로 미루지 말자!'가 껍데기이고, '오늘 할 일을 오늘 하자!'가 알맹이다.
>
> '내일로 미루지 말자.'라고 생각하는 것보다 '오늘 할 일을 오늘 하자.'라고 생각하는 게 훨씬 더 좋은 반영이 될 것이다.
>
> '내일로 미루지 말자'는 자신의 정신과 에너지를 닫는 형태이고, '오늘 할 일을 오늘 하자'는 정신과 에너지를 열고 행하는 것이다.
>
> 그럼, '오늘 할 일을 오늘 하자!'와 '지금 하자!'는 어느 쪽이 더 알맹이 쪽에 속할까? '오늘 할 일을 오늘 하자'고 마음먹은 경우, 오늘 밤 12시까지만 하면 되니까 마음이 느슨해져서 오늘 밤을 넘길 수도 있다. '지금 하자!'라고 생각하고 일을 하면 오늘 안에 충분히 끝낼 수 있다. 따라서 '지금 하자!'가 '오늘 할 일을 오늘 하자!'보다 더욱더 알맹이에 해당된다고 할 수 있다.

계속 확인해 보겠다.

늦지 말자! vs 일찍 가자!

이 중 어떤 쪽이 실제로 약속 시간에 늦지 않고 도착할까? 답은 약속에 '일찍 가자.'라고 생각하는 사람이 늦지 않고 일찍 도착한다.

예를 들어, 서울 종로에서 오후 3시 수업이 있어서 수원에서 출발한다고 가정해 보자. 3시에 늦지 않게 오려고 하는 사람들은 보통 3시 전에 도착하려고 한다. 즉, 3시에 가까운 시간(예: 2시 50분 전후)으로 도착하려고 하는 경우가 많다. 반면에 3시 수업에 일찍 가고 생각한 사람은 2시에 도착할 수도 있고, 2시 30분에 도착할 수도 있는 것이다.

3시에 늦지 않게 오는 미션, 즉 2시 50분에서 3시 사이에 도착 또는 2시 55분에서 3시 사이에 도착! 곰곰이 생각해 봐라. 일찍 도착하는 것보다 이렇게 늦지 않게 도착하는 것이 오히려 더 어려운 미션 아닌가?

수원에서 서울 종로까지 자신의 몸을 5분~10분 안의 시간 라인에 도달하게 만드는 미션, 상당히 아슬아슬한 미션인 것 같다. 차라리 일찍 오는 게 더 속 편하고 좋은 시너지도 많이 생기게 할 수 있을 것이다. 일찍 도착하면 오늘 수업이 무언지 구체적으로 알 수도 있고, 관련 자료도 미리 확인해 볼 수 있다. 또는 종로 주위의 청계천을 잠시 산책함으로써 맑은 정신으로 수업에 참여할 수도 있을 것이다. 이렇듯 '늦지 말자.'라고 생각한 것은 '멘탈', 즉 정신력에 해당이 안 된다. '일찍 가자.'라고 생각한 것이 멘탈인 것이다. 소리 내서 외쳐보자! "늦지 말자"는 멘탈이 아니다. '일찍 가자'가 멘탈이다.

계속해서 살펴보자!

밤에 술 먹지 말자! vs 산책하자!

어느 게 알맹이이고 어느 게 껍데기인가?
알맹이는 '산책하자!'이고, 껍데기는 '밤에 술 먹지 말자!'이다.

아직 이해가 덜 된 사람들을 위하여 한 가지 더 상황을 더 체크해 보도록 하겠다.

두 집의 가장이 있다.
아침 출근할 때 멘트를 살펴보자. 과연 어떤 가정이 잘되겠는가?
A 가장: 여보, 오늘 나 도박 안 할게! 화투 안 칠게!
B 가장: 여보, 점심 도시락 좀 싸줘! 점심 식비도 아끼고, 일 열심히 해서 일찍 퇴근해서 올게.

어떤 가정이 더 부자가 되고, 잘 살까? B 가장의 가정이 더 발전할 것이다. A 가장은 껍데기를 이야기했고, B 가장은 알맹이를 이야기한 것이다.

껍데기 사고를 열심히 반복한다고 멘탈이 좋아지는 게 아니다. 알맹이 사고의 반복이 멘탈 강화에 좋은 것이다. 알맹이 사고는 껍데기 사고보다 실제 상황에서 훨씬 더 플러스 상황을 많이 이끌어낸다. 이처럼 껍데기 생각과 알맹이 생각은 현실 반영의 성과에도 큰 차이가 난다.

껍데기를 많이 생각하며 인생을 왜 불리하게 사는가? 유리하게 살아야지 말이다.

그럼, 이 책을 읽고 있는 독자 여러분이 아주 크게 고민하는 사항인 다음 사항은 어떤지 살펴보겠다!

누군가가 무대에 올라가기 전에 다음과 같이 암시한다.

'무대에서 떨지 말자!'라고.

이는 알맹이인가? 껍데기인가?

그렇다! 껍데기이다!

껍데기 사고는 멘탈, 즉 정신 무장이 아니라고 말하지 않았던가?

알맹이 사고가 정신 무장이며, 강한 멘탈이 되는 것이다.

'무대에서 떨지 말자!'가 아니라, '무대에서 최선을 다하자!', '복식호흡으로 말하자!', '메모라도 해서 보고하자!'가 알맹이다.

무대에서 떨지 말자고 암시한 사람은 무대에서 떨 것이고, 복식호흡을 해서 말하자고 생각한 사람은 덜 떨 것이다.

공적 발표의 알맹이에 해당하는 것들은 다음과 같다.

1. 제대로 습관 된 복식호흡 음성 말하기
2. 입을 크게 벌려서 발음 정확히 하기
3. 핵심을 두괄식으로 이야기하기
4. 적절한 어휘 선택하기
5. 청중의 시선 처리보다 나의 말하기에 집중하기

등등 발표 알맹이에 해당하는 사항들은 상당히 많다. 발표 알맹이, 무대 알맹이를 많이 생각하고 말해야 무대에서 조금이라도 더 긍정적인 경험을 맛볼 수 있게 된다.

질문하겠다.
'100명 앞에서 떨지 않기'와 '100명 앞에서 이름(이라도) 말하기'
둘 중에 어느 생각을 자주 해야 좋을까?
그렇다. '100명 앞에서 이름(이라도) 말하기'를 자주 생각해야 무대가 확장된다.

여러분은 100명 앞에서 자신의 이름 세 글자 정도를 말할 수 있는가? '저는 김지혜입니다.' 정도만 말이다. 그럼 아마도 많은 사람이 약간은 떨릴 수 있겠지만 말할 수 있다고 할 것이다. 잘 생각해 봐라. 많은 사람 앞에서 5분 정도를 말하라고 한다면 지레 겁을 먹을 텐데, 한 문장 정도를 말하라고 하니 할 수 있다는 생각이 드는 것이다. 이렇게 생각과 부담이 맞물리는 원리를 잘 파악하여 잘 이용한다면 한 문장에서 두 문장, 두 문장에서 네 문장, 네 문장에서 1분, 1분에서 3분… 등의 긴 시간의 스피치도 할 수 있게 될 것이다. 즉, 할 수 있다는 작은 생각을 불씨처럼 잘 살려서 온 산을 태우게 만들어야 한다.

바로 이런 생각을 자주 하고 확장해야 발표적 불안을 줄이고, 대중 발표를 좋아하는 레벨로 성장하게 할 수 있는 것이다. 떨지 말자고 생각하며 암시를 했던 행동이 떨었던 관련 기억과 상황들을 무의식적으로 끄집어내고 있는 상황이 되는 것이다. '떨지 말자(떨자와 비슷, 껍데기)'를 굳이 학습할 필요는 없는 것이다.

제발 '떨지 말자'는 생각을 자주 하여 스스로 불리하게 고착화하고 이 방향으로 확장하지 말고, '100명 앞에서 자신의 이름 세 글자는 이야기할 수 있다'는 생각을 자주 하여 이 방향으로 확장하도록 하자.

이 내용, 이해되었는가?

또한 무대에서 발표 긍정 경험의 1차 값은 심리적인 2차 값을 생성하게 한다. 즉, 무대 긍정 경험은 긍정 심리를 만들게 되는 것이다.

무대 안정이나 자신감이 없다는 것은 무대 긍정 경험이 없다는 것이다. 무대 불안이 크다는 것은 무대의 경험 중 부정 경험이 많거나 강하다는 것이다.

이 기억을 없애려고 노력하지 말고, 새로운 좋은 경험을 통해서 좋은 심리를 생성하게 하는 게 바람직하다.

많은 사람이 '무대에서 떨지 말자!', '떨지만 말자!'라고 전략 없고 실속 없는 무대 껍데기 학습을 스스로 많이 한다. 왜 발표적 불안을 더 많이 느낄 수 있도록 학습을 하는가?

앞으로는 '무대에서 떨지 말자.'라고 막연하게 생각하기보다는 알맹이에 해당하는 값을 더 많이 신경 쓰기 바란다. 청중의 압박에 대응할 멘트를 하나 더 생각하거나 복식호흡을 더 제대로 할 수 있도록 상기하거나 메모를 한다거나 하는 등의 실제적인 말하기에 대한 준비와 수행을 너 살할 수 있도록 집중하고 더 신경 쓰기 바란다.

최선을 다하고 여러 요령을 총동원해도 불편하고 어려운 곳이 바로 무대다.

뭐 느끼는 게 있는가?

예를 들어, 차량 운전대를 잡았는데 떨리니까 '떨지 말자! 떨지 말자!'라고 암시하는 것으로 운전 불안을 실제로 없애기는 어렵다. 돈 좀 들여서 운전학원에서 연수를 받으며 차량 컨트롤 감각을 키우는 게 실제 운전대를 잡았을 때 심리적인 부분을 안정화로 이끄는 데 지름길 역할을 한다.

다 같이 한번 소리 내서 외쳐보자!

"'늦지 말자'는 멘탈이 아니다! '일찍 가자!'가 멘탈이다!"

"'떨지 말자'는 멘탈이 아니다! '차근차근 핵심을 말하자!'가 멘탈이다!"

"나의 발표적 알맹이를 강화하자!"

"나의 일의 알맹이를 강화하자!"

"알맹이를 강화하자!"

거듭 언급하겠다.

앞으로는 무대에서 떨지 말자고 암시하지 말고, 메모를 의존해서라도 말하고, 발음을 더욱더 정확하게 하려는 신경을 쓰는 등 발표력을 신장시키려는 노력과 마음가짐이 발표적 불안을 줄이고 자신감을 키우는 데 훨씬 효과적이라는 사실을 상기하며 좋은 알맹이 생각을 자주 하고 열심히 노력하자.

chapter 7

계속해서 박상현의 '알맹이 껍데기' 이론을 확장하여 이야기를 이어가고자 한다.

여러분, '무대에서 안 밀린다.'와 '무대를 좋아한다.' 둘 중 어느 게 더 고수일까?

그렇다. '무대를 좋아한다.'가 더 고수이다.

많은 사람이 무대에서 안 떨려고 노력을 많이 하는데, 노력을 많이 해도 잘 안 되지 않는가? 잡힐 듯 잡힐 듯 쉽게 잡히지 않는 게 발표 불안인 것 같다. '왜 이렇게 안 잡힐까? 혹시 방향이 잘못된 것은 아닐까?' 하는 생각에 오히려 더 불안해지기도 한다.

그렇다면 앞으로 잡고자 하는 것을 발표 불안 말고, 다른 방향이나 초점을 생각해 보면 어떨까?

발표 불안을 잡으려고 하지 말고 바로 이것을 잡으려고 노력하면 좋을 듯하다.

바로 '스윗함 및 설렘'의 발표를 잡으려고 노력하면 좋겠다.

실제로 무대에서 안 밀리려고 하고, 안 떨리는 목적을 가지고 이를 해결하고자 많은 사람이 우리 아카데미를 찾는데, 이 목적 방향의 느낌을 약간 바꾸어서 실습을 시켜보니 점점 개선됨을 확인할 수 있었다. 그동안의 무대를 대하는 태도를 무대를 좋아하고 사랑할 수 있도록 전향시키려고 노력해 보았다.

수강생들에게 무대에서 안 떨려고 노력하는 게 아니라 '무대가 재미있다. 사람들 앞에 서는 게 좋다. 말하는 게 재미있다.'라고 의식적으로 생각을 해보도록 했다. 조금이라도 대중 앞에서 말할 때 재미있는 요소를 찾아보고 암시를 반복해 보니까 무대에 섰을 때 떨지 않으려고 노력했을 때보다 확실히 덜 떨었다. 덜 떨게 되니 각자의 스피치도 향상되는 것을 느낄 수 있었다.

여러분, '무대에서 안 밀린다.'와 '무대를 좋아한다.' 그리고 '떨지 않겠다.'와 '말하는 게 재미있다.' 중 각각의 후자를 한번 추종해 보기 바란다. 그럼 조금씩 조금씩 무대가 열릴 것이다. 그리고 계속해서 긍정적인 요소들을 찾아보고 느껴보기 바란다. 대중 앞에서의 요소 중에서 다소 미미하더라도 긍정적인 요소들은 분명히 있다. 자신이 아직 이걸 발견하거나 느끼지 못한 것일 뿐이다.

긍정적인 요소라는 것은 예를 들면, '사람들 앞에 서니 놀이기구 타는 것처럼 재미있구나. 무대에서 그래도 청중의 빈 공간을 찾을 수는 있구나. 그래도 능단과 하단 시 걸음걸이는 넘어지지 않고 수행하는구나…' 하는 것들이다. 이런 식으로 대중 앞에서의 수행 요소 중에 조금이라도 좋은 것들을 찾아보고 음미해 보기 바란다. 그럼 점점 발표 불안이 줄어들 것이며 말하기 수행은 안정적이며 좋아질 것이다.

아래를 한번 소리 내어 따라 해보겠는가?
"나는 말하는 게 재미있다."
"무대에 서니까 떨리지만 짜릿하고 재미있다."
"나는 무대가 점점 좋아진다."
"나는 사람들에게 좋은 점들을 흡수한다."
"나는 인생이 재미있다."

이렇게 매일매일 암시를 하면 효과가 나타날 것이다.

중요한 것은 매일매일이다. 꽉꽉 노력해야 발표 불안도 해결되고 말하기 고수도 되지 않겠는가?

매일매일 말하기에 대한 긍정적인 요소들을 암시한다면 무대를 대하는 태도가 서서히 바뀔 것이고, 여러 가지가 달라질 것이다. 자신의 실수 포용력도 발전할 것이고, 포용력이 좋아지면 멘탈리티, 정신력도 좋아지게 될 것이다. 그래서 전보다는 훨씬 더 불안이 많이 해소될 것이니 무대(연단)에서의 좋은 점들을 의식적으로 찾아보는 노력을 기울이자.

세로토닌 도파민

chapter 8

세로토닌과 도파민과의 관계도 잘 이해해 놓으면 불안 조절에 도움이 될 수 있다. 세로토닌과 도파민에 대해서 알아보자.

산난히 비교하여 세로토닌(Serotonin)은 자동차 브레이크 역할을 하고, 도파민은 자동차 액셀러레이터 역할을 한다고 볼 수 있다.

세로토닌은 뇌의 시상하부 중추에 존재하는 신경전달물질로 기능하는 화학물질 중 하나이다. 특히 뇌에서 세로토닌은 기분, 수면, 기억력, 인지 기능, 불안, 초조감, 식욕 등과 연관되어 있다. 우리의 행복감에 관여하는 전달물질이라고 해서 '행복 호르몬'이라고도 부른다.

기능은 다음과 같다.

불안, 두려움, 우울감, 폭력, 폭식 등의 행동을 억제해 주고, 주의집중력, 기억력, 창의력 등을 향상시킨다.

세로토닌은 아미노산 트립토판에서 합성되는데, 트립토판이 있는 음식들을 나열해 보면 다음과 같다.

칠면조, 닭고기, 우유, 요구르트, 치즈, 아몬드, 달걀, 바나나 등이다. 참고로 바나나는 천연 인데놀이라고도 한다.

트립토판이 풍부한 음식을 섭취함으로써 세로토닌 수치를 높이고 불안을 줄일 수 있다.

참고로, 불안에 도움이 되지 않는 식품 및 기호품도 있다.

커피(카페인 포함), 담배(니코틴) 등이다. 카페인은 다른 말로 중추신경 흥분제라고도 한다.

한국 식약처의 커피 권고량은 일일 기준 400mg(아메리카노 한 잔은 대략 100mg) 이하이며, 이 이상 복용 시 불안 해소에 도움이 안 된다.

니코틴은 더 강한 중추신경 흥분제이다.

니코틴은 흥분되게 하고 혈관을 수축시키고 심장을 더욱 강하게 뛰게 한다. 또한 불면증도 유발한다.

계속해서 도파민에 대해서 알아보자.

도파민(dopamine)은 자동차 액셀러레이터 역할을 한다.

쾌락과 행복감에 관련된 감정을 느끼게 해주는, 신경전달물질과 호르몬으로 이용되는 물질이다. 중추 신경계와 말초 신경계의 신경 전달물질이며, 아드레날린과 노르아드레날린 합성의 전구물질이다.

동식물에 존재하는 아미노산의 하나이며, 뇌신경 세포의 흥분 전달 역할을 한다.

기능으로는 책상 정리, 청소하기, 산책하기, 식욕 등등 여러 가지 의욕이 생기도록 돕는다.

도파민은 식접적으로 음식에 들어있는 물질은 아니지만, 도파민의 생성에 관여하는 아미노산인 티로신과 페닐알라닌이 포함된 음식들이 도파민 생성을 촉진하는 데 기여한다.

다음은 도파민 생성과 관련된 음식들이다.

단백질이 풍부한 닭고기, 소고기, 돼지고기, 생선(연어, 참치 등), 달걀, 두부 및 콩류 등이며, 유제품, 견과류, 과일 등도 도파민 생성을 돕는다. 그리고 달달한 다크 초콜릿도 일시적으로 도파민 분비를 촉진하는 데 효과가 좋다.

아직까지 사람들 앞에서 떨지 않았더라도 도파민과 같은 스피치 의욕이 없으면 어느 순간 청중의 시선에 대하여 큰 부담을 느낄 때가 생길 것이다. 그럼 언제가 될지는 모르지만, 어느 순간 무대 불안을 겪을 수 있는 여지도 있다.

　따라서 대중 스피치 때 도파민과 같은 스피치 전개 의욕이 생길 수 있도록 적극적으로 노력하고 발표 긍정 경험을 할 수 있도록 노력하자. 그럼, 발표의 불안이 재미있는 설렘으로 색깔이 바뀔 것이다.

　의욕은 중요하다. 도파민과 같은 스피치 의욕이 나올 수 있도록 평소에 심신의 컨디션도 잘 관리해 주고, 적극적으로 발언하기 바란다.

　그리고 언제부터인가 꽤 많은 사람이 대중 스피치를 너무 아나운싱 스타일이나 웅변식 스타일에 자신의 스피치를 끼워 맞춰 말을 해야만 좋은 걸로 이해하는 경우가 많아진 것 같다. 물론 이는 일정 부분 스피치 역량 계발에 도움을 주기도 하지만, 한편으로는 자신의 고유한 표현 방식이나 감정을 자유롭게 드러내는 데 제약이 될 수도 있고, 말하기 자체에 위축감이나 긴장감을 느끼게 할 수도 있는 측면도 있다. 따라서 앞으로는 자신이 하고 싶은 말을 누구 눈치 보지 말고, 자신의 스타일대로 과감하게 말할 수 있도록 시도해 보자.

긴장을 풀 줄 알아야 한다

chapter 9

여러분, 뭐 하나 물어보겠다.

혹시 누가 통장에 수십억을 입금해 준다면 평생 동안 일을 안 해도 되는가? 또는 아주 좋은 수입 차량을 구입하면 앞으로 그 차량을 안 고쳐도 되는가? 여러분의 생각은 어떠한가? 별걸 다 질문한다고 생각이 드는가? 다 이유가 있으니 물어보는 것이다. 여기서 혹시 내가 원하는 정답이 무엇인지 추측 가능한가? 한번 맞춰본다면 답이 무엇일까? 그건 바로 이것이다. 내가 원하는 정답은 '그렇지 않다.'이다.

수십억이 통장에 입금된다고 하여 100세 시대의 모든 시기에 인생이 완벽하게 보장되는 건 아니지 않은가? (물론 '저는 충분해요. 일 안 할 거예요.'라고 하는 사람들도 꽤 있을 수도 있겠지만 말이다.) 왜냐하면, 삶에서는 변수가 워낙 많기 때문이다. 예를 들면 로또 복권 1등에 당첨이 되고도 인생 망한 사람들도 많지 않은가? 일을 안 하고 자기 관리를 잘 못해서 건강이 상할 수도 있고, 이것저것 무리한 투자를 하다가 오히려 더 큰 빚더미에 앉은 사람들도 있다. 내가 말하고자 하는 바는 수십억이 인생의 모든 것을 보장할 수는 없다는 이야기다. 또한 아무리 좋은 차량이라고 해도 관리를 안 할 수는 없다. 그런데 여러분에게 내가 스피치와는 별로 관계없는 듯한 이런 질문을 왜 한다고 생각하는가? 그 배경은 아래 내용을 읽다 보면 이해가 될 것이다.

여러분, 혹시 스피치 학원에 가본 적이 있는가? 스피치 학원에는 자기계발을 좋아하는 다양한 사람들이 방문한다. 그런데 학원에 방문하는 사람들이 가장 많이 하는 말이 있다. 그건 바로 "무대에서 떨지 않고 말하고 싶어요."이다. 바로 이게 가장 많이 말하는 내용이며, 목적이다.

대부분의 사람들이 스피치의 목적을 적는 빈칸에 "만인 앞에서 떨지 않고 말을 편안하게 하는 것"을 적는다. 무대에서 떨지 않으려고 한다? 이 내용을 들어보면 언뜻 듣기에는 맞는 말 같기도 하다. 맞는 말인가? 그런데 자세히 들여다보면 가능하지 않은 접근이라는 것을 알 수 있을 것이다.

우리는 인간이다. 인생을 살면서 단 한 번도 어색함을 안 느낄 수가 있는가? 인생을 살면서 단 한 번도 부담을 안 느낄 수가 있는가? 그리고 인생을 살면서 단 한 번도 긴장을 안 할 수가 있겠는가? 인생을 살면서 단 한 번도 스트레스를 안 받을 수 있는가? 인생을 살면서 단 한 번도 피로를 느끼지 않을 수 있는가? 그리고 인생을 살면서 단 한 번도 떨림을 느끼지 않을 수 있겠는가?

스트레스를 자주 풀어줘야 스트레스 안 받기의 목적 달성이 될 것이고, 피로를 잘 풀어줘야 피로를 안 느끼기의 목적 달성이 될 것이며, 어색함과 부담, 긴장 등을 수시로 자주 풀어줘야 떨지 않기의 목적 달성이 이루어지게 될 것이다.

평생을 살면서 어색함, 부담, 불안 등을 절대 느끼지 않겠다는 것은 가능하지 않다. 어색함이나 부담, 긴장 등은 인간으로서 느끼게 되는 정상적인 감정(또는 반응)이라서 아예 이런 감정(또는 반응)을 가지지 않겠다는 것은 말이 안 된다. 그럼, 우리는 무대에서의 긴장이나 불안 등을 아예 해결하지 못한다는 이야기인가? 아니다. 해결할 수 있다.

다음과 같이 노력하면 된다.

그 내용은 바로 긴장을 (   ) 알아야 한다.

괄호에 들어갈 말이 무엇이겠는가?

설명하겠다.

발표 불안을 해결하기 위해서는 떨지 않으려고 노력하는 게 아니고, 바로 떨림을 '풀 줄' 알아야 한다. 즉, 괄호 안에 들어갈 말은 '풀 줄'이다. 긴장을 '풀 줄' 알아야 한다는 것이다.

그런데 누군가가 나에게 이렇게 물어볼 수도 있을 것 같다. '강사님! 위의 말 중, 떨지 않기와 떨림을 풀기는 똑같은 말 아닌가요?'라고 말이다. 그렇게 물어볼 수도 있는데 나는 이렇게 답을 하고 싶다. '아닙니다.'라고 말이다. 간단히 설명하면 떨지 않으려고 하는 것은 전혀 '기술'이 아니다. 떨지 않기는 어떠한 '능력'이 아니다. 떨림을 풀어내는 게 '기술'이며, '능력'이라고 할 수 있다.

이 내용이 무슨 의미인지 자세히 설명하겠다.

먼저 '떨지 않기'에 대하여 설명하고, 그다음 '떨림을 풀기'에 대해서 설명하겠다.

먼저 떨지 않으려고 하는 것에 대한 설명이다.

여러분, 나의 '알맹이와 껍데기' 이론에 대해서 앞서 학습하여서 잘 알고 있을 것이다.

다시 확인해 본다.

'무대에서 떨지 말자'는 알맹이인가? 아니면 껍데기인가? 그렇다. 껍데기다! 떨지 않으려고 하는 것은 껍데기를 좇는 것과 비슷하다. 껍데기를 좇아봐야 얻어지는 것은 별로 없으며, 특별한 의미도 없다. 스피치 알맹이를 좇아야 무언가 좋은 파생도 되고, 좋은 시너지도 나올 것이다. 참고로 스피치 알맹이에는 횡격막 호흡, 정확한 발음, 일목요연한 구성에 의한 설명, 맛있는 스피치 구사 등등 정말 다양하고 많다.

  떨지 않으려고 하는 것은 마치 누군가가 자신에게 심한 말을 하는데도 참고 똑같은 감정을 유지하려고 하며, 아무 말도 안 하는 것과 비슷하다고 할 수 있다. 또, 떨지 않으려고 하는 것은 반팔을 입고 봄, 여름, 가을, 겨울을 억지로 버티는 느낌이라고 비유할 수 있을 것 같다. 왜 반팔을 입고 겨울을 나야 하는가? 겨울에는 패딩을 입으면 된다.
  사람이 계절 변화와 상관없이 어리석게 한 가지 옷만 입으며 살기는 너무 어려운 미션이 아닌가? 이걸 지키기 위해 노력하기엔 너무 고되고 어렵지 않은가? 그냥 계절에 가장 잘 어울리는 옷을 입으면 된다.

  또한 떨지 않는 것은 복싱에서 상대방이 자신을 때렸을 때 꾹 참고 인내하는 것과 비슷하다고 할 수 있다! 얼마나 고통스러울까? 왜 미련하게 가격당하고 참고만 있는가? 고통이 생기지 않도록 피하거나 고통이 덜 오게끔 무언가를 하면 된다. 자신이 상대방을 먼저 가격해서 데미지를 주면 상대방이 약해져서 자신을 가격하더라도 데미지가 덜 하게 할 수 있을 것이다.

'떨지 않으려고 하는 것'은 그냥 맞고 참으며 인내하는 것, 그리고 '떨림을 풀기'는 상대방을 선제적으로 가격해서 혹시 자신이 맞더라도 심리적, 육체적으로 데미지가 덜 하게 운영하는 것으로 생각하면 될 것 같다. 구분되는가?

이해를 돕기 위하여 추가로 설명하겠다.

발표 불안 해소는 탁구와 비슷하다. 또는 축구 공격수와 골키퍼의 맞대결하는 상황으로 비유할 수도 있을 것 같다. 또는 정전기 속성이 있는 검은 옷에 묻은 먼지를 털어내는 작업과 비슷하다고 할 수 있을 것 같다.

먼저 탁구공이 휘어져 온다면 이 공을 알맞게 쳐내기 위해서는 최적화된 탁구채의 각도와 손목의 힘이 필요할 것이다. 축구에서는 공격수는 화자이고, 골키퍼는 청중이라고 한다면 공격수가 골키퍼의 현 움직임이나 예상 움직임을 간파하며 공을 차야 할 것이다. 그리고 검은 옷에 먼지가 붙는다면 천천히 자주 털어내야 한다. 여기서 검은 옷이 화자이고, 먼지는 불안으로 비유할 수 있겠다.

대중 스피치도 마찬가지다.
대중 스피치의 여러 요소에 따른 적절하고 효율적인 대응 요소들을 학습하고 체화하여야 한다.

대중 스피치에는 여러 요소가 있다. 청중, 화자, 주제, 무대 장치, 마이크, 원고 등등 다양하다.
예를 들면, 청중에는 어린이가 있을 수도 있고, 성인이 될 수도 있고, 국회의원이 될 수도 있다. 또한 청중의 숫자도 3인이 될 수도 있고, 100명이 될 수도 있고, 1,500명이 될 수도 있다. 그리고 똑같은 사람들이라고 할지라도 그날의 집중도나 기분도 시기에 따라 각기 다를 수도 있다. 지난주에는 기분 좋게 집중하며 스피치를 접했던 청중들도 오늘은 좋지 않은 기분에서 스피치를 접할 수도 있고, 집중도가 떨어질 수도 있고, 표정도 인상을 쓴 채 화자를 바라볼 수도 있다.
그리고 화자의 속성은 어떠한가? 항상 같은가? 같지 않다. 화자의 컨디션도 제각기 다르다. 잠을 3시간만 잤을 수도 있고, 잠을 9시간 자서 컨디션이 좋을 수도 있다. 그리고 누군가가 화자 자신에게 무시하는 발언을 해서 기분이 상할 수도 있고, 누군가가 칭찬을 해서 기분이 좋아질 수도 있다. 이렇듯 화자의 속성과 컨디션도 정말 다양하다.

그럼 그다음으로는 주제에 대해서도 살펴볼까? 화자가 잘 이해하는 주제일 수도 있고, 화자가 잘 모르는 주제를 가지고 발표할 수도 있다. 그리고 똑같은 주제라고 할지라도 풀어가는 내용이 작년과 올해가 다를 수도 있다. 자기소개도 독서 모임에서 하는 자기소개와 노래자랑에서 하는 자기소개, 이성을 만났을 때의 자기소개 등등도 전략과 콘셉트에 따라서 스피치 전개 양상도 매우 다양하게 나타날 수 있다.

그리고 무대 장치도 살펴보겠다. 육성으로 소화 가능한 무대도 있고, 마이크를 사용해야 하는 무대도 있다. 그리고 스크린과 함께 발표하는 프레젠테이션도 있으며, 기계적 장치들도 꽤 다양하다.

이렇듯 대중 스피치의 속성은 정말 다양하고 복잡하다. 경우의 수와 변수가 정말 많다. 이렇게 다양하고 어마어마한 경우의 수의 대중 스피치에서 모두 안 떨게 하는 만능 키(key)를 찾기에는 매우 어렵다. 사실상 어떤 발표든 안 떨게 하는 고정적 키(key)는 없다고 보면 된다.

따라서 이렇게 떨지 않으려고 하는 값을 추종하지 말고, 여러 속성의 떨림을 적절하고 효과적으로 풀 수 있는 방법과 요령을 체화할 수 있도록 노력하는 게 좋겠다. 이렇게 실효성이 더 좋은 요령을 체화하는 게 훨씬 문제 해결의 속도를 빠르게 할 수 있을 것이다. 존재하지도 않는 떨지 않는 키를 애타게 찾으려고 하지 말고, 느껴지는 불편한 값들을 바로바로 해소할 수 있는 요령을 익히는 게 발표 불안을 훨씬 더 빠르게 해결하는 데 도움이 될 것이다.

다음과 같이 행하면 된다.

누군가가 자신에게 부담을 느끼게 한다면 그에 대한 부담을 풀만한 말이나 행동을 하면 되고, 화자의 컨디션이 좋지 않다면 짧게 발표하거나 원고나 슬라이드를 의존하면 된다. 발표실 분위기가 어색하다면 어색함을 풀 수 있는 농담이나 이야기를 하면 되고, 발표하기에 정말 좋은 타이밍이 아니라면 잠시 후에 발표를 해도 된다. 또는 청중들이 들을 준비가 안 되어있으면 들을 준비를 할 수 있도록 주의 집중을 시키고 난 다음에 발표를 시작해도 된다. 그리고 청중들이 졸려 한다면 기지개를 켜게 한다든가 하는 등의 여러 필요하고 충분한 사적, 공적 스피치들 하며 긴장된 분위기를 풀 수 있는 것이다.

이런 식으로 그때그때의 상황을 화자에게 유리하도록 적합한 언행을 한다면 어색함이나 부담, 긴장 등을 해소할 수 있다. 어색함, 부담, 불안 등을 해소 안 하고, 예기 불안이 최악일 때 무대로 올라가서 발표한다면 그 발표가 잘 되겠는가? 최선을 다해도 땀을 뻘뻘 흘려가며 간신히 소화 정도만 하는 그 정도의 발표밖에 수행하지 못할 것이다. 또한 이런 경험은 '나는 무대만 서면 떠는구나.'라고 인지 고정이 될 수도 있다. 이는 연속될 수 있는 위험한 경험이 아닐 수 없다. 따라서 가능하면 무대 서기 전에, 또한 무대에서도 긴장을 최대한 분해해서 보다 좋은 발표 긍정 경험을 하도록 하자.

그리고 가능하면 무대 올라가기 전부터 부담을 최대한 풀 수 있도록 하라. 어떻게 분해를 하느냐 하면 여러 아이스 브레이킹 멘트를 하면 부담이 조금이라도 풀어질 것이다. 그리고 무대 올라가서도 스몰 토크 등을 통하여 부담과 긴장감을 해소시켜 보아라. 그리고 이러한 발표 가능성 경험, 긍정 경험을 하다 보면 자신감도 높아지고 요령도 다양하게 생겨서 조금씩 무대 불안이 감소될 것이다.

이제 발표 불안 해결은 더 이상 만인 앞에서 '떨지 않도록 노력하기'가 아니라 '떨림을 푸는 여러 기술을 익히는 것'이라고 방향 설정을 하여 지긋지긋한 발표 불안을 해소하기 바란다.
이상, 발표 불안을 해결할 수 있는 개념과 방향에 대해서 설명하였다.

이어서 어색함, 부담, 불안을 실제로 풀 수 있는 여러 예시 멘트를 살펴보도록 하자.
그리고 응용해 보자.

"날이 참 좋네요."
"여러분, 식사는 하셨나요?"
"여러분, 잠은 잘 주무셨어요?"
"여러분, 요즘 행복 지수는 몇 점이신가요?"
"선남선녀들 앞에 서니 좀 떨리네요."
"이렇게 자기계발을 열심히 하시는 분들 앞에서 발언하게 되어 큰 영광이라고 생각합니다."
"좋은 분들 앞에서 발표하게 되어서 기쁩니다."
"다들 목소리가 좋으신 것 같습니다."
"오랜만에 무대 서니까 좀 떨리네요."
"하필 발표 고수 다음에 제가 발표하게 되어서 부담스럽습니다."
"여러분, 저는 오늘 컨디션이 안 좋으니 기대하지 마십시오."
"제가 오늘은 조금 짧게 말을 해도 괜찮을까요?"
"여러분, 아름다운 밤입니다. 동의하시나요?"
"여러분, 끝나고 시원한 맥주 한잔하실까요?"
"여러분, 최근의 뉴스에서 정말 가슴 따뜻한 소식이 있었죠."
"바나나가 웃으면 뭐가 되나요? 네 글자 난센스입니다."

위와 같은 멘트가 사소하게 생각될 수 있지만, 화자와 청중 간의 친밀도를 끌어낼 수 있고 딱딱한 분위기를 누그러뜨릴 수 있고 화자 자신의 긴장을 분해하는 역할도 수행할 수 있게 되는 것이다. 또한 위의 예시 멘트를 확장하거나 스타일을 심화해 응용한다면 불안 분해에 더욱더 좋은 역할을 수행하게 될 것이다.

이상, '긴장은 풀 줄 알아야 한다'는 내용으로 설명하였고, 지금까지의 내용을 간단히 정리하면 다음과 같다.

　긴장은 '무엇'이다?
　긴장은 안 하는 것이 아니라, 긴장은 푸는 것이며 분해하는 것이라고 하였다.
　즉, 발표불안을 더 많이 해결하기 위해서는 여러 상황에 따른 긴장을 적절하게 분해할 수 있도록 여러 스피치 멘트를 구상해 보고 시도해 봐야 한다. 앞으로 여러 발언을 자주 시도해 보며 발표 분위기가 더 딱딱해지는지 약간은 편해지는지, 자신의 심리는 불안해지는지 아니면 조금 편해지는지 등의 여러 지표와 감각을 다양하게 익혀보도록 하자.

　그리고 이렇게 생각하길 바란다.
　제발 나에게 긴장이나 불안이 오지 않길 바라지 말고, 나는 어떠한 어색함이나 부담, 그리고 어떠한 유형의 불안이 오더라도 모두 빠르게 잘 분해할 수 있다고 생각하자. 가능하다.

chapter 10
기분 상중하

 여러분, 혹시 대중 스피치를 할 때 어떤 때가 가장 안 떨리고, 어떤 때가 스피치가 가장 잘 되는가?
 저자 본인이 수많은 대상을 지도해 보고 분석해 보니 어떨 때 떨지 않고, 어떨 때 스피치 화력이 좋은지 체크할 수 있었다. 그때는 바로 이때였다. 바로 '기분이 좋을 때'였다.
 이때 가장 자신감 있고 왕성한 말하기 수행을 하였다.
 나 역시도 기분이 좋을 때 스피치가 가장 잘 된다.

 과거 저자 본인의 일화이다.
 '코로나 19' 전에 어느 금요일이었다. 금요일 저녁 스피치 모임이 끝나고 나니 사람들이 나에게도 함께 맛있는 거 먹으러 가자고 제안하는 것이었다. 나는 거절했는데 그중에 한 사람이 "원장님이 수강생의 고민도 좀 들어주고 해야 하지 않나요?"라고 이야기하는 것이었다. 그 이야기를 듣는 순간, 공감되었고 설득되었다. 그래서 나는 그들과 함께 이내 종로3가 근처에 있는 맛집 한 곳으로 자리하였다.

굴도 나오고 돼지 머리 고기도 나오고 기타 맛있는 음식들도 나오는 곳이었다. 우리는 음식을 맛있게 먹기 시작하였다. 그리고 이런저런 이야기를 하였다. 그런데 30분 정도 지났을 무렵 오늘 스피치 모임을 운영하였던 말을 잘하는 여성 진행자가 나에게 이런 말을 하는 것이었다.

"아! 왜 원장님인지 이제 이해가 되네요."라고 말이다. "어쩜 그렇게 넉살 좋게 뻔뻔하게 이야기를 잘하세요!"라고 말하는 것이었다. 그런데 나는 그렇게 뻔뻔하게 말을 한 적이 없었던 것 같은데 왜 이런 말을 하는지 이해가 안 되었고, 내가 말한 상황에 대하여 곰곰이 생각해 보았다.

아, 그런데 그때 번쩍 나의 뇌리를 스치는 일들이 있었다. 무슨 일이 었느냐 하면 그날 금요일 하루에 학원생 등록이 10명 정도 이루어진 것이었다. 작은 학원에서 하루에 10명이 등록하는 일은 상당히 고무적인 일이었고, 상담을 왔던 사람에게 칭찬도 들었었다. 한마디로 기분 좋은 날이었던 것이다.

나는 그때 느꼈다. 내가 오늘 기분이 아주 좋은 상태라는 것을 말이다.

또 저자 본인의 수업을 들었던 어떤 20대 여학생의 스피치 수업의 일화에 대해서도 이야기해 보겠다.

이 수강생은 평소에 표정이 거의 무표정이었고, 연단에서 자주 지적받는 사항이 말하기 부피(길이)가 짧은 것이었다. 단답식으로 딱 필요한 말만 말하고 바로 자신의 자리로 내려오는 발표 형태를 띠고 있었다. 이러한 짧은 발표 내용과 길이를 확장시키기 위하여 학생 본인과 강사인 나는 여러 노력을 기울이고 있었을 때다.

그런데 어느 날인가 이 학생이 평소와 다르게 발표를 하는 것이었다. 강사인 내가 이제 발표 시간 다 되었으니 연단에서 내려오면 좋겠다고 이야기할 정도로 대중 스피치가 거침이 없었고, 스스로 웃기도 하고, 청중에게 질문도 하고 혼자 북 치고 장구 치고 다 할 정도로 인상적인 연단 매너를 선보이는 것이었다. 그리고 어쩔 수 없이 시간이 다 되어서 자신의 자리에 돌아가 앉았는데도 추가적인 이야기를 하는 것이었다.

    그래서 내가 그 학생에게 무슨 좋은 일 있냐고 물어보니까 최근에 제주도 여행을 갔다 왔는데 너무 기분이 좋았다는 것이었다. 그리고 그 기분이 아직까지 남아있는 상태이고, 앞으로 자신의 일이 잘될 것 같다는 이야기도 언급하였다. 그리고 이 학생도 다음과 같이 코멘트를 하였다. "원장님이 기분 좋을 때 스피치가 잘된다고 하셨는데 오늘 제가 기분이 좋아서 스피치가 잘되는 것 같아요."라고 말하였다.

    그리고 이 수강생은 이렇게 대중 스피치를 성공으로 체험하고 감을 잡은 후에는 대체로 발표를 능숙하게 잘하게 되었다. 이렇게 꾸준히 노력하다 보니 결국에는 성공 경험도 할 수 있게 되었고, 성공의 빈도수도 늘어나게 되었다.

    여러분, 뭐 하나 확인해 보겠다.

무대에서 안 밀린다 vs 무대를 좋아한다
이 둘 중 어느 게 더 고수라고 하였는지 기억나는가?
맞다. 바로 '무대를 좋아한다.'가 '무대에서 안 밀린다.'보다 더욱 고수라고 할 수 있다.
그리고 무대에서 안 밀린다는 것은 기분이 좋은 일인가? 기분 좋은 일은 아니다.
무대를 좋아한다는 것은 어떤가? 기분이 좋은 일이다. 무엇을 '좋아하다'는 표현 자체가 밝으며 기분이 좋지 않은가?

그럼 만약, 자신의 기분이 '하'일 경우에는 어떻게 하는 게 좋은가? 이때는 사적 스피치로 먼저 자신의 의견을 피력하는 게 좋다.

"오늘은 컨디션이 안 좋아서 그러는데 다음에 해도 될까요?"처럼 의견을 피력하고 차라리 무대에 서지 않는 게 오히려 부정적인 경험을 하지 않을 수도 있고, 다른 사람들에게 부정적인 평가를 미리 차단할 수 있어서도 좋은 것 같다.

기분이 '하'이고 컨디션도 안 좋은 상태에서, 즉 연단에 진짜 올라가기 싫을 때 스피치를 하게 되면 부정적인 경험을 할 확률이 높아져서 혹시라도 트라우마성 상황을 접할 수도 있기 때문이다. 따라서 가능하다면 기분과 컨디션이 저조할 경우에는 잠시 연단에 서지 않는 것도 일시적인 방법이 될 수 있다. 물론 연단을 매번 회피하는 것은 바람직하지 않다.

그런데 만약 의견을 피력하더라도 회피할 수 있는 자리가 아니라면 어떻게 대처해야 하는가? 이런 경우에는 어쩔 수 없다. 발표 길이를 짧게 하거나 원고를 최대한 의존하는 등, 사용할 수 있는 모든 유리한 발표 요령 등을 총동원하여 최선을 다하는 수밖에 없다.

중요한 건 다음과 같다. 발표 직전, 자신의 기분이 좋으면 더할 나위 없이 좋겠지만, 혹여 기분이 저조하더라도 이를 초월하여 어떤 발표를 하더라도 악착같이 최선을 다하는 모습과 태도일 것이다.

이상, 기분이 좋을 때 스피치가 가장 잘된다는 주제로 관련 내용을 살펴보았다.

정리합니다

   기분이 좋을 때는 연단에 나가서 대중 스피치를 해도 긍정적인 발표 경험을 할 확률이 높고, 기분이 나쁠 때는 부정적인 발표 경험을 할 확률이 높다. 따라서 연단에 올라가기 전에 자신의 기분 컨디션을 잘 체크해 보고 오늘의 스피치 전략을 잘 구축하도록 하자.

   만약, 기분이 좋다면 너무 오버하는 말을 하지 않도록 하거나 방방 뜨지 않게 약간은 무게감과 신중함을 가지고 발표하면 더욱더 멋스러울 것이다. 그리고 기분이 안 좋다면 최대한 짧게 말하거나 간단히라도 적은 메모장을 보고 말할 수 있도록 적극적으로 대처하도록 하자.

chapter 11

 많은 사람이 어떤 무대에서든지 어떠한 상황에서든지 떨지 않으려고 하는 목적을 두는 것 같다. 아주 야무신 목석이나. 나도 여리분이 그렇게 될 수 있도록 소망한다. 그런데 이러한 접근 방식과 전략이 다소 아쉽게 느껴진다.
 모든 무대에서 떨지 않는 목적 달성을 하기 위해서는 어마어마한 도전 정신과 의지력이 필요하다. 잡힐 듯 안 잡히는 게 아니라, 안 잡힐 듯 안 잡힐 정도로 그 과정이 매우 힘들다고 본다.

 비유가 적절할지는 모르겠지만, 예를 하나 들어보겠다. 어떤 일을 함에 있어서 1달 일하고 1달 급여를 정산받는 방식이 아닌, 10년 동안 일을 모두 완료하고 나면 그때 비로소 급여를 5억을 준다고 하면 여러분은 어떻겠는가? 흥이 나겠는가? 아마 흥이 안 날 것이다.

 이런 것처럼 어떤 무대이건, 어떤 사람들 앞에서건, 어떤 때이건 '나는 항상 떨지 않고 말하겠다'는 목적을 두는 것은 발표 불안의 전체

값, 즉 거시적인 평균값을 구축하려고 하는 것과 비슷하다. 미시적인 하나하나의 해결이 아닌 거시적인 해결을 하려고 덤비는 것과 비슷하다. 이렇게 접근하는 것도 나름의 좋은 부분도 일부 있겠지만, 시간이 너무 오래 걸리며 흥이 잘 나지 않게 되어서 지칠 수가 있는 아쉬운 점이 있다.

이렇게 접근하는 것보다는 임박한 발표 하나를 집중적으로 공략하는 것이 발표를 성공적으로 경험할 수 있게 하고, 그렇게 되면 발표 긍정 심리도 만들 수 있다. 그리고 긍정 심리를 갖게 되는 생성의 시점도 앞당길 수 있는 것이다. 그러면 이후에 있을 비슷한 발표에서는 보다 덜 떨게 되고, 발표도 잘할 수 있도록 운영이 쉬워질 것이다. 그리고 발표에 대한 흥미도 더욱더 일찍 느끼게 되는 등 여러 면에서 좋은 점들이 훨씬 많아지게 된다.

그리고 여러분, 무대 종류가 얼마나 많은가? 또한 스피치 속성도 얼마나 다양한가? 그리고 스피치의 청중의 속성도 역시 정말 다양하다. 그리고 청중의 수도 아주 다양하다. 이렇듯 무대 종류와 청중들의 수, 청중들의 속성, 발표의 길이와 난이도 등등 똑같은 무대는 하나도 없다. 따라서 모든 무대에서의 발표 불안을 한꺼번에 평정하려고 하는 것은 별다른 흥미도 느끼기 어렵고 지치게 될 수 있어서 해결이 매우 더딜 수 있다. 그러므로 전략을 잘 구축하도록 하자.

앞서 언급했듯이 발표 불안을 해결하려면 이렇게 발표 불안의 전체 값을 해결하려고 하는 것보다 임박해 있는 발표 하나의 값을 해결하기 위하여 노력하는 게 실효가 더 클 것이라고 하였다. 임박해있는 해당 발표의 목적과 내용 등의 여러 이해를 잘해 놓고 바람직한 훈련을 다양하고 치밀하게 훈련해서 준비한다면 꼭 발표 성공 경험을 할 수 있을 것이다.

아래는 발표 불안 일부 값과 전체 값을 해결하기 위한 솔루션이다. 자, 자세히 살펴보자.

1. 발표 불안 일부 값 해결하기

녹음 스피치를 적극 활용하는 것이다. 당일의 말하기 주제로 사전에 간단히라도 스피치를 실제로 해보고 녹음해 본다. 그리고 이 녹음본을 꼭 들어본다. 이는 당일의 자신의 말하기 컨디션도 체크해 볼 수 있고, 발표 전개력을 '좋음' 정도로 끌어낼 수도 있어서 좋다.

그리고 이 녹음 스피치는 최소 세 번 이상 해본다.

녹음한 값을 냉정하게 들어보고, 녹음한 내용에 대해서 만족도가 10점 중 7~8점 이상으로 느껴질 수 있도록 끌어올린다. 말하기 녹음 만족 지수가 높은 만큼 그날의 발표도 성공할 확률이 높아지게 된다.

녹음 상황을 체크해 보고 연단에 올라가는 것과 이를 체크하지 않고 연단에 올라가는 것과는 많은 차이가 난다. 녹음 스피치 상태를 체크해 보고 연단에 서는 게 조금이라도 더 긍정적인 발표 경험을 할 수 있도록 확률을 높일 수 있다. 그리고 이렇게 발표의 긍정 경험을 하게 되면 긍정 경험을 한 만큼 다음 발표 때에는 예기 불안이 줄어들게 된다. 즉, 특정 발표에 대하여 성공한 값만큼 특정 발표의 불안은 줄어든다는 이야기이다.

많은 사람이 무대에서 떨지만 않으면 말을 잘할 수 있겠다고 생각하는데 순서가 잘못되어 있다. 이번 A 발표를 1%라도 만족스럽게 해야만 다음 A 발표의 예기 불안과 직면 불안이 1% 줄어드는 것이다.

모든 발표의 예기 불안은 같지 않다. 똑같은 발표의 설정은 없다. 발표의 속성은 목적과 사람들, 장소, 기기 등 다양하다. 또한 화자의 기분이나 컨디션, 주제에 따른 준비 인프라 등등 발표는 여러 경우의 수로 가득 차 있다. 그만큼 발표는 난해한 속성도 많으니 평소에 자신의 안정적인 음성과 말 만들기에 대한 칼날을 예리하게 준비해 놓자.

모든 발표를 동일시하여 어찌 보면 발표 불안의 거대한 평균값을 쫓으며 스스로를 지치게 하지 말자. 특정 발표 하나를 잡자. 다시 말하여 자기암시 하나하나, 호흡 하나하나, 음성 하나하나, 발음 하나하나, 내용 하나하나를 제대로 신경 쓰자. 그럼 좋은 발표가 나올 것이고, 전체적인 발표 평균값을 컨트롤하는 것보다 훨씬 빠르게 발표불안이 해결될 것이다.

반대로 입을 안 풀고 또는 입을 풀었더라도 대충 풀고 무대에 바로 선다면 성공 경험을 할 확률이 낮아지고 찜찜한 경험을 하게 될 수도 있다. 그러면 애매한 경험을 하게 되는 꼴이 될 수 있고, 이는 오히려 불안을 생산하는 결과로 이어질 수 있다. 그렇기 때문에 발표 전, 간단한 주제로라도 꼭 녹음해서 냉정하게 들어보고 자신의 발표 만족도와 신뢰도를 7할~8할 이상 높인 다음에 무대에 서자.

2. 발표 불안 전체 값 해결하기

발표 불안의 전체 평균값을 줄이기 위해서는 어떻게 해야 할까? 이 역시도 임박해 있는 발표를 최고의 퀄리티로 성공하는 방법이 최선이라 할 수 있다.

위에서 언급했듯이, 발표가 끝난 후 청중에게 발표를 잘한다는 칭찬도 듣게 되고, 스스로 '이 정도면 발표 잘했어.'라고 느끼는 이른바 발표 성공 경험을 체험해 봐야만 더 큰 무대에서도 한번 해볼 수 있겠다는 자신감이 생기게 된다. 다시 말하면 난이도 5 정도의 발표를 만족도 9로 성공한다면 난이도 8에 해당하는 발표도 해볼 수 있는 자신감이 생길 것이고, 이와는 반대로 모든 여러 발표에 대하여 불안 평균값을 쫓아 떨지 않게 하려고 노력하다 보면 지치게 되고 발표 난이도 8에 해당하는 발표는 엄두도 내지 못할 수 있다.

그만큼 한 가지 발표를 퀄리티 높게 성공하는 체험은 매우 중요하다. 즉, 모든 발표에서 떨지 않으려고 노력하지 말고, 임박한 한 가지 발표만 성공적으로 수행할 수 있도록 전략화하길 추천한다.

끼 조절

chapter 12

발표 불안을 줄이는 데 있어서 '끼'에 대해서도 알아보자.

여러분 모두가 '끼'에 대한 표현을 자주 접했을 것이나.

'끼'라는 말을 국어사전에서 찾아보면 다양한 종류의 뜻이 나와있는데, 그중에서 우리는 스피치에 관계된 의미에 대해서 알아보도록 하겠다.

'끼'는 연예에 대한 재능이나 소질을 속되게 이르는 말이다. '끼'는 예술적이거나 창의적인 능력을 나타낼 때 사용된다. 예를 들어서 '그 사람은 무대에서 끼가 있어.'라는 등의 말을 하곤 하는 데, 이 말이 무슨 의미인지는 다들 잘 이해하고 있을 것이다. 그런데 여기서 한 가지 질문을 하고 싶다. 혹시 여러분은 '끼'의 어원에 대해서 알고 있는가?

끼의 어원은 바로 '氣(기운 기)'에서 비롯되었다.

기운이 있어야 목소리도 크게 나온다. 어떤 사람이 '끼' 있게 발표했다고 이야기한다면 그때 당시에 연단에서 힘을 많이 주었다는 이야기다.

참고로 이렇게 끼 있게 발표하고 난 다음에 발표할 사람은 부담을 느끼는 경우가 많다. 하기야 복싱에서도 상대방이 힘을 잔뜩 주면 부담을 느끼기 마련이니까 말이다.

그런데 발표 시 이렇게 항상 기운을 실어서 발표해야만 좋은 발표라고 생각하는가?

내가 말하고자 하는 바는 다음과 같다.

많은 발표자가 끼 있게 발표하면 좋은 거고, 그래서 끼 있게 발표하려는 성향이 많은 듯하다. 그런데 끼 없이 발표해도 좋은 발표로 인식되는 경우도 많다. 그리고 끼 없이 발표하면 좋은 점이 있다. 힘을 많이 안 써도 되어서 말하기가 편하다.

사람이 항상 컨디션이 좋고 기운이 넘치는 날만 있는 것은 아니다. 그런데 이렇게 기운이 없을 때 억지로 기운을 넣어서 발표하려고 한다면 발표하기가 상당히 부담스러워지고, 꽤 힘들게 느껴질 것이다. 그리고 이렇게 발표하겠다고 의식을 과잉시키면 부담이 커져서 오히려 떨릴 수도 있다.

따라서 자신의 컨디션, 즉 기운 상태에 따라서 자신의 스피치 스타일을 조절하면 된다.

기운이 넘치고 자신감이 가득 찬 날에는 자연스럽게 힘 있는 무대 진행이 이루어질 것이고, 기운이 적은 날에는 힘을 빼고 천천히 말을 하면 된다. 천천히 말을 하면 빠르게 말할 때보다 전달이 잘 되는 속성도 있다.

나는 그동안 여러 발표를 접했는데, 누군가 큼직큼직하게 발표를 할 때도 매력 있게 느꼈고, 또한 큰 무대인데도 불구하고 작지만 선명한 목소리로 차분하게 이야기하는 형태도 아주 멋있게 느꼈다. 초반에는 작지만 선명한 목소리로 차분하게 이야기를 시작한다. 그럼 사람들이 내용을 잘 들으려고 집중을 하고, 그럼 어느덧 흡입이 잘 되는 좋은 발표 분위기로 전개된다. 그럼 알아서 탄력을 받는다. 호흡 방식도 점점 익숙해지고 커져서 목소리도 커지고 말 만들기도 탄력을 받으니 결국에는 감흥 있는 스피치로 인식되는 것이다.

이런 스타일의 스피치는 마치 노래 장르 중에 발라드 스타일과 비슷한 것 같다. 발라드도 초반에는 작게 시작되지만 클라이맥스에서는 폭발되는 경우가 많지 않은가?

이처럼 기운을 빼고 찬찬히 말을 해도 오히려 스피치가 잘 되는 경우가 많고, 좋은 스피치로 인식되기에 충분하니 혹시라도 나는 기운이 없다고 그리고 끼가 없다고 대중 스피치 역량 계발에 있어서 의기소침해질 필요는 없다.

또한 꽤 많은 사람들이 혼동하는 부분이 있다.

그건 바로 이런 부분이다.

'성격이 내성적이면 발표할 때 떨고 외향적이면 떨지 않는다?', '성격이 내성적이면 발표를 못 하고 외향적이면 발표를 잘한다?' 이런 생각을 더러 하는 것 같은데 꼭 그렇지만은 않다. 대중 스피치는 다르다.

스피치는 꼭 끼 있고 화려하게 수행해야만 하는 것은 아니다. 스피치는 자신의 생각을 끼 없이도 그리고 잔잔히 말해도 되는 영역이다. 예를 들어 우리가 식당에서 어떤 음식을 먹을 것인지에 대하여 의견(말)을 말할 때 끼를 넣어서 말하지는 않는다. 이처럼 스피치는 끼 없이 '말'만 해도 되는 기본 성질이 있다. 굳이 끼를 넣어서 생각을 표현하지 않아도 된다.

예를 들어, 예능 방송이나 레크리에이션, 뮤지컬, 개그 공연 같은 경우에는 어느 정도 끼가 있어야 소화할 수 있는 부분도 많다. 그런데 스피치는 그냥 나의 생각을 이야기하는 것이다.

시중에 있는 프레젠테이션 전문 서적을 보면 이런 내용도 나온다. 평소에 관련 분야에 대하여 생각을 많이 한 내적인 사람이 공적 상황에서도 말을 예리하게 잘한다는 의견이다. 즉, 내성적인 사람들이 연단에서 일방향 커뮤니케이션을 잘한다는 내용이다.

잘 생각해 보면 사석에서는 보통 한 사람이 이야기하면 이를 듣고 있는 다른 한 사람이 또 이야기하는 등의 쌍방향 커뮤니케이션이 많이 이루어진다. 그런데 공적 발표 상황에서는 보통 일방향 발언이 많이 이루어진다. 연단에서 스피치 할 때 화자와 청중이 계속 쌍방향으로만 소통하지는 않는다. 그렇지 않은가? 물론 일부 질의응답 같은 경우에는 쌍방향의 속성이 있긴 하지만 말이다.

이처럼 일방향 발언을 잘하기 위해서는 평소 관련 분야에 대해서 깊고 많은 생각을 해놓으면 좋은데, 이런 부분이 내성적인 성향과도 잘 어울린다는 것이다. 물론 외향적인 성향도 잘 어울린다.

따라서 '나는 끼가 없고 외향적이지 않으니까 대중 스피치하고 나는 좀 안 맞는 것 같다'는 부정적인 사고를 하지 않길 바란다. 대중 스피치는 굳이 끼가 없어도 충분히 잘할 수 있는 분야이다.

스피치에서 중요한 건 '끼'보다 자신의 생각을 말할 때의 '집중력'과 말을 '침착하게 전개하는 역량'인 것이다.

전 염

chapter 13

여러분, 스피치 '전염'에 대해서 알고 있는가?

스피치 전염(speech contagion)이란 한 사람의 말투, 말하는 방식, 억양 등을 무의식적으로 따라 하게 되는 현상을 의미한다. 이는 주로 심리적, 사회적, 그리고 신경과학적 요인에서 비롯된다.

주요 원인으로는 다음과 같다.
첫째, 인간은 사회적 존재로, 다른 사람들과 유사하게 행동하거나 말함으로써 소속감을 느낀다.
특정 말투나 표현이 그룹 내에서 인기 있거나 영향력이 있는 사람이 사용하면 이를 자연스럽게 따라 하게 된다.

둘째, 미러링 효과(Mirroring Effect) 때문이다.
인간의 뇌에는 거울 신경세포(Mirror Neurons)가 있어, 타인의 행동이나 말투를 자연스럽게 따라 하려는 경향이 있다.

셋째, 독특하거나 재미있는 말투는 더 쉽게 기억되고, 다른 사람에게 전파된다.

이는 사람들의 관심을 끌기 쉽기 때문이다.

넷째, 어린 시절부터 우리는 주변 환경을 통해 언어를 학습해 왔다.

이 과정에서 특정 환경이나 문화적 맥락에서 들은 말을 따라 하게 되는 것이다.

이처럼 스피치 전염 현상은 위와 같은 여러 요인이 복합적으로 작용하여 발생한다.

그럼, 이러한 스피치 전염의 사례를 잠깐 살펴보자.

어떤 사람이 우리 아카데미에 방문하여 자신의 스피치 고민을 토로한 적이 있었다. 여러 스피치 고민 중에서 무대에서 떨리기도 하고, 가끔 말을 더듬는 경우도 있다고 하는 것이었다. 이렇게 고민을 이야기하고 난 뒤 바로 다음에 신기하고도 안타까운 상황이 펼쳐졌다. 분명히 좀 전까지는 말을 더듬지 않았는데 무대에서 떨리기도 하고 말도 더듬는다는 고민을 이야기하고 난 바로 다음에 말을 하는데 갑자기 말을 더듬는 것이었다.

이런 경우는 TV 방송에서도 본 적이 있다.

어느 아침 생방송에서 한 시민이 야외에서 "출, 출발!"이라고 더듬거리면서 인터뷰하는 것이었다. 그리고 그다음에는 스튜디오 안에 있는 아나운서가 멘트를 받아야 하는 상황이 되었는데 이때 아나운서가 갑자기 말을 더듬는 것이었다. "네, 그, 그, 렇습니다."라고 말이다.

이처럼 상황에 따라 특정 말투나 표현 방식이 전염되는 현상이 나타난다. 그런데 이런 형태의 전염은 특별히 큰 문제가 되지는 않는다.

문제가 될 전염은 바로 스피치 불안에 대한 전염이다.

스피치 불안 전염은 한 사람이 느끼는 스피치 불안이 주변 사람들에게 영향을 미쳐 다른 사람들도 불안을 느끼게 되는 현상을 의미한다.

이 현상은 좀 전까지는 부담이나 불안이 없었는데 누군가가 불안해하며 긴장된 발표를 할 경우에 자신도 이런 부분이 전염되는 현상을 말한다.

예를 들면 다음과 같다.

어떤 집단의 분위기가 훈훈하고 화기애애하다. 그런데 갑자기 리더가 이번 달 각오에 대해서 한 사람씩 나와서 한마디씩 이야기하자고 하는 것이다.

그래서 어느 한 사람이 손을 들고 나와서 이번 달 자신의 각오에 대해서 이야기를 펼친다. 사람들은 이에 긍정적인 공감을 하고 반응한다. 그리고 다음 차례 사람들도 편안하게 이야기하는 것 같았다. 그런데 어느 차례 때부터인가 발표자가 미세하게 긴장을 하는가 싶더니 얼마 지나지 않아 덜덜 떨면서 말을 하는 것이다. 전반부 차례의 사람들까지는 분위기가 편안하였고 괜찮았는데, 어느 차례에서부터인가 긴장하며 발표를 하니까 이 모습을 본 그다음 차례의 사람들이 갑자기 자신도 모르게 어느새 불안을 느끼며 발표를 하게 되는 것이다.

그리고 또 다른 상황이다.
어떤 모임에서 리더가 오늘 모임이 어땠는지 한 사람씩 돌아가면서 소감을 이야기하자고 하는 상황이다. 오늘은 시계 방향으로 돌아가면서 발언하자고 리더가 리드한다.
역시 전반부 차례의 발표자들은 편안하게 이야기하였는데, 뭔가 모르게 후반부 차례의 사람들부터 좀 부담과 불안을 느끼며 말을 하는 것 같다. 그러자 이런 불안한 발표의 모습을 본 이후의 차례에 발언하는 사람 중 상당수가 부담과 불안을 느끼며 발언을 하게 되는 것이다.
대중 스피치 불안의 '전염'은 바로 이런 형태를 이야기한다.

이처럼 자신도 모르게 스피치의 부정적인 기운이나 불안이 언제든

'전염'될 수 있으니 나만의 스피치의 무게중심을 잘 잡는 것이 아주 중요하겠다.

그럼, 위의 두 전염에 대한 해결책에 대해서 알아보도록 하자.

첫째, 자기 인식 강화와 자신의 말투부터 잘 유지하도록 노력한다.
자신의 말투와 억양을 인식하는 것이다. 녹음이나 영상을 통하여 자신의 말투와 스피치 스타일의 특성을 잘 확인하고 기억한다. 자기 인식이 잘 되어있으면 말투 전염을 줄일 수 있다. 그리고 대화할 때 상대방의 말투나 어조가 개성이 있거나 독특한 경우에도 나의 말투를 유지하기 위하여 보다 천천히 말하거나 중요한 부분에서 잠시 여유를 갖는 것도 도움이 된다.

둘째, 나만의 커뮤니케이션 스타일을 계발한다.
나만의 고유하고 멋있는 스피치 스타일을 계발한다. 발성, 목소리, 톤, 발음, 억양 등을 계발하여 이를 습관화하고 고착화시키자.

셋째, 긴장 전염이 되지 않도록 미소를 유지하며 긍정적인 생각을 하거나 경쾌한 멜로디를 떠올려보자.
미소를 통하여 긴장 전염을 줄일 수 있고, 긍정적인 생각을 통하여 스스로가 느끼는 현장 분위기를 긍정적으로 인식하게 하는 데 도움이 된다. 또한 경쾌한 음악을 들을 수 있다면 좋겠지만 상황 특성상 그렇게 하기가 어렵다면 경쾌한 음악 멜로디를 떠올려보자.

넷째, 심리적 거리를 둔다.

심리적으로 자신과 사람들을 분리한다. '나는 나고, 여러분은 여러분이다.'와 같은 분리를 한다. 또는 다른 사람들의 말하기 방식이나 긴장 등은 이들의 사정이고 상황이며, 나는 무대에서 이 말만 하고 내려오겠다고 분리를 한다. 그래서 자신에게 불리한 전염이 되지 않도록 의식적으로 거리를 두는 생각과 연습을 하는 것이다.

이상, 스피치 전염에 관한 해결책에 대해서 언급하였다.

스피치 전염은 언제든지 분위기에 휩싸일 수 있으니 위 내용을 잘 숙지하도록 하자.

또한 자신만의 심리적 중심을 잘 구축하여 장소나 사람들에 따라 쉽사리 불안이 전염되지 않도록 이에 대한 체화 습관을 탄탄하게 잘 들이도록 하자.

chapter 14

발표 불안은 마음속 깊은 곳에 각인된 부정적인 기억과 자동적인 사고에서 비롯되는 경우도 많다. 어릴 적 발표에서 실수를 한 경험, 누군가의 비웃음, 혹은 발표 중 머뭇거렸던 순간들이 무의식 속에 남아, 유사한 상황이 되면 자동으로 경보를 울리는 것이다. 이처럼 무의식이 보내는 신호는 자각적으로 통제하기 어렵기 때문에, 단순한 의지나 단순한 연습만으로는 극복에 한계가 있을 수 있다.

따라서 이번 챕터에서는 여러 심리치료 방법 중 하나인 최면치료(Hypnotherapy)에 대해서 알아보도록 한다.

최면은 흔히 텔레비전에서 보듯, 누군가의 의식을 조종하거나 기억을 조작하는 신비한 기술로 오해받곤 한다. 하지만 실제 임상에서 사용되는 최면은 과학적으로 입증된 심리치료의 한 방법으로, 사람을 보다 이완된 상태로 유도하여 내면의 감정, 기억, 신념에 접근하고 이를 긍정적으로 바꾸는 데에 목적을 둔다. 즉, 최면은 의식을 잃거나 조종당하는 상태가 아니라 오히려 집중과 감각이 예민해진 상태로,

스스로를 돌아보고 변화를 이끌어낼 수 있는 심리적 공간이라 할 수 있다.

발표 불안의 핵심에는 '나는 잘 못 할 것이다', '사람들이 나를 비웃을 것이다.'라는 식의 자동적 사고가 자리 잡고 있다. 이와 같은 부정적인 인지 패턴은 반복될수록 강화되며, 실제 발표 상황에서 더욱 심한 불안 반응을 유발하게 된다. 최면은 바로 이러한 '무의식의 믿음'을 건드려 변화시키는 방식으로 작용한다.

예를 들어, 최면 상태에서 치료사는 내담자를 과거의 발표 실패 경험으로 안내할 수 있다. 그리고 그때의 감정, 신체 반응, 주변 환경을 다시 느껴보게 한 뒤, 그 기억에 대한 해석을 새롭게 바꾸는 작업을 시도한다. '그때 사람들은 나를 무시하지 않았고, 오히려 내가 떨리는 모습을 보며 공감했을 수도 있다'는 식의 인지 재구성이 일어나는 것이다. 또한 최면 상태에서는 자신감과 안정감을 심화시키는 '암시(Suggestion)' 기법을 활용하여, 발표 상황에서 자신 있게 말하는 장면을 반복적으로 시각화하게 된다. 이는 실제 발표 상황에서 몸과 마음이 그 시나리오를 따라 반응할 수 있도록 뇌에 각인시키는 훈련이라 할 수 있다. 이처럼 최면은 발표 불안을 완화하는 데 도움이 된다. (참고로, 최면치료는 개인의 성향, 신뢰도, 집중도에 따라 반응 속도와 효과가 다를 수 있다.)

그럼, 혹시 이러한 최면치료를 치료사에 의존하지 않고도 스스로 최면을 걸 수 있다면 어떨까? 참 좋을 것 같다. 과연 스스로 최면을 걸 수 있을까? 결론부터 이야기하자면 가능하다. 바로 자기 스스로 자기최면(self-hypnosis)을 거는 것이다. 그렇다면 자기최면은 어떻게 실행하는 것인가? 너무 특별하게 생각하지 않아도 될 것 같다. 복잡한 장비도, 전문가의 인도 없이도 스스로 할 수 있는 심리 훈련이기 때문이다. 핵심은 단 하나, 자신의 마음을 의도적으로 이완시키고, 그 상태에서 긍정적인 암시를 주는 것이다. 불안이 스며든 무의식의 '기억'을 부드럽게 덮어쓰는 과정, 그것이 바로 자기최면의 본질이다.

방법은 다음과 같다. 조용한 공간을 찾는다. 스마트폰은 꺼두고, 자신이 가장 편안함을 느낄 수 있는 자세를 취한다. 의자에 앉아도 좋고, 바닥에 등을 기댄 채 앉아도 무방하다. 눈을 감고, 천천히 심호흡을 한다. 심호흡의 시간 기준은 '4초 → 2~4초 → 6~8초' 정도이다. 4초 정도로 숨을 깊게 들이마시고 이 상태로 잠시  2~4초 정도 멈춘다. 그리고 숨을 내쉴 때는 마음속의 긴장까지 흘려보내듯 천천히 6~8초 정도로 내뱉는다. 이 호흡을 5회 이상 반복하며 신체의 이완을 유도한다. 이마, 눈, 어깨, 팔, 다리로 내려가며 "나는 지금 편안해지고 있다"는 말로 마음속에 신호를 준다.

　몸이 충분히 이완되었다고 느껴지면, 마음속에 하나의 스크린을 떠올린다. 그 스크린에 자신이 발표하는 모습을 상상한다. 불안에 떠는 모습이 아니라, 당당하게 말하는 모습, 청중과 눈을 맞추며 말에 집중하는 모습이다. 처음에는 어색할 수 있다. 하지만 몇 번이고 반복하다 보면 그 장면이 점점 선명해진다. 자신이 청중 앞에서 말하고, 상대가 고개를 끄덕이며 반응하고, 마지막에는 따뜻한 박수를 받는 장면까지, 이 모든 이미지를 생생하게 그려본다. 냄새, 온도, 목소리, 심장의 리듬까지 함께 느낄 수 있도록 하면 더욱 좋다.

　그다음엔 스스로에게 말을 건다. 너무 화려하지 않아도 된다. 단순하고 강한 문장이면 충분하다.
　"나는 준비된 사람이다", "긴장은 자연스럽고, 나는 그 안에서도 나를 지킬 수 있다", "내 말은 가치가 있고, 사람들은 나를 응원한다", "나는 침착하게 말을 할 수 있다." 등의 말을 스스로에게 하는 것이다. 그리고 이 문장들을 천천히, 반복해서 되뇌어 본다. 마음속 깊은 곳까지 닿을 수 있도록, 단어 하나하나에 의미를 담아본다. 말이라는 것은, 반복될수록 신념이 된다. 처음엔 믿기지 않아도 괜찮다. 계속해서 자신에게 들려주는 것, 그것이 중요하다.

　이 모든 과정을 마친 후에는 서서히 몸의 감각을 되살린다. 손끝을 움직이고, 발가락을 꼼지락거리며, 천천히 눈을 뜬다. 그럼, 마치 짧은 여행을 다녀온 듯한 기분이 들 것이다. 이렇게 자기최면을 하는 시간도 하루 10~20분이면 충분하다. 이 짧은 훈련을 반복하는 것만으로도, 발표를 앞둔 마음은 조금씩 안정되고, 무의식 속 이미지가 긍정적으로 바뀌기 시작할 것이다. 자기최면의 반복과 훈련을 통해, 자신을 긍정적으로 바라보는 힘을 조금씩 길러줄 것이며, 자기최면은 심리적으로 잠재적인 용기를 따뜻하게 이끌어 줄 것이다.

다만, 최면이 단번에 불안을 완벽하게 없애주는 마술 도구는 아니라는 점을 참고하기 바란다. 이에 따라, 자신의 스피치 역량 계발에 꾸준히 힘쓰면서 활용하도록 하자. 그리고 발표 불안을 극복하는 데 있어서 중요한 것은 '불안한 나 자신을 있는 그대로 인정하는 용기'이며, 그 안에서 변화할 수 있다는 믿음을 되찾는 일이다. 그 믿음이 자라날 때, 사람들 앞에 선 당신은 더 이상 병적으로 불안해하지 않게 될 것이다.

chapter 15

발표 불안은 많은 사람이 겪는 보편적인 문제이다. 이런 불안을 단순히 억누르기보다 효과적인 심리적 기법으로 해결할 수 있다면 어떨까? 이에 관한 기법으로 신경언어학 프로그래밍(NLP-Neuro Linguistic Programming)이 있다. 이 NLP는 발표 불안을 극복하고 자신감을 찾는 데 좋은 도구가 될 수 있다.

먼저, NLP를 간단히 소개하겠다.
NLP는 Neuro Linguistic Programming으로, 신경언어학 프로그래밍이다.

NLP는 산타크루즈에 있는 캘리포니아 대학의 수학과 학생 리차드 벤들러(Richard Bandler)와 언어학 교수 존 그린더(John Grinder) 박사가 1970년대 초에 공동으로 창립하였다. 그리고 도움을 준 사람은 미국 임상 최면 학회의 창립자이며, 세계적 의학 최면술사인 밀턴 에릭슨(Milton Erickson) 박사이다. 에릭슨 박사의 전설적인 최면술 기술과 밴

들러와 그린더의 모델링 기술의 결합은 새로운 치료 기법의 인상적 발전의 기반이 되었다.

NLP에서 N은 Neuro, 즉 신경으로서 우리의 뇌와 신경체계를 의미한다. 그리고 신경은 우리의 모든 행동이 시각, 청각, 후각, 미각, 촉각의 오감이라는 신경적 과정을 통하여 생겨난다는 의미이다. L은 Linguistic, 즉 언어로서 우리가 사용하는 언어와 비언어적 의사소통 방식을 포함한다. 사람들은 언어를 통해 사고와 감정을 표현하고 타인과 상호작용한다. 또한 언어는 사고와 행동 패턴을 나타내는 중요한 도구로 작용한다. P는 Programming으로, 사고와 행동 패턴을 변화시키는 방법을 의미한다. 그리고 특정 목표를 달성하기 위해 자신이나 다른 사람의 신경 및 언어적 패턴을 의도적으로 재구성하고 조정하는 과정이라 할 수 있다.

이번 챕터에서는 NLP를 활용하여 발표 불안을 해결하는 데 도움이 되는 여섯 가지 방법에 대해서 알아보고자 한다.

첫째, 앵커링(Anchoring) 방법을 활용하는 것이다. 이는 자신감을 호출하는 버튼이라고 할 수 있다.

앵커링은 특정 감정을 불러일으킬 수 있는 신체적, 감각적 트리거를 설정하는 NLP 기법이다. 예를 들어, 손가락을 꽉 쥐는 행동이 자신감을 불러오는 버튼처럼 작동할 수 있는 것이다.

이에 대한 구체적인 실행 방법은 다음과 같다.
1. 과거에 자신감이 넘쳤던 순간을 떠올려라. 예를 들어, 중요한 시험을 성공적으로 마쳤던 기억이나 칭찬을 받았던 경험 등이다.
2. 그 순간의 감정을 생생하게 느껴봐라. 당신의 몸이 어떻게 반응했는지, 주변 풍경은 어땠는지를 떠올리며 몰입해 봐라.
3. 그 감정이 최고조에 이르렀을 때, 손을 꽉 쥐거나 손가락을 꼬집는 동작을 취하라. 이 동작이 감정을 저장하는 앵커가 된다.
4. 발표 직전이나 긴장이 될 때, 손을 꽉 쥐거나 손가락을 꼬집는 등의 동일한 동작을 반복해 그 감정을 호출하라.

둘째, 상황 재프레임(Reframing) 방법이다. 이는 불안을 새로운 시각으로 바라보는 형태이다.

발표 불안은 종종 부정적인 생각에서 비롯된다. 예를 들어, '청중이 나를 평가하고 있어.'라는 생각이 불안의 씨앗이라면, 이를 재구성해 긍정적으로 바라보는 것이 중요하다.

구체적인 실행 방법은 다음과 같다.

먼저 부정적 생각, 예를 들어 '청중이 나를 비판할 거야.'와 같은 자신에게 도움이 되지 않는 생각을 재프레임 하는 것이다. '청중은 내 이야기에 관심이 있고 배움을 기대하고 있어.'와 같은 생각으로 바꿔보는 것이다.

이처럼 발표 상황을 부담이 아닌 기회로 바라보도록 프레임을 바꿔 보자. 그리고 청중은 적이 아니라, 당신의 이야기를 듣고 싶어 하는 협력자라고 생각하자.

셋째, 시각화(Visualization) 방법이다. 이는 성공적인 발표 장면들을 마음속으로 생생하게 그려보는 것이다.

사람의 뇌는 실제로 경험한 것과 상상한 것을 구분하지 못한다고 한다. 따라서 발표가 성공적으로 이루어지는 장면을 반복적으로 상상하면 뇌는 이를 실제로 경험한 것처럼 받아들인다.

구체적인 실행 방법은 다음과 같다.

1. 발표가 성공적으로 끝난 순간을 상상해 보자. 청중이 고개를 끄덕이며 미소 짓고, 발표가 끝난 후 박수를 받는 장면을 상상해 보는 것이다.
2. 구체적으로 시각화하라. 발표장에서의 조명, 목소리 톤, 몸의 자세까지 머릿속으로 세밀하게 그려본다.
3. 이를 반복적으로 연습하면 실제 발표에서도 자신감이 부여될 것이다.

넷째, 언어 패턴 활용 방법이다. 이는 긍정적인 자기암시를 하는 것과 비슷하다.

우리가 스스로에게 어떤 말을 하느냐에 따라 우리의 감정과 태도에도 큰 영향을 미친다. 부정적인 자기 대화는 불안을 증폭시키지만, 긍정적인 자기암시는 반대로 자신감을 심어준다.

구체적인 실행 방법은 다음과 같다.

부정적 자기 대화, 예를 들면 '내가 틀리면 어떡하지?'와 같은 언어를 긍정적으로 암시하는 것이다. '틀려도 괜찮아, 틀림으로써 배우는 거야.'처럼 말이다.

또한 매일 아침 거울을 보며 다음과 같은 내용을 목소리를 내어서 반복해 본다.

> "나는 발표를 잘할 수 있다."
> "나는 청중에게 좋은 영향을 줄 수 있다."
> "나는 대중 스피치가 아주 재미있다."

다섯째, 스와핑(Swapping) 방법이다. 불안을 자신감으로 교체하는 형태이다.

NLP의 스와핑 기법은 부정적인 기억이나 이미지를 긍정적인 것으로 바꾸는 데 효과적이다.

구체적인 실행 방법은 다음과 같다.

1. 발표 불안을 느끼게 했던 순간을 떠올려라. 예를 들어, 발표 중 실수했던 기억이 있을 수 있다.
2. 그 장면을 작게 만들고 희미하게 처리하라. 상상 속에서 그 이미지를 흑백으로 바꾸거나 멀리 밀어내라.
3. 그 자리를 자신감 넘치는 당신의 모습으로 대체하라. 예를 들어, 청중의 박수를 받으며 웃고 있는 장면을 상상하라.

여섯째, 주관적 몰입과 객관적 관조 방법이다.

주관적 몰입은 자신이 특정 감정이나 상황에 깊이 빠져드는 상태를 의미한다. NLP에서는 자신이 어떤 경험을 완전히 느끼고 몰입하는 상태를 통해 감정을 강화하거나 변화시키는 데 활용된다. 특징으로는 모든 감각인 시각, 청각, 촉각 등을 동원해 현재의 경험에 완전히 몰입하는 것이다. 자신의 내면에서 '내가 바로 이 상황을 직접 겪고 있다'고 느끼는 심리적 상태를 만든다. 주관적 몰입은 긍정적인 감정이나 자신감을 강화할 수 있고, 두려움이나 부정적인 감정을 극복하기 위해 새로운 시각으로 상황을 재구성할 수 있다.

구체적인 실행 방법은 다음과 같다.
1. 몸을 앞으로 기울이면서 좌우를 살펴라. 바로 이 순간의 경험을 느끼자. 어떤 일이 생기더라도 즉각 반응할 수 있도록 움직일 준비를 하자.
2. 이제 발표와 관련된 즐거운 기억 하나를 떠올려 천천히 그리고 완전히 그 속으로 몰입하자.
   이 상태에서 눈으로 보고, 귀로 듣고, 느껴지는 모든 좋은 점들을 느껴보고 즐기자.
3. 눈을 감고 자신의 무의식에 필요할 때마다 이러한 긍정적인 기억에 자동으로 몰입할 수 있도록 도와달라고 요청한다.

이해하였는가? 그럼, 이어서 객관적 관조에 대해서 알아보자. 객관적 관조는 자신이 특정 상황이나 감정에서 한발 물러나 그 상황을 외부에서 관찰하듯이 바라보는 상태를 의미한다. NLP에서는 자기 거리두기 기술로 사용되며, 자신의 감정을 객관적으로 분석하거나 조정할 때 유용하다.
특징으로는 감정에 휘둘리지 않고 차분하게 상황을 평가할 수 있게 된다. 그리고 마치 자신을 제3자의 입장에서 바라보는 것처럼 경험을 외부 시점에서 분석한다. 또한 객관적 관조를 취함으로써 스트레스 상황에서 냉철한 사고를 유지할 수 있고, 부정적인 경험에서 감정적 영향을 줄이고 해결책을 찾는 데 도움이 된다.

1. 등을 의자에 편안히 기댄다. 머리는 뒤로 젖히고 턱은 살짝 위로 올리자. 온몸을 편안하게 기댄다.
2. 발표에 관하여 속상했던 기억을 하나 떠올린다. 이런 모습이 어두운 배경 속 가운데 흑백 TV 화면에서 재생된다고 생각해보자. 그 다음에는 이 흑백 화면에 경쾌한 음악을 배경으로 재생시킨다. 그리고 TV 화면을 작게 작게 만든다. 그리고 사라지게 한다.
3. 자신의 무의식에 속상하거나 불쾌한 기억이 떠오를 때마다 자동으로 객관적인 관조를 해달라고 요청하고, 자신의 무의식에 지속적으로 긍정적인 자원이 될 것을 부탁한다.

참고로 스와핑, 주관적 몰입, 객관적 관조의 차이점은 다음과 같다.
스와핑은 특정 감정을 다른 감정으로 교체하는 기술, 주관적 몰입은 특정 감정이나 경험에 깊이 빠져들어 감각을 극대화하는 기술, 객관적인 관조는 감정에서 물러나 외부 관찰자의 시점으로 바라보는 기술이라고 할 수 있다.

이상, NLP를 통해 발표 불안을 해결하는 데 도움이 되는 방법들을 알아보았다.

발표 불안은 관리할 수 있다. 그리고 발표 불안은 누구나 느낄 수 있는 자연스러운 감정이다. 그러나 이를 극복할 수 있는 기술을 익힌다면 불안은 더 이상 장애물이 아닌 도약의 계기가 될 것이다. NLP는 단순히 불안을 억누르는 것이 아니라, 새로운 감정과 태도를 학습하게 하는 것이다. 이번 챕터에서 소개한 방법들을 꾸준히 실천하며 자신감을 키워 나가도록 하자. 발표가 두렵기보다 즐거운 도전으로 바뀌는 순간을 경험할 수 있을 것이다.

chapter 16

여러분, 혹시 슛이라는 이야기 들어보았는가? '손흥민 슛!'도 있고, 영화 촬영에서 사용되는 용어인 '슛'도 있다.

어떤 사람이 촬영이 시작되기 전인데 장난도 많이 치기도 하고 어깨가 축 처져있는 힘없는 모습을 보이기도 하여 주위 관계자들이 '과연 이 사람이 연기를 잘할 수 있을까?' 하는 의구심이 들게 하는 상황이 있다. 그런데 얼마 지나지 않아 카메라 슛을 알리는 소리가 들린다. 이어서 이내 카메라 빨간 불이 켜지고 촬영이 시작되자 아까 그 사람(배우)은 놀라운 연기를 펼치는 것이다. 촬영 관계자들은 다소 걱정이 많았는데 이렇게 카메라 빨간 불이 켜지니 훌륭한 연기를 선보이는 모습을 보고 안도하며 엄지 척을 한다. 이처럼 카메라 빨간 불, 즉 '슛'만 들어오면 미친 듯한 집중력으로 멋진 연기를 선보이는 배우를 일컬어 'Shoot 배우'라고 한다.

여러분, 아주 멋진 습관이지 않은가?

우리도 연단에서 이런 Shoot Speaker가 되도록 하자. 참고로 우리가 무대에서 떨지 않으려고 하는 것은 여러분도 잘 아시다시피 Shoot은 아니다. Shoot의 좋은 습관을 구축하는 것은 발표 불안을 해결하고, 그 이상의 득도의 경지로 진입하기 위하여 꼭 필요한 자세일 것이다.

무대 습관, 발표 습관이 잘 구축되어 있어야 좋은 발표를 수행할 수 있다. 간당간당하고 가까스로 떨지 않는 발표를 하는 것에 그치는 것이 아니라, 완성도 높은 스피치를 구사할 수 있도록 우리 모두 'Shoot Speaker'의 짜릿한 맛을 보도록 학습해 보자.

그럼, Shoot speaker가 무엇인지 자세히 알아보자.

숏 스피커의 속성은 크게 다섯 가지로 나눌 수 있다.

> 1. 자기암시 2. 눈빛 3. 호흡 및 발성
> 4. 소리 및 전달력 5. 말 만들기

첫 번째, '**자기암시**'이다.

여러분, 본인 박상현 저자의 '알맹이 껍데기' 이론 기억나는가? 자기암시는 내가 언급했던 '알맹이'로 해야 한다. 껍데기로 암시를 하면 안 된다.

'떨지 말아야지, 떨지 말아야지, 떨지 말고 말하자!'

이런 식으로 암시하면 자신에게 치명타이다. 매우 잘못된 자기암시인 것이다. '필요한 말을 정확하고 천천히 말하기'와 같이 자신의 수행력에 집중하기 바란다.

멘탈 껍데기에 집중하는 게 아니라, 멘탈 알맹이에 집중해야 조금이라도 더 도움이 된다는 사실! 꼭 명심하라.

무대 나오기 전에 알맹이를 생각하며 등단해야 한다는 것이다. '떨지 말자!'라고 스스로 자기암시 하며 나오는 게 아니라, '숨을 자주 채우며 말하자!' 또는 '가장 중요한 말부터 먼저 말하자!' 또는 '오프닝 구간을 아주 천천히 말하자!' 등의 느낌으로 자기암시하고 발표 수행을 해야 하는 것이다. 자기암시의 내용이 알맹이로 주파수가 맞춰져 있어야 그게 바로, 'Shoot'이다. 떨림에 대한 생각 말고, 말하기에 직접 관련된 생각을 많이 하는 게 맞다. 이를 자기암시의 'Shoot'이라고 표현하였다. 이해되었는가?

두 번째, '눈빛'을 살펴보겠다.

무대에서 발표 행동 집중력이 떨어진다면, 눈을 크게 뜨기만 해도 (말하기 수행할 때) 실제로 집중력 강화에 도움이 된다. 여러분도 한번 활용해 보아라.

실제로 우리 스피치 학원(드림 스피치 아카데미)에서 실험해 본 결과, 떨려서 집중이 잘 안 될 때 눈을 크게 뜨니까 자신의 발표 행동에 집중하게 되고, 그 결과 발음도 정확해지고, 말도 조리 있게 전개되는 데 도움이 되었다. 단순히 자세를 바르게 하고, 눈을 크게 뜨는 행동만으로도 'Shoot'으로 진입하는 데 도움이 되는 행동이다.

세 번째, 숏 스피커의 여러 속성 중 '호흡 및 발성'이다.

불안감이 커서 화자의 심장박동이 빨라지게 되면 조음부까지 큰 영향을 받게 되어 목소리가 흔들리게 된다. 따라서 호흡의 양을 많이, 자주 확보해 가며 심장박동과 별개로 음성이 안정적으로 나올 수 있도록 해야 한다. 호흡을 많이 들이마셔서 호흡량을 많이 가진 채 음성을 낸다면 음성의 안정성에도 좋고, 음성의 속도 컨트롤도 용이해져서 발음 엉킴이나 실수도 줄일 수 있다.

무슨 느낌이냐 하면 음성을 낼 때, 호흡의 양은 10을 들이마시고 2~3씩 조금씩 조절해 가며 음성을 낸다면 안정적인 음성으로 말하기 전개를 할 수 있다는 것이다. 즉 떨리는 음성을 현저히 줄일 수 있다. 반대로 호흡의 양은 3 정도를 들이마시고 이보다 많은 4~5의 음성을 낸다면 음성은 흔들릴 것이다. 호흡을 많이 채우고 음성을 천천히 나누어 쓰는 행동도 'Shoot'으로 들어온 것이라 할 수 있겠다.

네 번째, '소리 및 전달력'이다.

자신의 음성을 청중들에게 잘 들릴 수 있도록 농도 짙은 음성으로 청중들 귀에 멋지게 잘 던질 줄 알면 좋겠다. 호흡량을 많이 확보한 채, 청중이 있는 거리까지 음성의 방향과 크기 조절을 잘해서 자신의 목소리가 청중의 귀에 호감 높게 쏙 빨려 들어갈 수 있도록 노력하자.

또한 발음도 조음(調音) 방법을 더욱 신경 써서 보다 정확하게 처리하면 좋겠다. 만약, '안녕하십니까?'를 발음한다면 꽤 많은 사람들이 '안녕아심니까'라고 발음하는데, 아니다. '안녕하심니까'이다. 또는 '인간문화'를 발음한다면 '인간무나'라고 발음하는 경우가 많은데 '인간문화'라고 정확히 발음하면 좋겠다.

이렇게 농도 짙은 음성과 정확한 발음으로 전달한다면 청중들이 '이 발표자 야무지시다. 잘하신다.'라는 표정과 눈빛으로 화자에게 표현해 주고 응원해 줄 것이다. 그럼 화자는 자신을 신뢰하는 청중들의 표정을 확인하게 되니 심리적 안정을 빨리 되찾을 수 있게 된다.

이렇게 자신의 음성과 발음 전달을 청중들에게 멋지게 'Shoot'으로 골인시키면 좋겠다.

다섯 번째, '말 만들기'이다.

말을 깔끔하게 만들기 위해서 되도록 단문을 사용하라. 그리고 항상 '듣는 이' 기준으로 표현에 관해서 연구하라. 또한 무대에서 조금은 느린 속도로 요목조목 필요한 말을 만드는 습관을 구축하자.

예를 들면 누군가가 급하게 말한다. '먹고 싶어요. 맛있는 밥을. 좋은 식당에서요.'라고 말이다. 이러한 말하기 형태는 숯이 아니다. 조금 더 신중하게 생각을 하여, '저는 좋은 식당에서 맛있는 밥을 먹고 싶어요.' 라고 조리 있게 말을 하는 집중력이 말 만들기의 숯이라고 할 수 있다.

이처럼 말 만들기의 조리를 'Shoot'으로 들어오게 하기 위해서는 말하기 속도를 늦추어야 하고, 문장의 처음과 끝의 구성 집중력이 중요하다. 말을 만들 때 집중력과 안정감이 조금이라도 더 생겨날 수 있도록 마치 자동차 브레이크 잡듯이 속도를 늦추는 게 말 만들기가 'Shoot'으로 들어오는 데 유리하다고 할 수 있겠다.

이상으로, 숯 스피커의 속성을 크게 다섯 가지로 이야기하였다.

잘 이해하였는지 확인차 몇 가지 물어보겠다.

혹시 산 정상이 숯인가, 아니면 산 정상 아래 200m 부근이 숯인가? 맞다. 산 정상이 숯이다.

돋보기로 햇빛을 적당히 모아서 종

이가 타지 못하는 상황이 슛인가? 아니면 돋보기로 햇빛을 제대로 모아서 종이를 타게 하는 게 슛인가? 역시 답은 돋보기로 햇빛을 제대로 모아서 종이를 타게 하는 게 슛이다.

그리고 헤어 디자이너가 고객의 머리카락을 아주 예쁘게 다듬으려고 할 때의 집중된 눈빛도 슛이라고 할 수 있다.

슛이 어떤 느낌인지 확실히 이해되었는가?

그럼 앞으로 적당한 수행 말고, '슛' 수행을 자주 하도록 하자.

그리고 자신의 발표 습관이 'Shoot' 안으로 들어와야만 몇 년이 지난 후 무대에 서더라도 이 'Shoot'의 좋은 느낌을 금방 찾을 수 있게 된다. 여러분이 발표 훈련과 경험을 할 때, 'Shoot'으로 들어오지 않는 훈련을 한다면 아직 발표 불안이 완벽히 잡힌 게 아니라고 할 수 있겠다.

우리 모두, 자신의 수행력과 자신의 말하기 수행력을 'Shoot'으로 들어오게 하는 습관을 구축하도록 하자!

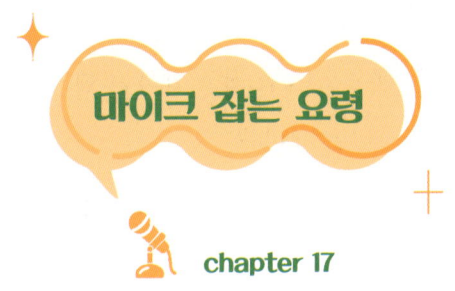

마이크 잡는 요령
chapter 17

여러분, 발표 불안을 조금이라도 줄이고, 스피치 수행에 조금이라도 집중력을 높이려면 사소할 수 있는 한 가지라도 적용시키는 게 중요하다. 그리고 큰 무대일수록 육성보다는 마이크를 사용한다. 따라서 마이크를 안정적으로 잡는 요령을 익히는 것만으로도 대형 무대를 미리 대비한다고 할 수 있겠다. 그리고 마이크를 안정적으로 잡는 방법 하나만으로도 여러 좋은 시너지들을 끌어낼 수 있을 것이다. 그래서 이번 시간에는 안정적으로 마이크를 잡는 요령에 대해서 알아보겠다.

먼저 마이크의 종류에는 어떠한 종료가 있는지 살펴보자.
종류는 다음과 같다.
다이나믹 마이크(dynamic mic), 콘덴서 마이크(condenser mic), 리본 마이크(ribbon mic), 라발리에 마이크(lavalier mic), 샷건 마이크(shotgun mic), USB 마이크(usb mic) 등 마이크 종류는 다양하다.

이처럼 마이크의 종류는 다양하지만 그중 우리는 연단에서 주로 많이 사용하고 있는 마이크를 체크하도록 하자.

연단에서 많이 사용하는 마이크에는 손으로 직접 잡고 말하는 핸드 마이크가 있다. 여러분도 한 번쯤은 잡아봤을 것이다.

그런데 혹시 여러분은 핸드 마이크를 손으로 잡을 때 어디를 잡고 어떻게 잡고 있는지 궁금하다.

혹시 마이크 윗부분을 잡고 말하는가? 아니면 마이크 아랫부분을 잡고 말하는가? 아니면 마이크의 중간 부분을 잡고 이야기하는가?

아무래도 청중이 시각적으로 볼 때 적절한 위치가 좋겠다. 그리고 화자가 마이크를 잡을 때도 그립(grip)감이 좋거나 안정적이면 좋겠다. 이런 여러 가지 상황을 만족시킬 수 있는 위치는 바로 마이크의 중간 부분을 잡는 게 좋을 것이다.

사람들이 가끔 마이크 윗부분의 동그란 부분을 잡는 경우가 있는데 그러면 목소리가 입력되는 마이크의 사운드 인풋 부분을 손가락으로 잡게 되어서 나는 잡음이 섞일 수도 있고, 또한 자신의 음성이 마이크에 100% 입력이 되지 않을 수도 있는 아쉬움이 있다. 이는 또한 스피커에서 나오는 목소리 출력 표현에 있어서도 다소 아쉬운 연출이 나올 수 있다. 따라서 마이크 윗부분은 가능하면 잡지 않도록 하자. 그리고 또 어떤 사람들은 마이크의 아랫부분을 잡는 경우도 있다. 이런 경우에는 손이 약간만 떨려도 마이크 전체가 많이 흔들릴 수도 있는 단점이 있다. 그러므로 가능하면 마이크의 중간 부분을 잡도록 하자. 이해되었는가?

그런데 여기서 더욱 중요한 포인트가 있다.

그건 바로 손으로 마이크의 중간 부분을 잡을 때 엄지손가락의 형태이다.

여러분은 혹시 '따봉'이라고 알고 있는가? '따봉'은 포르투갈어로 'Tá bom'에서 유래된 말로, 우리말로 '좋다'는 뜻이다. 이 말을 할 때, 보통 엄지손가락을 하늘을 향해 들어 올리는데, 이러한 손 모양으로 마이크를 잡는 것이다.

그 이유를 설명하겠다.

마이크 바디를 손으로 잡을 때 검지부터 약지까지의 네 손가락은 마이크 바디 중앙을 잡고, 그리고 엄지손가락은 천장을 향하여 쭉 펴서 마이크 바디를 잡게 되면 마이크가 쉽게 흔들리지 않게 된다.

가끔 핸드 마이크를 사용하여 대중 앞에서 스피치를 할 때 애매한 부분이 있다. 그건 바로 자신이 긴장된 상태이다 보니 혹시라도 지금 손으로 잡고 있는 핸드 마이크가 흔들리고 있는 건 아닌지 신경이 쓰이게 된다. 그리고 이렇게 애매하게 신경이 쓰이다 보면 자신의 스피치 전개에 온전히 몰입하기가 어려워진다. 이렇게 되면 애매한 스피치 수행이 이루어진다고 느껴져서 좋은 발표를 이끌어내기가 더욱 어려워진다.

따라서 최소한 이런 부분은 신경이 쓰이지 않도록 마이크를 따봉처럼 야무지고 안정적으로 잡는 것도 아주 중요한 부분이라고 할 수 있겠다.

핸드 마이크를 마치 '따봉!' 하는 것처럼 잡는다면 이런 불필요한 신경을 쓰지 않도록 할 수 있으며, 최소한 시각적으로 떠는 티는 안 나게 할 수 있다. 뿐만 아니라 자신의 스피치에만 집중할 수 있으니 보다 좋은 스피치 수행을 하는 데도 좋은 역할을 하게 된다.

그리고 이처럼 마이크를 안정적으로 잡는 요령뿐만 아니라, 다소 사소할 수 있지만 발표에 조금이라도 도움이 될 수 있는 요령들이 있다면 대충 넘기지 말고, 모조리 활용해서 조금이라도 안정적이고 좋은 발표를 할 수 있도록 하자.

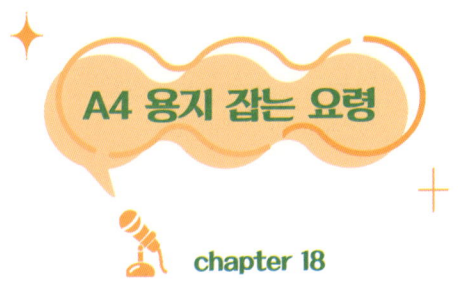

A4 용지 잡는 요령

chapter 18

이번 시간에는 A4 용지를 드는 요령에 대해서 간단히 알아보자.

혹시 여러분은 A4 용지를 손으로 들고 발표할 때 A4 용지의 어디를 잡고 말하는가? 보통의 경우에는 '그림 A'처럼 A4 용지의 아래 모서리 부분을 잡는다.

그런데 종이를 이렇게 잡는 경우에 화자가 긴장하지 않는다면 상관이 없는데, 만약에 화자가 긴장하게 된다면 손도 불안해져서 잡고 있는 종이가 약간 흔들릴 수도 있다. 처음에는 이렇게 종이가 약간 흔들리는 게 큰 문제가 되지 않을 수 있지만, 이를 시각적으로 접하며 자신이 지금 긴장했다고 인지하게 된다면 자칫 긴장이 가중될 수도 있다.

그럼, 종이를 어떻게 잡으면 좋을까?

가능하면 A4 용지 모서리를 잡는 것보다는 A4 용지를 팔로 받치면 좋겠다. 다시 말해 A4 용지 뒷면을 '그림 B'처럼 팔로 전체적으로 받쳐서 잡는 것이다. 그럼 불안에 의한 흔들림을 최대한 방지할 수 있어서 불안의 확대를 예방할 수 있게 된다.

아니면 이렇게 해도 된다. A4 용지 한 장만을 손으로 잡지 말고, A4 용지 아래에 무언가 두꺼운 책을 받친다거나 다이어리를 받쳐 발표하도록 하자. 그럼, 성의도 있어 보이고 최소한 시각적으로 떠는 표출은 피할 수 있을 것이다.

이처럼 작은 것 하나라도 불안 요소가 나올 수 있는 요소가 있다면 아이디어를 연구하건 실력을 높이건 평소에 미리 적극적으로 대비책을 마련할 수 있도록 하면 좋겠다. 그래야 갑작스럽게 대중 스피치를 수행하더라도 안정적이며 편하게 발표할 수 있을 것이다. 또한 이러한 노력의 총합은 대중 스피치 불안을 초월하여 대중 스피치를 즐기는 경지까지 발전시킬 수 있게 될 것이다.

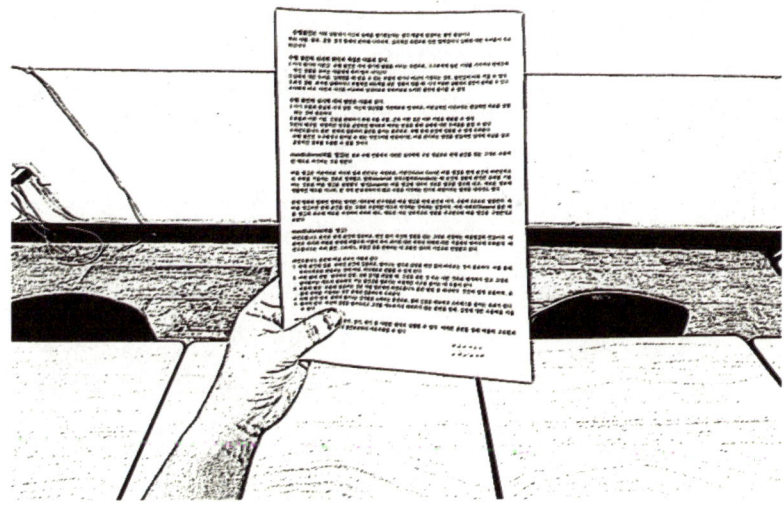

그림 A

그림 B

제3장
말 만들기 전개 요령

> 먼저 단문은 하나의 절로 이루어진 문장을 말한다.
> 여기서 절이란 주어와 서술어를 갖춘 문장의 최소 단위이며, 단문은 하나의 생각이나 행동만을 표현하며, 보통 간단한 구조를 가진다.
>
> 단문 구조는 '주어+서술어'의 기본 구조를 가지며, 부사나 목적어, 보어가 추가될 수 있지만, 기본적으로 하나의 서술어로 끝나는 문장이다. 단문 구조는 말을 쉽게 할 수 있는 장점이 있다.

원고의 종류

chapter 1

실전 발표를 할 때, 원고의 도움을 받으며 발표를 하면 발표의 정확도도 높아지고, 심리적으로 훨씬 더 안정을 꾀할 수 있다.

그런데 의외로 아래와 같은 경우들도 많다.

사람들이 발표할 때 떨리니까 발표 내용을 전문 원고로 다 적은 다음에 이를 토씨 하나 틀리지 않고 모조리 다 외워서 발표하려고 하는 것이다.

하지만 이러한 준비 방법으로는 무대의 변수 상황에서는 대처가 어렵다. 또한 아무리 달달 외우더라도 아슬아슬하게 숙지가 되는 상태가 많아서 오히려 더 떨리기 쉬운 촉매제가 될 수 있다.

따라서 이번 챕터에서 원고의 종류에 대해서 잘 파악해 봄으로써 실제 무대에서 더욱더 안정적인 발표를 할 수 있도록 하자.

원고의 종류는 크게 3가지가 있다. 전문 원고, 줄거리 원고, 단어 원고이다.

1. 전문(온전할 전全, 글월 문文) 원고: 조사(토씨) 하나까지 다 포함되어 있는 원고

암기하기 힘들다. 내용을 통째로 잊어버릴 수 있다. 말투가 낭독 조로 되어서 부자연스러운 발표가 된다. 그리고 준비한 고생만큼 효과 보기 힘들다.

2. 줄거리 원고: 핵심 줄거리를 메모한 원고

이야기의 전체 흐름을 파악할 수 있다. 내용을 잊어버릴지 모른다는 막연한 겁이 사라진다. 항목이나 키워드를 메모하는 것보다는 시간이 걸린다.

3. 단어 원고: 말 만들기 가능한 핵심 단어만 메모한 원고

메모하는 데 시간이 적게 걸린다. 실전에서 사용하기 좋다. 메모지가 없으면 휴대폰에 메모하여 말할 수 있다.

이상, 원고의 종류 3가지에 대해서 알아보았다.
이 중에서 어떠한 원고 스타일을 활용하면 좋겠는가?
만약에 전문 원고를 보고 말해도 되는 상황이면 전문 원고를 보고 그대로 읽으면 된다. 그런데 원고를 그대로 읽으며 발표하기가 애매한 상황이라면 줄거리 원고나 단어 원고를 참고하면서 연습해 놓으면 실전에서도 충분히 발표를 잘할 수 있을 것이다.
종종 무대에 올라가서 스피치를 할 경우, 손에 메모장 한 장 없이 딸랑 몸만 올라가는 경우가 있는데, 가능하면 이렇게 무대에 오르지 말자.

왜냐하면, 아무래도 원고를 조금이라도 의존하는 것과 아무 원고도 없이 발표하는 것과는 떨림의 정도에서 차이 나기 때문이다. 손에 간단한 원고라도 쥐고 올라가는 게 심리적으로 조금이라도 도움이 될 것이다.

그리고 가끔 딸랑 원고 종이 한 장만을 손에 들고 발표를 하는 경우가 있는데 그러면 조금만 심장이 떨려도 손까지 떨려서 들고 있는 종이가 파르르 흔들릴 수 있다. 이렇게 흔들리는 원고를 본다면 시각적으로 위축되어서 더 떨리게 될 수 있으니 두꺼운 다이어리나 두꺼운 책자에 원고를 받치고 발표하면 좋겠다. 아니면 원고를 사회대에 놓고 발표해도 된다. (이 부분은 앞서 다루었다.)

그럼 계속해서 원고의 종류에 대하여 예시와 함께 조금 더 학습해 보자.

혹시 고속버스 안내 방송을 들어본 적이 있는가? 그리고 기억하는가? 보통의 고속버스 안내 방송의 내용은 다음과 같다.

(A)

1. 승객 여러분 안녕하십니까?
2. 오늘도 저희 드림 고속을 이용해 주셔서 감사합니다.
3. 승객 여러분의 안전을 위하여 좌석에 부착된 안전띠는 꼭 착용하여 주시고,
4. 교통 장애가 없는 한 정시에 도착하도록 하겠습니다.
5. 승객 여러분의 쾌적한 여행이 될 수 있도록 휴대전화는 진동으로 전환하여 주시기 바랍니다.
6. 저희 드림 고속은 승객 여러분을 편안히 모시기 위해 최신을 다하겠습니다.
7. 그럼, 목적지까지 가시는 동안 편안하고 즐거운 여행이 되시기 바랍니다.
8. 감사합니다.

위(A: 1~8)의 내용은 전문 원고의 내용인데, 만약에 고속버스 차량에 직접 탑승해서 이 내용을 숙지하여 안내를 하라고 한다면 열 명 중에 일곱 명 정도는 달달달 외워서 처리하는 경우가 많다. 그런데 꼭 이렇게 내용 모두를 달달 외워서 처리하는 방법만 있을까? 다른 방법들도 있을 것이다. 그렇다면 어떠한 좋은 방법들이 있는지 이에 대하여 자세히 알아보도록 하자.

먼저, 위의 내용에서 핵심 단어들을 한번 추출해 보겠다.

1~2에서 청중들에게 호소할 때 가장 중요한 단어는 무엇인가? 다시 물어보겠다. "저는 박상현입니다."에서 가장 중요한 단어가 무엇인가? 바로 '박상현'이다.

다시 1~2에서 가장 중요한 단어가 무엇인가? 바로 '드림 고속'이다. 왜냐하면, 드림 고속을 알려야 승객들이 어디 회사인지 한 번 더 기억할 수 있고 또한 서비스가 좋다면 또 이용할 것 아니겠는가? 이해되었는가?

그렇다면 3에서 중요한 핵심 단어는 무엇인가? 그렇다. '안전띠'이다. 4에서 중요한 단어는? 바로 '정시'이다. 5에서 중요한 단어는? '휴대전화 진동'이다. 6~8은 '최선'이다.

이 안내 방송 전체 내용을 핵심 단어들로 정리해 보면 다음과 같다.

- 드림 고속
- 정시
- 최선
- 안전띠
- 휴대전화 진동

이러한 원고를 무슨 원고라고 하는가? 맞다. '단어 원고'이다. 이 단어들을 바탕으로 필요한 말을 조금만 덧붙이면 되는 것이다. 우리는 한국인이다. 이미 한국말을 어느 정도는 할 줄 안다. 굳이 내용 전체를 달달달 외우지 않아도 충분히 자신의 생각을 말로 표현을 할 수 있다. 따라서 단어 원고를 가지고도 충분히 발표할 수 있는 기본 역량은 이미 구축되어 있다고 할 수 있다. 이해되었는가?

그럼 혹시 전달 방식은 어떻게 하는 게 좋은가?
승객들에게는 화려하게 말하는 게 적절한가? 아니면 알아듣게만 전달하는 게 적절한가?
그렇다. 위 상황에서는 알아듣게 이야기하는 게 더 적합하다. 화려하게 이야기하려면 내용의 부피도 커진다. 그러면 시간적 길이도 늘어나서 승객들이 다소 불편해할 수 있으니 안전과 주의 사항에 관한 이야기만 짧고 간결하게 이야기하는 게 버스 안내 사항으로는 더 적합하다.
알아듣기 쉽게 하기 위해서는 단순한 문장, 즉 단문으로 말해도 된다. 굳이 복문으로 말할 필요가 없다. 간단히 정리하면 다음과 같다.

> 드림 고속 – 드림 고속입니다.
> 안전띠 – 안전띠를 매주세요.
> 정시 – 정시에 도착하도록 하겠습니다.
> 휴대전화 진동 – 휴대전화를 진동으로 해주세요.
> 최선 – 최선을 다하겠습니다.

어떤가?

간단하지 않은가? 굳이 어렵게 많이 말할 필요가 없다. 단순하게 말하더라도 청중이 쉽게 알아들을 수 있고 화자도 말하기 편하다. 또한 화자 입장에서는 그만큼 덜 부담되고 덜 떨리게 된다.

굳이 전문 원고로 달달 외우지 않더라도 이렇게 메모장에 핵심 단어나 간단한 줄거리를 메모하여 이를 참고하여 말하면 된다.

우리가 사람들 앞에서 발표할 때 왜 어렵게 느끼느냐 하면 여러 가지 원인이 있겠지만, 특히 말을 어렵게 하는 게 원인이다. 말을 화려하게 하려고 하거나 미괄식으로 처리하려고 하는 등, 말 만들기를 어렵게 하고 어렵게 전개를 하기 때문이다.

복문의 형태로 말을 하려고 하니 역시 어렵게 느껴진다. 앞부분(A)의 고속버스 내용도 잘 살펴보면 몇 문장들이 합해진 복문의 문장이다. 확인해 볼까?

3~4번 같은 경우, "승객 여러분의 안전을 위하여 좌석에 부착된 안전띠는 꼭 착용하여 주시고, 교통 장애가 없는 한 정시에 도착하도록 하겠습니다."인데 '단문+단문+단문'인 복문의 형태이다.

'승객 여러분의 안전을 위하겠습니다. 좌석에 부착된 안전띠는 꼭 착용하여 주시기 바랍니다. 교통 장애가 없는 한 정시에 도착하도록 하겠습니다.'

이렇듯 이미 3문장이나 되는 문장들을 한꺼번에 복문으로 말을 하려고 하니 무대에서 이를 수행하기가 복잡하고 어렵게 느끼게 되는 것이다.

정리합니다

　만약에 전문 원고를 보고 말해도 되는 상황이면 전문 원고를 보고 그대로 읽으면 되고, 원고를 그대로 읽으며 발표하기가 애매한 상황이라면 줄거리 원고나 단어 원고를 참고하면서 몇 번 연습해 놓고 실전에서도 단어 원고를 바탕으로 이를 의존하여 발표를 한다면 충분히 발표를 잘해낼 수 있을 것이다.

chapter 2

대중 스피치를 할 때 많이들 어려워하는 부분이 바로 '말 만들기'이다.

한국어 말 만들기를 안정적으로 하기 위해서는 복문보다는 단문을 여러 번 사용하는 게 좋다.

국어에 대해서 어느 정도 잘 알고 있겠지만 한국어의 품사에 대해서 다시 한번 복습할 겸 학습해 보고, 단문과 복문의 특징도 더 잘 파악하여 말 만들기 요령과 역량을 향상시키자.

한국어의 품사는 '品(종류 품), 詞(말 사)'로 '말의 종류'를 말한다. 한국어의 품사는 단어가 문장에서 어떤 역할을 하는지에 따라 분류되는 단어의 종류이다.

먼저 기능에 따라 분류하면 크게 5가지이다.

체언, 용언, 수식언, 관계언, 독립언 등이다.

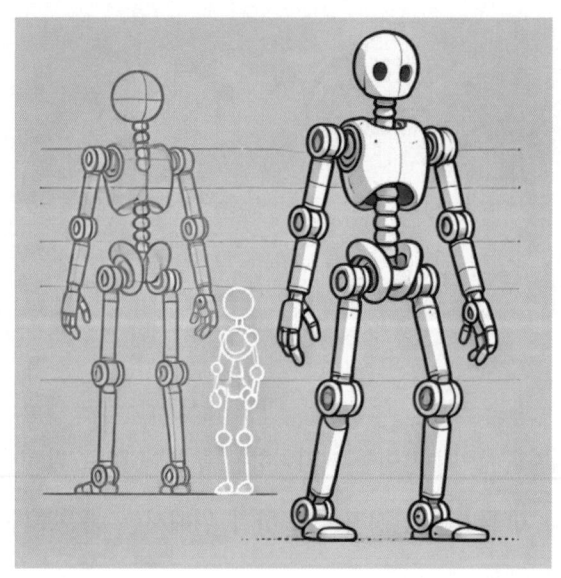

　체언은 문장에서 몸[體]의 역할을 하며 문장의 뼈대를 이루는 성분이다. 체언은 일반적으로 명사, 대명사, 수사를 말한다.

　용언은 문장에서 주로 사람이나 사물의 움직임, 상태, 성질 등을 설명하는 요소이며, 상황에 따라 다양하게 형태를 변화시켜 사용할 수 있으므로 '변화하는 말', 즉 용언이라고 한다. 용언에는 동사, 형용사가 있다.

　수식언은 문장에서 다른 말을 꾸며 주는 역할을 하는 말의 부류이며 관형사와 부사가 있다. 관계언은 문장에 쓰인 말들 사이의 관계를 나타내며, 체언 뒤에 붙어 문법적 관계를 드러내거나 뜻을 보태는 조사가 이에 해당된다. 독립언은 문장에서 다른 말과 상관없이 독립적으로 사용되는 표현으로, 주로 놀람, 느낌, 부름과 같은 내용을 담으며,

흔히 감탄사로 나타난다.

다음으로 품사를 의미에 따라 분류하면 9품사로 나눌 수 있다. 명사, 대명사, 수사, 동사, 형용사, 관형사, 부사, 감탄사, 조사이다. 각 품사와 그 예시는 아래와 같다.

1. 명사(名詞)

명사는 사람, 사물, 장소, 개념 등의 이름을 나타내는 품사이다.

　　사람: 학생, 선생님, 어머니 등

　　사물: 책, 컴퓨터, 연필 등

　　개념: 사랑, 평화, 행복 등

　　예문: 나는 '책'을 읽었다.

2. 대명사(代名詞)

대명사는 사람이나 사물의 이름을 대신하여 쓰는 말이다. 주로 지시 대명사와 인칭 대명사로 나뉜다.

　　인칭 대명사: 나, 너, 그, 우리, 여러분 등

　　지시 대명사: 이것, 저것, 그것, 여기 등

　　예문: '나'는 어제 '그것'을 샀다.

3. 수사(數詞)

수사는 수량이나 순서를 나타내는 말이다. 양수사와 서수사로 나뉜다.

양수사: 하나, 둘, 셋 등

서수사: 첫째, 둘째, 셋째 등

예문: 사과가 '세' 개 있다.

4. 동사(動詞)

동사는 사람이나 사물의 동작이나 상태의 변화를 나타내는 품사이다.

동사: 가다, 먹다, 일하다 등

예문: 나는 학교에 '간다'.

5. 형용사(形容詞)

형용사는 사람이나 사물의 성질이나 상태를 나타내는 품사이다.

형용사: 예쁘다, 크다, 작다 등

예문: 그 꽃은 정말 '예쁘다'.

6. 관형사(冠形詞)

관형사는 체언을 꾸며주는 말이다. 관형사는 주로 명사 앞에서 명사의 성질이나 상태를 설명한다.

관형사: 새, 이런, 어떤 등

예문: '새' 책을 샀다.

7. 부사(副詞)

부사는 주로 동사, 형용사, 다른 부사를 꾸며주는 품사이다. 부사는 문장에서 상태나 정도를 구체적으로 설명한다.

    부사: 빨리, 정말, 아주 등

    예문: 그는 '빨리' 달린다.

8. 감탄사(感歎詞)

감탄사는 사람의 감정이나 느낌을 나타내는 품사이다. 보통 문장에서 독립적으로 사용된다.

    감탄사: 아, 오, 와 등

    예문: '와!' 정말 멋지다.

9. 조사(助詞)

조사는 주로 체언에 붙어서 그 단어와 다른 단어와의 관계를 나타내는 말이다. 대표적으로 격조사, 접속조사, 보조사가 있다.

    격조사: 이/가, 을/를, 에 등

    접속조사: 와/과, 하고 등

    보조사: 도, 만 등

    예문: 나'는' 사과'를' 먹었다.

이상, 품사에 대해서 학습해 보았고, 계속해서 9품사가 모두 들어간 예문도 확인해 보자.

- 와! 나는 오늘 새 옷 한 벌을 입고 친구와 함께 재미있게 놀았다.

> '와!': 감탄사, '나': 대명사, '는': 조사, '오늘': 명사, '새': 관형사, '옷': 명사, '한': 수사, '벌': 의존 명사, '을': 조사, '입다': 동사, '친구': 명사, '와': 조사, '함께': 부사, '재미있다': 형용사, '놀다': 동사

이처럼 품사는 문장을 구성하고 의미를 전달하는 중요한 역할을 한다.

가끔 연사들의 대중 스피치 내용을 살펴보면 스피치 전개 집중력이 분산되는 경우가 많다. 문장 처리가 적당하거나 촘촘하지 않은 경우를 접할 때가 많다.

예를 들면, '9시에 독서를 했습니다.'를 '밤 9시에 독서를 했습니다.'처럼 '밤'이라는 명사를 넣어서 보다 확실하게 말하면 좋겠다. 또 다른 예로 '라면을 먹었습니다.'처럼 말해도 큰 문제는 없겠지만 이왕이면 이렇게 말하는 것보다는 품사를 많이 활용해서 꼼꼼하게 말하는 게 좋다. 이는 말 만들기에 대한 몰입을 끌어내어 불안한 심리를 덜 느끼게 하도록 심리 조절을 유리하게 하는 데 도움이 된다.

문장 구성을 할 때, 품사를 많이 활용해서 촘촘하게 말한다면 화자 입장에서 말하기에 대한 집중력이 높아져서 그만큼 불안도 적게 느끼게 되며, 청중 입장에서는 어떠한 내용인지 확실하게 들을 수 있게 되니 화자와 청중 모두에게 좋은 방향이라고 할 수 있다. '라면을 먹었습니다'는 다음과 같이 말할 수 있을 것이다. '어제 저는 친구와 함께 매운 라면을 맛있게 먹었습니다.'처럼 말이다.

이해되었는가?

그럼, 계속해서 단문과 복문의 차이점을 공부해 보자.
한국어에서 문장은 크게 단문과 복문으로 나눌 수 있다.

먼저 단문(單文)은 하나의 절로 이루어진 문장을 말한다. 여기서 절이란 주어와 서술어를 갖춘 문장의 최소 단위이며, 단문은 하나의 생각이나 행동만을 표현하며, 보통 간단한 구조를 가진다.

단문 구조는 '주어+서술어'의 기본 구조를 가지며, 부사어나 목적어, 보어가 추가될 수 있지만, 기본적으로 하나의 서술어로 끝나는 문장이다. 단문 구조는 말을 쉽게 할 수 있는 장점이 있다.

예시는 다음과 같다.

그가 책을 읽는다.
주어: 그, 서술어: 읽는다

비가 온다.
주어: 비, 서술어: 온다

나는 밥을 먹었다.
주어: 나, 목적어: 밥, 서술어: 먹었다

그럼, 계속해서 복문(複文)에 대해서 살펴보자.

복문은 두 개 이상의 절로 이루어진 문장을 말한다. 복문은 두 개 이상의 생각이나 행동을 연결어 등을 사용하여 연결한 문장이다. 복문은 하나 이상의 주어와 서술어를 가질 수 있으며, 각 절은 상호 관계를 맺는다.

그리고 복문 구조는 대등적 복문과 종속적 복문으로 나눌 수 있다.

대등적 복문은 두 절이 대등하게 연결된 경우이다. 대등하게 연결된 절은 서로 독립적인 의미를 가지며, 주로 '그리고', '하지만', '또는' 같은 대등 연결어를 사용하여 연결된다.

예시는 다음과 같다.

나는 밥을 먹었고, 그는 커피를 마셨다.
비가 오지만, 우리는 나갔다.

종속적 복문은 한 절이 다른 절에 종속되어 연결된 경우이다. 하나의 절이 다른 절에 의존하는 관계로, 주로 '~ 때문에', '~면서', '~지만' 같은 종속 연결어를 사용한다.

예시는 다음과 같다.

비가 오기 때문에 우산을 썼다.
그는 공부하면서 음악을 들었다.

이상, 단문과 복문에 대한 내용을 확인해 보았다.

이러한 단문과 복문의 구조를 통해 다양한 방식으로 생각을 표현할 수 있으며, 문장의 깊이도 더할 수 있다. 그런데 복문 구조의 문장 처리는 단문보다는 복잡성이 조금 더 커지는 속성이 있다.

스피치를 보다 안정적으로 전개하고 싶다면 복문보다는 단문을 여러 번 사용하여 말을 해보는 것도 고려해 보자. 단문을 여러 번 사용함으로써 말 만들기가 복문보다 간편해지니 심리적 부담을 줄일 수 있겠다.

추가로 한국어의 연결어에 대해서도 살펴보자. 크게 접속부사와 접속사가 있다.

접속부사는 문장과 문장을 연결하거나 문장 내에서 논리적인 관계를 나타내는 역할을 하는 부사이고, 접속부사는 문장을 이어주는 동시에 앞뒤 문장 간의 관계를 명확히 해준다. 접속부사는 주로 대조, 원인과 결과, 나열, 보충, 강조 등을 나타낸다.

접속사는 두 개 이상의 단어나 구, 절을 연결하는 역할을 한다. 대표적인 접속사로는 '와/과', '및', '또는' 등이 있다.

예를 들어, '사과와 바나나를 샀다', '책을 읽거나 영화를 볼 것이다.'에서 '와'와 '거나'가 접속사이다.

그럼, 계속해서 문장과 문장 또는 두 개 이상의 단어나 구, 절을 이어주는 실제적인 연결어에는 어떤 것들이 있는지 구체적으로 알아보자. 크게 나열, 순접, 역접, 인과, 전환, 보완 등이 있다.

나열은 두 개 이상의 내용을 순서대로 늘어놓을 때 사용한다.
'및, 또한, 그리고, 또는, 혹은, 게다가, 더구나, 더욱이' 등이 있다.

순접은 앞의 내용과 뒤의 내용을 같은 방향으로 연결할 때 사용한다.
'그러므로, 따라서, 그래서, 그리고, 게다가, 결국, 그 결과, 이에, 더욱이, 더구나, 아울러, 뿐만 아니라, 동시에, 그런 점에서, 어쩌면, 하물며, 이처럼, 이같이, 바로' 등이 있다.

역접은 앞의 내용과 반대되거나 대조적인 내용이 이어질 때 사용한다.
'하지만, 그러나, 그렇지만, 반면에, 한편, 다른 한편으로, 그럼에도 불구하고, 그렇지 않으면, 오히려, 도리어, 반대로' 등이 있다.

인과는 앞의 원인과 뒤의 결과를 연결할 때 사용한다.
'왜냐하면, 때문에, 그래서, ~로 인해, ~로 말미암아, 그러므로, 따라서, 그러니까, 그렇기 때문에, 그래서, 그러면, 그러니, 급기야, 마침내' 등이 있다.

전환은 대화나 내용의 흐름을 다른 주제로 바꿀 때 사용한다.
'그런데, 한편, 다른 한편으로, 그렇기는 해도, 다만, 바꿔 말하면, 그나저나' 등이 있다.

보완은 앞의 내용에 추가적인 정보를 제공하거나 설명을 덧붙일 때 사용한다.
'게다가, 더구나, 더욱이, 뿐만 아니라, 나아가, 즉, 곧, 말하자면, 예를 들면, 일례로, 사실상, 예컨대, 덧붙여, 구체적으로, 왜냐하면, 이를테면, 다시 말하면, 아울러, 이에 더하여, 이외에도, 분명히' 등이 있다.

종결은 앞의 논의나 이야기를 마무리할 때 사용한다.

'결론적으로, 결국, 결과적으로, 이상으로, 따라서, 분명한 것은, 마지막으로, 종합하면, 끝으로' 등이 있다.

이처럼 한국어는 9품사, 단문과 복문, 연결어 등 다양한 구조로 이루어져 있음을 확인할 수 있다.

한국어 말 만들기를 보다 안정적으로 수행하기 위해서는 품사를 촘촘하게 활용할 수 있도록 하고, 되도록 단문을 여러 번 사용하자. 이렇게 할 경우 청중이 알아듣기 쉬울 것이며, 화자 자신도 보다 스피치에 집중할 수 있게 되어 불안 해소에도 도움이 될 것이다. 또한 말 만들기를 안정적이고 정확하게 함으로써 여러 좋은 시너지도 기대할 수 있다. 이는 나비 효과처럼 불안 해결의 또 다른 좋은 방향이 될 수 있을 것이다.

chapter 3

서술어 훈련

많은 발표자들이 서술어 처리를 어렵게 하거나 능숙하게 하지 못해서 이 구간에서도 불안 발생이 많이 이루어진다. 이에 따라 이번 시간에는 서술어 훈련에 대하여 학습해 보도록 하자.

서술어(敍述語)는 '펼 서, 말할 술, 말씀 어'라는 한자어로. 구성되어 있는 것처럼 서술되는 말을 펴는 것이다.

한 문장에서 주어의 움직임, 상태, 성질 따위를 서술하는 말로, '철수가 웃는다.'에서 '웃는다', '철수는 점잖다.'에서 '점잖다', '철수는 학생이다'에서 '학생이다'와 같이 주로 동사, 형용사, 서술격 조사의 종결형으로 나타난다.

서술어 집중 훈련을 하면 말 만들기 실력도 높아지고, 말 만들기에 대한 연단 부담과 당황의 폭도 줄일 수 있다. 말 만들기 실력이 향상되면 발표에 대한 흥미도 높아질 것이며, 이는 발표 불안을 줄이는 데도 도움이 된다.

이와 같은 서술어 집중 훈련은 어떻게 활용할 수 있을까?

먼저, 여러분의 이해를 쉽게 하기 위하여 서술어 표현을 둘로 나누어 '임시 서술어'와 '실제 서술어'로 표현해 보았다.

확인하였는가?

그럼 이 임시 서술어는 어떻게 활용하고, 실제 서술어는 어떻게 활용할 수 있을지 확인해 보도록 하자.

먼저 임시 서술어 붙이기 훈련에 대해서 이야기하겠다.

임시 서술어는 문장의 뒷부분이 바로 생각이 나지 않을 때 활용할 수 있다. 이는 말하기에 대하여 조금이라도 생각할 시간을 벌 수 있다. 활용 방법은 문장의 전반부를 말하다가 후반부가 생각이 나지 않는다면 임시 서술어를 붙여 말하는 것이다.

이는 구체적으로 무엇을 말하는지 예를 통하여 설명하겠다.

보통 사람들의 화법 구조를 살펴보면 일상에서 말하는 짧은 구조를 취하는 형태가 많다.

일상에서는 '예를 들면, 어…'라고 말을 하며 멈춰도 앞에 한두 사람만 있으니 크게 불편하거나 불안하지 않겠지만, 공적인 자리 연단에서는 이렇게 말하다가 생각이 바로 나지 않는다면 당황할 수 있다. 그래서 '예를 들면, 어…'라고 말하고 그다음부터 입을 닫고 생각을 하는 것보다는 '어…' 구간 대신에 임시 서술어로 천천히 대체 하는 것이다. 그럼, 임시 서술어를 말하는 동안 그다음 할 말에 대하여 생각할 시간도 조금 더 벌 수 있고, 문장도 깔끔하게 처리하는 꼴이 된다.

→ '예를 들면, 다음과 같습니다.'처럼 말이다.

이렇게 처리하는 게 그다음 할 말에 대하여 생각할 시간을 약간이라도 확보할 수 있지 않겠는가? 그리고 이런 스타일의 문장 구조가 짧게 처리하는 것보다는 심리적으로도 더 안정적일 것이다.

좀 더 살펴보자.

'목차는, 어….'라고 말하며 말소리 없이 생각하는 것보다는
→ '목차는 다음과 같습니다.'
임시 서술어 '다음과 같습니다.'를 넣어서 천천히 말을 하면서 그다음 할 말을 생각하는 것이다.
이런 패턴들 이해하였는가? 그럼, 연습해 보자.

제가 말하고자 하는 것은 음….
→ 제가 말하고자 하는 것은 중요하니 잘 들어주시기 바랍니다.

오늘 발표할 주제는 어….
→ 오늘 발표할 주제는 요즘 핫합니다. 다음과 같습니다.

어떤 말이냐 하면 에….
→ 어떤 말이냐 하면, 지금부터 설명해 드릴 테니 잘 들으십시오.

제가 이야기하고자 하는 요점은요, 어…, 어….
→ 제가 이야기하고자 하는 핵심은요, (생각이 얼른 안 난다면) 다음과 같습니다.

여러분, 패턴 이해하였는가? 좋다.

그럼, 이제 '임시 서술어'를 붙이고 여기에 생각할 시간을 더 벌 수 있도록 '질문'도 한번 넣어보자. 다음과 같다.

저의 생각은요, 어…, 어….
→ 저의 생각은요, 다음과 같습니다. 혹시 여러분께서는 이에 대하여 어떻게 생각하시나요? (그럼 이 부분에 대해서 저의 개인적인 생각을 말씀드리겠습니다….)

위와 같이 임시 서술어를 덧붙인 문장 다음에 질문까지 추가하는 등 임시 성분들을 많이 활용해서 처리한다면 화자가 생각할 시간을 더 벌 수 있고, 청중이 화자로부터 질문받은 사항에 대하여 필요한 생각을 해야 하니, 화자에 대한 이목 집중도 분산시킬 수 있다.

생각의 주목 위치가 청중 스스로에게 쏠리면서 화자는 청중들의 압박에서 일시적으로나마 편해질 수 있고, 이는 보다 좋은 스피치 수행을 할 수 있게 되므로 이러한 화법 구조는 안정성 측면에서 상당히 고무적이라 할 수 있다.

이상, 임시 서술어와 임시 성분에 대해서 살펴보았다.

그럼, 이어서 두 번째 내용을 학습해 보자.
이는 실제 서술어 처리를 하여 풀어가는 패턴 훈련이다.

한 번에 실제 서술어 처리를 할 수 있다면 말 만들기 역량이 꽤 좋은 편이라고 할 수 있다.
여러분이 이에 대하여 집중·노력하여 실제 서술어 처리의 순발력과 정교함을 좋아지게 한다면 무대에서 원고가 없더라도 스피치를 한결 편하게 수행하게 될 것이다. 게다가 자신의 발표 수행 행동에 대한 신뢰가 훨씬 더 높아지게 되므로 말 만들기에 대한 불안을 줄이고 자신감을 높이는 데 좋은 도움이 될 것이다.

그럼, 계속해서 다음을 훈련해 보자.

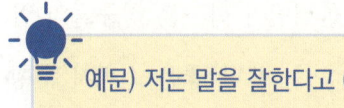 예문) 저는 말을 잘한다고 (   ).

괄호에 어떤 말을 구성할지 생각해 보고 대입해 보아라. 예를 들면 저는 말을 잘한다고 (생각합니다), (생각하지 않습니다), (다른 사람들께 인정을 받고 싶습니다)처럼 말을 넣어봐라.

몇 가지 훈련용 예문을 기입해 놓을 테니 연습을 통하여 실력을 끌어올리기 바란다.

- 여러분! 우리의 말하기 능력을(속도 늦춤) 키우기 위해서는 (녹음 스피치 훈련을 자주 하여야 합니다).

만약에 한 번에 서술어 구성을 못 한다면 앞서 언급한 것처럼 임시 성분들을 넣어서 차례차례 처리하면 된다.

- 여러분! 우리의 말하기 능력을 키우기 위해서는 (무슨 방법이 있을까요? 지금부터 말씀해 드리겠습니다. 아마도 책을 자주 읽고 즐기는 취미를 가져야 할 것 같습니다).

이처럼 차근차근 임시 성분과 실제 성분을 혼합하여 풀어가면 된다. 스피치는 외우는 게 아니라 풀어가는 것이다.

계속해서 연습해 보자.

여러분, 스트레스를 덜 받기 위해서는
→ 여러분, 스트레스를 덜 받기 위해서는 (1초, 2초, 3초, 생각 안 남) 어떻게 해야 할까요? 누군가가 좋은 방법이 있다면 알려주시겠어요? 네, 좋은 방법인 것 같습니다. 그럼 저의 생각도 말씀드리겠습니다. 스트레스를 덜 받기 위해서는 가끔 음악을 듣거나 노래를 직접 불러보면 좋을 것 같습니다.

여러분, 돈을 많이 벌기 위해서는
→ 여러분, 돈을 많이 벌기 위해서는 (1초, 2초, 3초, 생각 안 남. 그럼 다음 성분 활용.) 어떤 방법들이 있을까요? 방법은 많은데 아직 저는 찾지 못했습니다. 신중하게 고민해 보겠습니다. 생각이 났습니다. 말씀드리겠습니다. 자신이 하는 일에 대하여 인정을 받는 만큼 돈을 벌 수 있지 않을까 생각해 보았습니다.

이런 식으로 막힌 상황을 풀어내면 된다.

아예 이렇게 해도 되긴 하다.

"여러분, '돈을 많이 벌기 위해서는 (1초, 2초, 3초, 생각 안 남.)'에 대해서 저의 생각을 말씀드리겠습니다."처럼 묶음 처리해도 된다.

말하다가 막혔을 때, '다음과 같습니다'와 같은 임시 성분 말하기, 애드리브 사용, 질문하기 등을 사용했는데도 생각이 좀처럼 안 난다면 좀 더 생각해서 다음에 말씀드리겠다고 이야기하고 연단에서 내려오면 된다. 거침없이 무대에서 말하자! 스스로 발표에 대한 흔들리는 기준을 너무 좁게 가지면 항상 조마조마하며 불안한 발표를 해야 한다. 따라서 청중의 웬만한 리액션에 대하여는 일희일비하지 말고 계속하여 스피치를 전개하자.

이제는 미션을 몇 가지 나열해 볼 테니 연습해보아라.

- 여러분, 요리를 잘하기 위해서는 (   ).
- 여러분, 운동을 잘하기 위해서는 (   ).
- 여러분, 집중력을 높이기 위해서는 (   ).
- 여러분, 용기를 키우기 위해서는 (   ).

이상으로, 임시 서술어 및 임시 성분과 실제 서술어 처리를 요령 있게 하는 방법에 대하여 학습해 보았다.

이에 대한 요령을 더욱더 능숙하게 끌어올려 서술어 처리에 따라 발생할 수 있는 불안에서 벗어나도록 하자.

발표 불안은 큰 원인 한 가지 때문에 생기기보다는, 여러 원인에 따라 발생하는 형태가 많으므로 사소한 것 하나라도 자신에게 불안이 될 만한 사항들은 미리미리 최대한 모두 정리해 놓고 해결해 놓자. 연단에는 언제 서게 될지 모른다.

기본 구조

chapter 4

공적 스피치의 기본 구조에 대해서 알아보자.

여러분도 많이 접했듯이 공적 스피치의 기본 구조는 서론, 본론, 결론이다. 영어로 하면 opening, body, closing이며, 여기서 영어의 앞 글자만 따서 OBC 구조라고 한다.

먼저, Opening(서론)에서는 주제 선언(예고)을 하면 좋다.

왜냐하면, 청중에게는 들을 준비와 집중을 시킬 수 있고, 화자 스스로에게는 수행 집중도를 높일 수 있기 때문이다.

예를 들면, '주제에 대해서 말씀드리겠습니다.'와 같은 형식으로 주제를 예고하거나 선언하면 좋다. '저의 취미에 대해서 말씀드리겠습니다', '저의 소개를 간단히 하겠습니다.' 등등이다.

다음은 스피치 몸통인 Body이다. Body(본론)에서는 핵심 단어들을 메모하여 이를 참고하여 말할 수 있다.

Closing(결론)에서는 주제와 결론을 '=, equal' 처리하면 쉽다.

'이상, 저의 취미에 대해서 말씀드렸습니다', '이상으로, 저의 소개를 마치겠습니다.'처럼 말이다.

그럼, OBC 구조로 간단히 스피치 하나를 구성해 보자.

주제를 '나의 취미'로 한다면 이에 해당하는 Body(본론) 내용을 단어 원고로 적어본다. 예를 들면, 아래와 같다.

'탁구 즐거움'

'친목 도모에 좋음'

'다이어트에 도움'

그럼 이제, 이렇게 적은 단어 원고를 참고하여 간결하게 말을 하면 된다.

"안녕하십니까? 저는 발표자 박지혜입니다. 지금부터 저의 취미에 대해서 말씀드리겠습니다.

저는 탁구를 하는 게 즐겁습니다. 탁구를 하면서 지인 간의 친목 도모도 다지게 되어서 좋고요, 다이어트에도 도움이 되는 것 같습니다. 기회가 되시면 여러분도 한번 해보세요.

이상으로, 저의 취미에 대해서 말씀드렸습니다. 경청해 주셔서 감사합니다."

여러분, 간단하지 않은가?

이처럼 공적 스피치의 기본 구조인 OBC 구조를 활용하면 발표가 쉬워진다.

계속해서 추가적인 내용을 살펴보자.

여러분께 뭐 하나 물어보겠다.

스피치의 답은 다음 3가지 중에서 무엇인지 맞춰봐라.

'없다', '한 가지다', '여러 가지다.' 중에서 답이 무엇이라고 생각하는가? 정답은 바로 '여러 가지다.'이다.

스피치의 답은 많으니 너무 일관된 스피치만 추종하지 마라. 혹시라도 일관된 스피치만 하려고 해서 이에 대하여 부담을 가지고 있다면 스피치의 답은 여러 가지가 있으니 부담을 최대한 내려놓기 바란다.

그리고 스피치를 구성 및 기획할 때는 다음 세 가지를 염두에 두면 좋겠다. ① 목적, ② 사람들, ③ 장소(와 기기)를 파악하는 것이다. 영어로 하면 purpose, people, place, 즉 3p를 분석한 다음에 스피치를 구성하는 것이다.

먼저, 스피치의 목적부터 체크하는 것이다.
정보 전달인지 설득인지 유흥인지 파악하고 이에 맞춰서 구성하면 스피치 전개 시 어리바리하지 않고, 확실하고 야무지게 말할 수 있겠다.
다음은 사람들을 분석하는 것이다.
사람들이 협조적인지 비협조적인지, 지적 수준이 높은지 보통인지, 경청할 컨디션이 좋은지 안 좋은지, 기성 세대인지 MZ 세대인지 등등 말이다. 이에 따라 스피치 전략을 짠다.
만약 오늘의 청중이 비협조적일 것 같다면 내용을 보다 치밀하게 구성하면 되고, 목소리도 조금 더 성의있게 한다. 그리고 예상 질문이나 예상 상황 등을 미리 정리해 보고 이에 대한 대처 훈련을 한다면 충분히 커버가 가능할 것이다.

이어서 장소와 기기 파악이다.
육성으로 말을 하는 건지, 마이크 시스템으로 발표하는 건지, 마이크도 일반 핸드 마이크인지 헤드셋 마이크인지에 따라 사전에 직접 마이크를 사용해 보는 등의 장소와 기기 적응을 해보고 난 후 발표를 한다면 발표할 때 보다 용이해질 것이다.
그리고 스크린의 크기가 적당한 크기인지 아니면 대형 강의장의 아주 큰 스크린인지에 따라서도 발표 스타일이 달라질 수 있으니 이런 부분들을 잘 확인하도록 하자.

이상, OBC 구조와 스피치 구성 시 체크 사항 등에 대하여 학습해보았다. OBC 구조로 발표한다면 웬만한 발표는 충분히 소화할 수 있으니 이를 십분 활용하여 연단에서도 자신감 있게 말하도록 하자.

chapter 5

병렬식 구조

여러분, 학창 시절 과학 시간에 직렬과 병렬에 대해서 학습하였을 것이다.

건전지 4개가 있다고 가정하면 직렬은 건전지 4개를 세로 방향으로 하나씩 하나씩 놓아서 마치 비엔나소시지처럼 하나의 줄처럼 길게 늘어뜨린 형태이고, 병렬은 건전지 4개를 옆으로 따닥따닥 붙여놓은 듯한 모습이다.

직렬 방식은 건전지 하나만 고장 나더라도 불빛이 아예 안 나오는 형태이고, 병렬 방식은 건전지 하나가 고장 나더라도 불빛만 살짝 약해질 뿐 그래도 불빛은 나오는 형태이다.

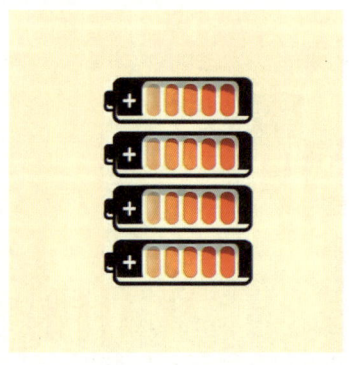

그런데 이런 원리가 스피치에도 비슷하게 적용된다.
그 예를 확인해 보자.

먼저, 직렬식으로 구성한 간단한 예시를 살펴보면 다음과 같다.

> "제 소개를 하자면 저는 넉넉지 않은 가정환경에서 태어났지만 성실하신 부모님의 모습을 보면서 저도 성실하게 살려고 노력했으며, 때는 바야흐로 중학생이 되던 해에 클라이밍에 대하여 흥미를 느끼게 되었습니다. 그래서 저는 클라이밍을 좋아하며 응용된 운동도 꽤 잘합니다…."

다음은 병렬식으로 구성한 간단한 예시를 살펴보자.

> "'제 소개'를 하겠습니다.
> 먼저 저의 '청소년기'에 대해서 말씀드리겠습니다.
> 청소년기에는 특히 클라이밍에 관심이 많았습니다.
> 다음은 저의 '강점'에 대해서 말씀드리겠습니다.
> 저의 강점은 끈기가 좋다는 것입니다.
> 마지막으로 저의 '꿈'에 대해서 말씀드리겠습니다.
> 저의 꿈은 산악인이 되는 게 꿈입니다.
> 그 이유는 끈기를 가지고 노력하여 정상을 밟는 그 맛이 정말 짜릿하기 때문입니다.
> 이상입니다."

여러분, 어떠한가?

스피치 직렬 방식은 줄줄이 비엔나소시지처럼 내용이 계속 연결되는 형태이고, 병렬 방식은 항목 하나씩 이야기하는 형태이다. 여러분은 연단에서 어떤 스타일로 스피치 하는 게 조금 더 편할 것 같은가? 아마도 병렬 방식이 메모에 의존하기도 쉽고, 집중력이 적어도 충분히 소화할 수 있는 방법일 것이다. 직렬 방식은 화자가 숙지하기도 꽤 까다로운 방식이 아닌가 한다.

연단에서 스피치 할 때 내용 숙지와 전개 부담이 크다고 느낀다면 우선은 병렬식 구조로 한번 시도해 보자.

그리고 병렬식 구조로 전개할 때, 각 항목에는 수사를 넣어보자. 수사에는 차례를 나타내는 서수사와 양을 나타내는 양수사가 있는데, 서수사는 '첫째, 둘째, 셋째'와 같은 형태이고, 양수사는 '하나, 둘, 셋' 이런 형태이다. 보통 스피치에서는 서수사를 조금 더 많이 사용한다. 서수사인 '첫째, 둘째, 셋째'를 병렬식 구조 내용의 각 항목에 넣는 것이다. 위의 자기소개 내용의 각 항목 앞에 '첫째, 둘째, 셋째'만 추가하는 것이다. 아래와 같다.

> "'제 소개'를 하겠습니다.
> 첫째, 저의 '청소년기'에 대해서 말씀드리겠습니다.
> 청소년기에는 클라이밍에 대하여 관심이 많았습니다.
> 둘째, 저의 '강점'에 대해서 말씀드리겠습니다.
> 저의 강점은 끈기가 좋다는 것입니다.

> 셋째, 저의 '꿈'에 대해서 말씀드리겠습니다.
> 저의 꿈은 산악인이 되는 게 꿈입니다.
> 그 이유는 끈기를 가지고 노력했을 때 마침내 정상을 밟을 수 있다는 매력과 그 맛이 정말 짜릿하기 때문입니다.
> 이상입니다."

이처럼 내용의 각 항목에 서수사를 넣는 것이다. 이와 같이 '첫째 항목, 둘째 항목, 셋째 항목…'처럼 본론 내용을 각각 요점(point)들로 나열하니 이를 'point', 즉 'N points' 방식이라고 할 수 있겠다. 또한 이러한 핵심 항목(point)들을 메모해서 발표한다면 심리적으로도 조금 더 든든하겠다.

정보전달식 스피치에서 많이 활용되는 'N points' 형식은 말하기도 쉽고, 듣기도 쉬운 좋은 방법이라고 할 수 있다.

추가적인 간단한 예시이다.

> "저는 오늘 안정적인 대중 스피치의 기술에 대해서 말씀드리겠습니다.
> 제가 말씀드릴 내용은 크게 두 가지입니다.
> 첫째, 사람 관계 불안의 빠른 해결입니다. (+부연 설명)
> 둘째, 스피치 전개력에 대한 기술과 역량입니다. (+부연 설명)
> 이상으로 안정적인 대중 스피치의 기술에 대해서 말씀드렸습니다."

서수사를 사용하여 포인트 방식으로 간단하게 스피치를 구성해 보았다. 구성이 꽤 단순하고 쉽다고 느껴지지 않는가?

여러분도 한 번 연습해 보길 바란다.

아래는 가볍게 연습해 볼 수 있는 실습 주제이다.
(완벽하지 않아도 되니 가볍게 한 번 실습해 보아라.)

*실습 주제: 행복하게 사는 방법 2~3가지, 인생에서 좋은 습관 2~3가지, 부자가 되는 방법 2~3가지, 스피치 역량 계발에 필요한 중요한 2~3가지, 건강한 삶을 사는 방법 2~3가지

이상으로, 말 만들기를 보다 쉽게 할 수 있는 방법인 병렬식 구조, N points 방식에 대해서 살펴보았다.

이 방식의 장점은 언제 어디서든 항목을 빠르게 메모하여 조금 더 편안하게 발표를 할 수 있다는 점이다. 그리고 이 요령에 추가하여 각 항목의 앞글자인 두음만 따서 두음을 숙지한다면 실전에서도 전체적인 내용을 더욱더 빠르게 기억해 낼 수 있고, 이를 전개할 수 있을 것이다.

두음 숙지 방법은 예를 들어 고속버스 안내 방송이라면 주위에 흔히 있을 법한 이름인 '안효정(안휴정)'만 외우면 된다. "안내 말씀 드립니다. '안'전띠를 매주세요. '(효)휴'대전화를 진동으로 해주세요. '정'시에 도착하도록 하겠습니다. 감사합니다."처럼 말이다. 이처럼 포인트 및

두음 방식 등의 요령들을 활용하여 스피치를 전개한다면 대중 앞에서 말할 때 더욱 안정적으로 말할 수 있을 것이며, 정확하고 일목요연하게 전달을 하는 데 있어서도 도움이 될 것이다.

chapter 6

대중 스피치를 수행할 때, 가끔 어떤 말부터 해야 하고 어디서부터 시작해야 할지 모호하게 생각하다가 예기 불안이 악화되는 경우가 있는데, 아래와 같은 방식으로 스피치를 전개한다면 보다 부담과 불안을 줄일 수 있을 것이다.

바로 상위 개념에서 하위 개념으로 전개하는 방식이다.

상위 개념에서 하위 개념으로 스피치를 전개하는 방식은 일반적으로 큰 개념을 먼저 제시한 후, 그에 대한 세부적인 내용이나 구체적인 사례를 설명하는 구조이다. 이는 청중에게 전체적인 맥락을 제공한 후, 점차 세부 사항으로 들어가며 이해를 돕는 논리적 전개 방식이며, 체계적인 구조로 말 만들기를 하는 데 도움이 된다. 이에 대한 예시는 다음과 같다.

상위 개념: 오늘 저는 동물에 관해 이야기하려고 합니다. 동물은 우리 주변에서 흔히 볼 수 있는 생명체입니다.

첫 번째 하위 개념: 동물 중에서도 포유류는 아기에게 젖을 먹이는 특징을 가지고 있습니다. 대표적인 예로는 개와 고양이가 있습니다.

두 번째 하위 개념: 다른 한편으로는 조류가 있습니다. 새는 날개를 가지고 하늘을 나는 동물입니다. 참새나 독수리가 그 예입니다.

세 번째 하위 개념: 또한 파충류도 있습니다. 이들은 주로 비늘로 덮인 피부를 가지고 있으며, 뱀이나 도마뱀이 그 예입니다.

결론: 이처럼 동물은 포유류, 조류, 파충류 등 다양한 종류가 있으며, 각기 다른 특징을 가지고 있습니다.

위의 예시처럼, 먼저 '동물'이라는 큰 주제를 제시하고, 그 안에서 '포유류, 조류, 파충류' 같은 하위 개념을 구체적으로 설명하는 방식이다. 이렇게 하면 청중이 큰 개념을 이해한 후, 세부적인 정보를 더 쉽게 받아들이는 데 도움이 된다.

또 다른 예시를 살펴보자.

상위 개념: 우리는 환경 보호라는 주제에 관해 이야기하고자 합니다. 환경 보호는 오늘날 인류가 직면한 가장 중요한 문제 중 하나입니다.

첫 번째 하위 개념: 환경 보호의 첫 번째 측면은 대기 오염의 저감입니다. 대기 오염은 건강에 직접적인 영향을 미치며, 특히 호흡기 질환의 원인이 될 수 있습니다. 이를 해결하기 위해 각국은 산업 배출 규제를 강화하고 있습니다.

두 번째 하위 개념: 또한 수질 오염 문제도 환경 보호의 중요한 부분입니다. 깨끗한 물을 보존하기 위한 노력은 농업과 산업의 폐수 처리를 개선하는 데 중점을 두고 있습니다.

세 번째 하위 개념: 마지막으로, 자연 생태계 보호도 필수적입니다. 우리는 동식물의 서식지를 보호하고 생물 다양성을 유지해야 합니다. 이는 지구의 건강과 직결되기 때문입니다.

결론: 따라서 대기 오염 저감, 수질 오염 방지, 자연 생태계 보호는 모두 환경 보호를 이루는 중요한 요소입니다. 우리 모두가 이를 실천해야만 지구의 미래를 보장할 수 있습니다.

이와 같은 방식으로 상위 개념(환경 보호)을 먼저 제시한 후, 이를 구성하는 구체적인 하위 개념인 '대기 오염, 수질 오염, 자연 생태계 보호' 등을 차례로 설명하면 청중이 큰 그림을 먼저 이해하고, 세부 사항에 대해 더 깊이 이해할 수 있도록 하는 데 도움이 된다. 뿐만 아니라 화자 입장에서도 이러한 방식, 즉 상위 개념에서 하위 개념으로 전개하는 스피치 방식은 스피치 전개 부담과 불안의 농도를 줄이는 데도 유리하다.

스티븐 코비(Stephen R. Covey)는 "끝을 생각하며 시작하라(Begin with the end in mind)."라는 말을 하였다.

이는 그의 저서 『성공하는 사람들의 7가지 습관』에서 나온 말로, 이 말의 의미는 어떤 대화나 설명을 할 때 큰 목표나 핵심 주제를 먼저 설정하고, 그것을 기반으로 세부적인 내용을 설명하면 좋은 점들을 기대할 수 있다는 의미이다.

또한 상위 개념을 명확히 제시한 후, 그 아래의 하위 개념을 통해 논리적으로 주제를 확장하는 것이 청중의 이해를 돕고 메시지를 효과적으로 전달하는 데도 유용하다는 것이다.

그리고 윈스턴 처칠(Winston Churchill)은 연설에서 논리적 전개에 대해 다음과 같은 말을 했다. "좋은 스피치는 간단하면서도, 명확한 목표를 가져야 한다. 먼저 개요를 제시하고, 그 후에 세부 사항을 탐구하라."라는 말이다. 이 말은 상위 개념에서 하위 개념으로 자연스럽게 전개되는 스피치 구조의 중요성을 잘 나타내고 있다.

정리합니다

　스피치를 전개할 때 상위 개념부터 하위 개념으로, 큰 대주제부터 작은 소주제로, 큰 범주부터 작은 범주로 나누어 말을 하는 방식으로 전개한다면 보다 체계적이며 쉬운 스피치가 가능하다.

　그리고 심리적으로도 복잡한 불안감을 다소 해소하는 데 도움이 된다

ICE 법칙

chapter 7

ICE 법칙은 다음과 같다.

'Impactful(영향력이 강한), Concise(간결한), Expression(표현)'이다. '영향력 있는 간결한 표현'이라는 뜻이다. 즉, 스피치는 짧아도 좋다는 의미다.

또한 스피치는 짧고 간결하게 해도 인상에 남는다는 이야기이다. 지금 많이 떨리는데 굳이 스피치를 길게 하려고 생각하여 떨림을 증폭시키지 말자.

자신의 심리적 컨디션에 따라서 스피치 길이를 조절하기 바란다. 심리적 컨디션이 편안하며 좋고 스피치 구상도 잘 되는 날에는 알아서 스피치 길이가 늘어날 것이고, 심리적 컨디션이 좋지 않고 불안한 날에는 최대한 간단하게 핵심만 말하고 내려오는 걸 선택하자.

ICE 법칙에서 중요한 점은 다음과 같다.

첫째, 두괄식으로 말하는 것이다.

두괄식이 어떠한 구조인지 잘 알고 있겠지만, 보다 정확하게 활용하기 위해서 '두괄식 구조에서 양괄식 구조'까지 다시 한번 꼼꼼히 학습해 보도록 하자. 다음과 같다.

두괄식(머리 두頭, 묶을 괄括, 법 식式): 스피치의 서두에 중심 내용을 제시하고, 그 후에 설명이나 예시를 덧붙이는 방식

예 시: 우리는 매일 꾸준히 운동을 해야 합니다. 운동은 건강에 필수적입니다. 규칙적인 운동은 심장 건강을 개선하고, 체중을 조절하는 데 도움이 됩니다. 또한 스트레스를 줄이고 기분을 좋게 만듭니다. 근력을 강화하여 일상생활에서의 활동성을 높여 줍니다.

중괄식(가운데 중中, 묶을 괄括, 법 식式): 처음과 끝이 주제와 관련된 설명이 있으며, 중간에 중심 내용이 들어가는 구조

예 시: 사람들은 건강을 유지하기 위해 다양한 방법을 시도합니다. 올바른 식습관과 운동이 중요한 이유는 체력과 면역력을 강화하기 때문입니다. 특히 규칙적인 운동은 스트레스 해소에도 도움이 됩니다. 이런 요소들이 결합되어야만 건강한 삶을 유지할 수 있습니다.

미괄식(꼬리 미尾, 묶을 괄括, 법 식式): 스피치의 마지막에 결론이나 중심 내용을 제시하는 구조

예 시: 최근 많은 사람이 전기차의 필요성을 강조하고 있습니다. 전기차는 기존 내연기관 차보다 환경에 미치는 영향이 적습니다. 또한 정부는 전기차 보조금을 통해 보급을 장려하고 있습니다. 이러한 이유로 전기차 시장은 점차 성장하고 있습니다. 따라서 미래에는 전기차가 대세가 될 것입니다.

양괄식(두 량兩, 묶을 괄括, 법 식式): 서두와 결말에 중심 내용이 반복되며, 중간에 설명이나 예시가 들어가는 구조

예 시: 효율적인 시간 관리는 성공의 열쇠입니다. 하루 일정을 계획하고 목표를 설정하면 시간을 효과적으로 사용할 수 있습니다. 또한 우선순위를 정하고 불필요한 활동을 줄이면 더욱 효율적입니다. 이처럼 시간을 잘 관리하는 것은 결국 성공의 필수 요소라고 할 수 있습니다.

이상, 두괄식, 중괄식, 미괄식, 양괄식의 스피치 구조에 대해서 알아보았다. 이 중 연단에서 스피치 할 때 가장 부담이 없는 구조는 무엇이라 생각하는가?
아마도 대부분이 두괄식 구조로 말을 하는 게 쉽고 간결할 것이라 생각할 것이다.

그럼, 계속해서 ICE 법칙에서 중요한 두 번째 내용을 알아보자.

둘째, 문장을 짧게 매듭짓는 것이다.

예를 들어, '저의 올해의 소원은…, 어….'처럼 말을 질질 끌지 말고, 다음과 같이 짧게 매듭지어 말하자. '저의 올해의 소원입니다.'처럼 말이다. '저희의 실적으로는…, 어….'보다는 '저희의 실적입니다.'처럼 말이다.

그럼 스피치 전개가 조금 더 쉬워질 것이다. 또한 듣는 이들도 내용에 대해서 쉽게 이해할 수 있는 강점도 있다.

이상 아이스 법칙에서 중요한 점 두 가지를 설명하였다.

하나는 두괄식으로 말을 하는 것과 다른 하나는 문장을 질질 끌지 말고 서술부를 깔끔하게 매듭지어 말하는 것이다.

많은 사람이 스피치를 할 때 어느 정도는 시간을 채워야 하는 거로 인식하고 있는데, 짧게 말해도 충분히 의견을 효과적으로 피력할 수 있다.

유명한 사람 중에도 스피치를 짧게 하여 핵심을 전달한 사례가 많다. 배우 소지섭 씨 같은 경우에는 과거 연말 시상식에서 "감사합니다."라고 딱 한마디만 말하고 내려온 일화도 있다. 이 장면을 직접 시청하였는데 이때 이 배우는 핵심만 간결하게 말하면서도 멋있게 처리를 잘한다고 느꼈다.

보통 수상자는 이 상을 받기까지 고생하신 감사한 분들에 대하여 언급하는데, 아무리 집중해서 말을 하더라도 놓치는 사람이 있을 수 있다. 그런데 소지섭 씨는 "감사합니다."라고만 말해서 감사한 대상에 대하여 좋은 상상을 하게 만들고, 모든 사람에게 감사하다는 걸 생략한 거로도 해석이 될 수 있으니 여러모로 깔끔한 스피치였다고 할 수 있다. 또한 연말 시상식에서는 사회자가 자주 시간에 쫓기는 상황이 많은데 오히려 간단하고 짧게 처리해 줘서 좋은 점들도 많았을 것이다.

그리고 세계적인 명사들도 짧지만 강력한 연설을 한 사례가 많다.

대표적인 예로 영국 윈스턴 처칠(Winston Churchill)의 1941년 10월 29일 하로우 스쿨(Harrow School) 연설이 있다. 이 연설에서 처칠은 '절대 굴복하지 말라'는 강한 의지를 강조했다. 이 연설은 종종 'Never Give In' 연설로 불리기도 한다. 처칠은 전쟁 중 영국 국민과 군인들에게 계속해서 싸우고, 결코 포기하지 말라는 메시지를 전달했다.

아래는 연설 지문의 일부이다.

"Never give in, never give in, never, never, never, never—in nothing, great or small, large or petty—never give in except to convictions of honour and good sense. Never yield to force; never yield to the apparently overwhelming might of the enemy."

"절대 굴복하지 말라. 절대 굴복하지 말라. 결코, 결코, 결코, 결코— 크든 작든, 대단하든 사소하든 —결코 굴복하지 말라. 명예와 양심에 의한 확신을 제외하고는 어떤 것에도 굴복하지 말라. 힘에 굴복하지 말라. 적의 압도적인 힘에 굴복하지 말라."

이 연설은 제2차 세계대전 중 영국 국민에게 용기와 저항의 의지를 불어넣기 위해 말한 것으로, 짧지만 강력한 메시지를 담고 있다. "Never Give In"이라는 반복적인 표현은 전쟁 상황에서 국민에게 결코 포기하지 않겠다는 처칠의 결단력을 상징적으로 보여준다.

처칠은 종종 짧고 힘 있는 연설을 통해 중요한 메시지를 전했으며, 이 연설 역시 그중 하나로 짧은 시간 안에 강한 결의와 저항의 의지를 강조했다.

그리고 미국 에이브러햄 링컨(Abraham Lincoln)은 1863년 11월 19일 게티즈버그 연설(Gettysburg Address)에서 2분 정도만 말하였다.

아래는 지문의 일부이다.

"Four score and seven years ago our fathers brought forth on this continent, a new nation, conceived in Liberty, and dedicated to the proposition that all men are created equal. … that this nation, under God, shall have a new birth of freedom—and that government of the people, by the people, for the people, shall not perish from the earth."

"87년 전, 우리 선조들은 이 대륙에 새로운 나라를 세웠습니다. 자유 속에 태어나 모든 사람이 평등하게 창조되었다는 원칙에 헌신하는 나라였습니다. … 이 나라가 신의 가호 아래 자유의 새 출발을 하게 될 것이며, 국민에 의한, 국민을 위한 정부가 이 땅에서 사라지지 않기를 바랍니다."

게티즈버그 연설은 남북 전쟁 중 전사한 군인들을 기리며 민주주의의 이상을 강조하는 짧지만 강력한 연설이라 할 수 있다.

이러한 연설들은 모두 길지는 않지만, 강력한 메시지와 의미를 담고 있어 큰 감동과 변화를 이끌어냈다.
이처럼 스피치를 꼭 길게 해야만 좋은 것은 아니며, 짧게 말해도 사람들에게 기억에 남을 수 있고 감흥을 불러일으킬 수도 있다.

이상, ICE 법칙에 대해서 알아보았다.

앞으로는 연단에 설 때, 가능하면 스피치를 짧게 한다는 마음으로 서자. 그럼 부담이 덜 될 것이다. 부담이 덜 된 상태에서 스피치를 하다 보면 예상했던 것보다 스피치를 풍부하게 잘 수행하는 상황이 자연스레 생길 수도 있다. 짧게 말하고 (연단에서) 내려온다는 단순한 생각이 오히려 좋은 스피치 수행을 이끌어내는 하나의 전략이 될 수도 있는 것이다. 따라서 '연단에서는 3분에서 5분 정도의 길이로는 말해야 좋지.'라는 생각은 일단 과감하게 버리는 것도 시도해 보자. 이해하였는가? 이에 따라 앞으로는 ICE 법칙을 자주 활용하여 연단의 인식을 보다 가볍고 유연하게 바꿔보도록 하여 부담과 불안을 다스릴 수 있도록 하자.

설득력을 높이는 기술

chapter 8

이번 시간에는 말발에서 중요한 비율을 차지하고 있는 '설득력'을 높이는 방법에 대해서 알아보자.

그 방법은 바로 PRGP 기법이다.

이 PRGP 기법은 공적 스피치와 사적 스피치 모두 적용 가능하다. 공적 스피치에서도, 특히 면접이나 프레젠테이션에 활용하면 더욱 좋다. 왜냐하면, 면접이나 프레젠테이션의 목적은 '설득'에 있기 때문이다. 물론 사적 스피치에서도 당연히 적용 가능한 기술이라고 할 수 있겠다.

이 PRGP 기법을 학습하기 전에 먼저 우리 주위에서 흔하게 접할 수 있는 한 가지 상황을 살펴보자.

누군가 전략 없이 어머니에게 밥 좀 차려달라고 이야기할 때의 상황이다.

화자: 엄마, 밥 좀 차려줘!

엄마: ….

화자: 엄마, 밥 좀 차려달라니까!

엄마: 너는 손이 없냐, 발이 없냐?

화자: 아하 참…. 너무 하시네.

엄마: 취업이나 빨리 해.

어머니를 설득시키려고 했지만 아쉽게도 실패했다.

위처럼 막연하게 자신의 요청만 한다면 설득의 성공률이 높지 않다. 왜 그럴까? 어머니께 이익 되는 게 특별히 없기 때문이다.

그럼, 어떻게 말하면 어머니를 설득시킬 수 있을까? 그 방법은 바로 PRGP 기법을 적용하여 말을 하는 것이다. 이 PRGP 기법은 무엇이고, 어떻게 활용할 수 있는지 이에 대하여 자세히 학습해 보자.

PRGP는 영어로 Point, Reason, Good things, Point의 약자를 땄다. 하나하나 풀어보면, 'Point는 핵심 메시지, Reason은 이유, Good things는 당사자(들)에게 좋은 것들 나열, Point는 핵심 메시지'이다.

> Point: 핵심을 말하다.
> Reason: 이유를 말하다.
> Good things: 당사자(들)에게 좋은 것들을 말하다.
> Point: 다시 한번 핵심을 말하여 요청의 굳히기에 들어간다.

위의 상황에서 PRGP 기법을 사용하여 어머니를 설득시켜 보겠다.

> Point: 엄마, 밥 좀 차려주세요!
> Reason: 왜냐하면, 배가 너무 고픕니다.
> Good things: 밥을 차려주시면 제가 설거지할게요. 그리고 안마도 해드릴게요. 또한 빨리 좋은 데 취업해서 엄마 용돈 드릴게요.
> Point: 그러니 밥 좀 차려주시겠어요?

이렇게 말씀드리면 어머니께서 밥을 차려주실 확률이 높아지게 된다. 왜냐하면, 어머니께 희망도 드렸고, 실제로 어머니께 이익이 되는 설거지 및 안마도 해드린다고 말씀드렸기 때문이다.

그리고 여기서 중요한 것은 화자의 입장만 늘어놓는 게 아니라, 어머니의 입장에서 좋은 것들을 어필해야 한다는 것이다. 자신의 입장과 사정만 이야기해서는 다른 사람을 설득하기가 어렵다.

이해되었는가?

그럼, 몇 가지 주제를 가지고 조금 더 훈련해 보자.

Mission 1. 스피치 능력을 향상시키자!
Mission 2. 아침밥을 먹자!
Mission 3. 독서를 하자!
Mission 4. 저를 뽑아주세요!

Mission 1. 스피치 능력을 향상시키자!

Point: 여러분, 스피치 역량을 향상시킵시다!

Reason: 왜냐하면, 다음과 같은 좋은 점들이 예상되기 때문입니다.

Good things: 첫째, 사람들을 설득시킬 수 있습니다. 사람들을 설득시키는 요령과 감각이 좋아지기 때문에 인간관계가 편해지고, 직장에서도 인정받을 수 있습니다.

둘째, 좋은 사람들과 빠르게 친해질 수 있습니다. 배울 점이 있는 사람들과 사귀게 되면 이들과 어울리면서 좋은 장점들도 자연스럽게 공유하고 흡수할 수 있으니 성공하는 데 도움이 많이 될 것입니다. 또한 마음에 드는 이성 친구도 사귈 수 있는 확률도 높아지게 됩니다.

셋째, 말을 맛있게 할 수 있고, 유머 감각이 좋아져서 사람들에게 즐거움을 줄 수 있고, 인기스타가 될 수 있습니다.

넷째, 자신의 업무 실적을 극대화할 수 있습니다. 말을 잘하면 리더십도 좋아지고, 회의도 자주 주재하여 조직의 시너지를 최대화할 수 있으며, 신규 고객과 거래처 확보도 보다 유리하게 수행할 수 있습니다.

Point: 이처럼 스피치 역량을 계발하면 좋은 점들이 많으니, 스피치 능력을 꼭 향상시키시기 바랍니다.

Mission 2. 아침밥을 먹읍시다.

Point: 여러분, 아침밥을 먹읍시다.

Reason: 왜냐하면, 아침밥을 먹으면 다음과 같은 좋은 점들이 예상되기 때문입니다.

Good things: 아침 식사를 하게 되면 뇌에 포도당 공급으로 인하여 집중력 높은 오전을 보낼 수 있습니다. 아침 식사를 안 했을 때보다 아침 식사를 했을 때 업무가 더 잘 되고, 공부도 더 잘 됩니다. 또한, 아침 식사를 하게 되면 밤에 야식도 줄일 수 있게 되어서 다이어트에도 도움이 됩니다.

Point: 이런 좋은 점들이 많으니 여러분, 아침 식사를 하시기 바랍니다.

Mission 3. 독서를 합시다!

Point: 여러분, 독서를 하시기 바랍니다.

Reason: 왜냐하면, 독서를 하게 되면 다음과 같은 좋은 점들이 많이 예상되기 때문입니다.

Good things: 첫째, 독서는 다양한 간접 경험을 미리 해볼 수 있는 통로가 되어, 실제 삶에서 겪을 수 있는 시행착오를 줄이는 데 큰 도움이 됩니다.

둘째, 사고의 폭이 넓어지며 타인과 사물에 대한 이해력이 깊어져, 보다 유연하고 포용력 있는 사고를 할 수 있게 됩니다.

셋째, 풍부한 어휘와 다양한 표현을 자연스럽게 접하게 되어, 말하기와 글쓰기 능력 향상에도 긍정적인 영향을 미칩니다.

Point: 이처럼, 좋은 점들이 많으니 여러분, 독서를 하시기 바랍니다.

Mission 4. 저를 뽑아주십시오!

Point: 저에게 기회를 한번 주십시오.

Reason: 왜냐하면, 저는 다음과 같은 강점들이 있습니다.

Good things: 첫째, 저는 기본에 충실하며, 적극적입니다.

학창시절부터 단 한 번도 지각한 적이 없을 정도로 성실하게 생활해 왔고, 맡은 일에는 항상 책임감을 가지고 임해왔습니다. 또한 어떤 조직이든 제가 속한 곳에서는 주어진 역할 이상을 해내기 위하여 적극적으로 노력해 왔습니다.

둘째, 자기계발과 실무 역량 계발에 힘쓰고 있습니다.

빠르게 변화하는 환경에 뒤처지지 않기 위해 꾸준히 자격증을 취득해 왔고, 실무에 직접 활용할 수 있는 매뉴얼을 스스로 만들어볼 정도로 깊이 있는 학습에 힘써왔습니다. 또한 단순한 스펙 쌓기가 아니라, 실제 업무에 도움이 되는 실무 역량을 계발하기 위하여 여러 노력들을 기울여 왔습니다.

셋째, 저는 커뮤니케이션 역량이 좋은 편이라고 생각합니다.

상황을 빠르게 파악하고 상대방의 입장을 이해하려는 태도를 바탕으로 원활한 소통을 하려고 합니다. 그동안 여러 아르바이트와 팀 프로젝트 경험을 통해 고객, 동료, 상사 등 다양한 사람들과 잘 협력해 왔습니다. 또한 협력하는 과정에서 갈등이 생기더라도 빠르게 조율할 수 있는 소통이 가능합니다. 이러한 저의 소통 역량을 바탕으로 신뢰 기반의 관계도 잘 형성할 수 있습니다.

넷째, 저는 서번트 리더십이 있는 편입니다.

그동안 저는 대체로 남들보다 더 일찍, 더 많이 활동하려고 노력해 왔습니다. 맡은 역할을 넘어 조직 전체의 흐름과 분위기를 살피며, 필요할 때는 보이지 않는 허드렛일도 마다하지 않았습니다. 누군가의 부담을 덜어주는 일이 곧 팀의 효율과 사기를 높이는 일이라는 신념으로 행동해 왔습니다.

이러한 저의 여러 강점들과 열정을 바탕으로 우리 조직에서 헌신하고 싶습니다.

Point: 그러므로 저에게 기회를 한번 주시면 대단히 감사하겠습니다. 열심히 하겠습니다.

이상으로, 공적 스피치와 사적 스피치에서 유용하게 활용할 수 있는 PRGP 기법을 공부해 보았다. 앞으로 다양한 사람들을 설득시킬 때, 이 기법을 활용한다면 보다 문제 해결이 쉬워질 것이며, 인생이 술술 잘 풀릴 것이다. 또한 이 기법을 오늘 바로 시도해 본다면, 당신은 이미 '성공인'이라고 할 수 있을 것이다.

애드리브

chapter 9

무대에 섰을 때, 사람들은 나를 뚫어져라 보고 있는데, 해야 할 말이 생각이 안 나서, 정말 미칠 정도로 당황하고 힘들었던 적이 있지 않은가? 이런 당황들 때문에 연단을 더 멀리하게 되고 떨림이 더욱더 심해지는 것이다. 그렇다고 매번 모든 발표 내용을 달달 외울 수도 없는 노릇이고, 달달 외웠다 하더라도 발표 당일 여러 가지 변수에 의해 상황에 안 맞는 내용이 될 수도 있다. 그럼 이런 상황들을 어떻게 하면 효과적으로 대처할 수 있을까?

이에 대하여 집중적으로 학습하기 전에 먼저 기본적인 스피치 구조에 대한 복습이 필요하다.

이는 서론 오프닝(opening), 본론 바디(body), 결론 클로징(closing)으로 나눌 수 있다.

오프닝에서는 가능하면 화자를 간단히 소개하고, 오늘의 주제가 무엇인지 청중에게 예고하면 좋다. 청중에게 주제를 예고함으로써 청중에게 미리 들을 준비를 할 수 있도록 배려할 수 있고, 화자 스스로에게는 수행 집중력을 끌어올릴 수 있는 이점이 있다.

따라서 오프닝에서는 '간단한 화자 소개'와 '주제 선언'을 하는 게 좋다. 그리고 바디, 몸통에서는 '핵심 주장'을 이야기하고, 클로징에서는 '정리 요약'을 하면 된다.

이런 식이다.

> 오프닝: 안녕하세요? 저는 정지훈입니다. 오늘은 저의 취미에 대하여 말씀드리겠습니다.
> 바디: 저는 요즘 영화를 보는 게 좋습니다. 특히 액션 영화를 보면 스트레스도 풀리고, 에너지도 생겨서 좋습니다. 여러분도 시간이 되실 때 한 번 영화를 감상해 보시기를 추천해 드립니다.
> 클로징: 이상으로, 저의 취미에 대하여 말씀드렸습니다. 감사합니다.

이상, 간단한 스피치 구조에 대해서 살펴봤다. 그런데 이 구조만으로는 화술 총알이 부족하다. 무대에 서는 시간보다 말할 내용이 많아야 심리적으로 유리할 텐데 말이다. 그럼 어떻게 하면 이를 잘 보완할 수 있을까? 그건 바로 관련 기술을 활용하는 것이다. 바로 '애드리브' 기술을 활용하는 것이다. 이를 잘 활용하면 좋은 대처를 할 수 있다.

그럼, 이 '애드리브(Ad lib)'가 무엇인지 구체적으로 살펴보자.

애드리브의 사전적 정의는 '연극의 즉흥 대사'이다. 그런데 연극? 우리가 관심을 가지고 있는 스피치와는 연결이 잘 안 된다. 그래서 연결과 활용이 잘 될 수 있도록 사전에 나와있는 사전적 정의 말고, 저자 본인의 확장된 시각으로 다시 정의해 보았다.

본인 박상현 강사의 확장된 '애드리브'의 정의는 다음과 같다.
'나의 지금 생각을 그대로 음성으로 말하는 것'이다.
이 말이 구체적으로 무슨 내용인지 예시를 들어 구체적으로 설명하겠다.
A라는 사람이 B라는 사람에게 무언가 물어본다.

1. 애드리브가 없는 경우(애드리브를 활용 못 하는 경우)

A: 혹시 오늘 저녁 식사는 뭐로 하시겠습니까?

B: 네? 어…, 어…. … 모르겠는데요.

아쉽게도 대처가 잘 안 되었다.
그럼, 여기에 '애드리브(나의 지금 생각을 그대로 음성으로 말하기)'를 활용하여 대처해 보겠다.

2. 애드리브를 활용하는 경우

A: 혹시 오늘 저녁 식사는 뭐로 하시겠습니까?

B: 글쎄요. 갑자기 저에게 저녁 식사 메뉴를 물어보시니 생각이 바

로 나지 않아서 생각 좀 해봐야 할 것 같습니다. 잠시 기다려주시겠습니까? 'A' 분은 오늘 저녁 식사로 뭐를 드시고 싶으신지 궁금합니다. 아! 저, 생각났습니다. 아마도 오늘 저녁은 국물 있는 음식이 좋을 것 같습니다. 국물 있는 음식에는 뭐가 있을까요? 네! 김치찌개, 순두부찌개, 된장찌개 등등이 있는데요. 오케이, 당첨! 저는 오늘 '김치찌개'가 좋을 것 같습니다. 지금은 제가 저녁 메뉴로 김치찌개를 말씀드렸는데요, 이따가 저녁에는 또 어떻게 될지 모르겠네요. 하하하! 어떻게 답이 되셨나요?

이런 식으로 '애드리브'는 '나(자신)의 생각을 그대로 음성으로 말을 하는 것'이다. 즉, 자신의 생각을 그대로 말과 링크(link: 연결)를 거는 것이다.

이해되었는가?

여러분의 이해를 추가로 돕고, 스스로의 체화 훈련을 위하여 몇 가지 예시를 나열해 볼 테니 열심히 낭독도 하고, 연습도 해보자. 그리고 책을 덮고 지금 자신의 생각을 애드리브로 한번 말해 보기 바란다.

Mission 1. 만약 누군가가 '애드리브로 한 말씀해 주세요.'라고 요청을 한다면 어떻게 말을 하면 좋은가? 당황하지 말고, 나(자신)의 생각을 그대로 미소를 지으며 말을 하면 된다.

답변 예시: 저에게 애드리브로 한마디해 달라고 하셨는데요, 어떻게 말씀드려야 좋을지 잘 모르겠습니다. 그리고 어떤 말을 해야 할지는 좀 더 고민해 봐야 할 것 같은데요. 여러분, 혹시 제가 어떤 종류의 말을 하면 좋을 것 같으신가요?

Mission 2. '무대에서 한 말씀 해주실까요?'라는 요청이 들어온다면?

답변 예시: 안녕하세요? 앞에 계신 멋진 사회자님께서 저에게 무대로 나와서 한마디해 달라고 요청하셨는데요. 갑자기 무대로 나오니 머리가 멍하네요. 어떻게 해야 될까요? 그리고 무슨 말을 해야 될까요? 다시 제 자리로 돌아가면 안 되겠죠? 하하. 농담이었습니다. 이왕 이렇게 나온 거 여러분께 덕담 한 말씀 드리고 내려가겠습니다. 괜찮으시죠?

이 밖에도 애드리브의 예시는 여러 가지가 있다.

호흡을 많이 채운 채, 소리 내서 읽어보자.

- 현재 시각은 몇 시 몇 분입니다.
- 주말인데도 불구하고 이렇게 열심히 자기계발 하시는 여러분의 모습이 참으로 멋집니다!
- 늦은 밤인데도 불구하고 이렇게 열심히 노력하시는 여러분의 모습이 아름답습니다.
- 무대까지 올라오는 데, 여러분의 향기가 아주 상쾌하더라고요. 그래서 떨림이 설렘으로 바뀐 것 같습니다.
- 이런 말씀드려도 될지 모르겠습니다.
- 갑자기 저를 시키시니 당황스럽습니다.
- 별다른 생각 없이 무대에 나왔는데요. 막상 무대에 서보니 앉아 있을 때와는 달리 많이 긴장되네요.

여기서 한 가지 구분할 사항이 있다. 예를 들어서 '벌써 세시네!'라고 말을 하는 건 애드리브가 아니다. 혼잣말, 독백에 불과하다. 공적 성질이 느껴지도록 경어, 존댓말을 사용하면 좋겠다. '벌써 세시네요!'라고 말을 하는 것이다. 이해되었는가?

그럼 다음은 애드리브인가 아닌가? '마이크를 써야 하나, 육성으로 해야 하나?' 어떠한가? 이와 같이 말을 하는 것도 애드리브가 아니다. 경어를 사용하는 게 애드리브이다. 다음과 같이 말을 하면 된다. '마이크를 사용해야 할지, 육성으로 해야 할지 궁금합니다. 어떻게 하는 게 좋을까요?'처럼 경어 형식으로 말을 하는 게 애드리브이다.

이해하였는가? 그럼 계속해서 애드리브의 추가 예시를 살펴보며 감을 잡아보자.

> **애드리브를 활용한 스피치 예시**
>
> 안녕하십니까? 이제 날이 많이 풀어졌죠? 조금만 더 있으면 꽃 내음이 가득한 들과 산을 접할 수 있는 계절이 옵니다. 생각만 해도 여러분 기분 좋지 않으세요? 오늘은 제가 여러분께 요즘 저의 관심사에 대해서 말씀을 드릴까 합니다. 혹시 요즘 여러분의 관심사는 무엇인가요? 저는 영화에 관심이 많습니다. 특히 액션 영화에 관심이 많습니다. 할리우드 배우, 톰 크루즈 주연의 「미션 임파서블」 영화를 보면 스트레스도 확 날아가고, 또한 톰 크루즈의 몸을 사리지 않는 과감한 연기와 액션들은 저를 자극하고 꿈틀거리는 에너지를 끌어내곤 해서 너무 좋더라고요. 요즘에는 저렴하게 영화를 볼 수 있는 할인 혜택들도 많으니, 이를 활용하여 톰 크루즈의 영화를 꼭 한번 감상해 보시기를 추천드립니다. 만족하실 겁니다. 그럼 저는 다음 발표자를 위하여 서서히 스피치를 마치도록 하겠고요. 이상으로, 요즘 저의 관심사에 대해서 말씀드렸습니다. 감사합니다.

여러분, 저자가 말하는 '애드리브'가 어떤 느낌이고, 대중 스피치에서 어떤 역할을 하는지 알겠는가?

애드리브는 말하기에 있어서 정말 중요한 도구이다. 애드리브 활용을 잘 못 한다면, 무대에서 짧은 1~2분 정도의 화술만 간신히 소화 가능할 것이며 이보다 시간적 길이가 큰 프레젠테이션이나 사회, 강연 등을 할 때는 부담이 커져서 불안이 가중될 수 있다.

반면, 애드리브를 잘 활용한다면 순발력 있고 유연하고 신선한 좋은 대처도 가능하다. 우리가 알고 있는 공인이나 연예인 중에 말을 잘하는 사람들을 생각해 보자. 이들의 공통점은 다들 애드리브를 잘한다는 것이다. 그래서 이들은 많은 사람들이 지켜보는 생방송에서도 능숙하게 말을 잘 하지 않는가?

오늘 배운 이 '애드리브'는 스피치에서 정말 중요한 사항이니, 평상시에도 애드리브를 활용해 보고 연습해 놓자. 그럼, 연단에서도 큰 힘을 발휘할 것이다.

※ 아래는 실습 사항이다.
(아래의 키워드로 지금 생각나는 바를 애드리브로 연습해 보기 바란다.)

* 날씨:
* 최근 이슈:
* 영화:
* 음식:
* 여행:
* 기분:
* 건강:
* 조직의 발전 방향:
* 자유주제:

순발력 불안

chapter 10

여러분은 연단에서 누군가가 갑자기 뜬금포 질문을 할 경우에 답변 대응을 잘할 수 있는가?

스피치 역량이 어느 정도 구축된 사람들도 이런 갑작스러운 상황에 대해서는 능숙한 스피치 대응이 쉽지만은 않다.

미리 준비해서 발표하는 건 어느 정도의 내용과 방향을 예상하고 연습할 수 있어서 수행 대비를 할 수 있지만, 갑작스럽게 질문을 받는다거나 누군가가 갑자기 스피치를 시키는 경우, 많은 사람이 이에 당황하고 머리가 백지화되는 경우가 많다는 것이다.

머리가 백지화되면 스피치를 어떻게 풀어가야 할지에 대하여 생각이 잘 떠오르지 않고, 이러지도 저러지도 못하고 어리바리해질 수 있다. 말 만들기를 어떻게 풀어가야 할지 멍한 상태가 되는 것이다.

그럼 어떻게 하면 말하기 순발력을 끌어낼 수 있는가?

근본적인 해결책은 스피치 실력을 높이도록 지속적으로 노력해야 하지만, 빠른 시간 내에 실제 효과를 끌어내기 위한 방법으로는 '녹음 스피치'가 있다. 녹음 스피치를 하면 언어적인 뇌와 입이 풀리게 되어 순발력을 높일 수 있다.

(녹음 스피치는 앞서서도 다루었지만 아주 중요한 훈련이다.)

참고로, 말을 하는 데 관련된 뇌의 주요 부분은 브로카 영역(Broca's area)이다. 브로카 영역은 주로 좌측 대뇌 반구의 전두엽에 있으며, 언어의 생성과 표현을 담당한다. 이 영역은 문장을 구성하고 말을 할 수 있도록 언어 정보를 처리하는 역할을 한다.

브로카 영역 외에도, 베르니케 영역(Wernicke's area)도 중요한 역할을 한다. 베르니케 영역은 측두엽에 있으며, 언어 이해와 관련이 있다. 이 두 영역은 아크큐어트 파시큘러스(Arcuate fasciculus)라는 신경 섬유 다발로 연결되어 있어, 언어를 이해하고 표현하는 과정에서 상호작용을 한다.

따라서 말을 하는 데 있어서는 브로카 영역과 베르니케 영역, 그리고 이들을 연결하는 신경 경로들이 모두 중요한 역할을 한다고 할 수 있다.
즉흥 스피치를 직접 녹음해 보면서 말하기를 연습해 보고 또 이를 들어봄으로써 브로카 영역과 베르니케 영역의 자극과 활성화를 꾀할 수 있는 것이다.

그럼, 구체적으로 녹음 스피치를 어떻게 하는지 이에 대한 방법에 대해서 알아보자.

앞 챕터에서도 다루었는데 기억나는가? 다음과 같다.

발표 전날과 당일에 자신의 휴대폰이나 녹음기로 스피치를 녹음해 보고 들어보며 연습하는 과정을 수차례 해보는 것이다.

훈련 방식은 원고를 적지 않으며, 원고를 보지 않고 스피치를 해보는 것이다. 그리고 간단한 주제로 1~3분 정도를 녹음해 본다.

당일의 발표에 대한 수행력을 높이기 위해서는 관련된 주제로 녹음 스피치를 해보면 좋고, 주제와 비주제를 통틀은 전체적인 발표 순발력을 높이기 위해서는 랜덤 주제로 즉흥 녹음 스피치를 해보면 도움이 된다.

예를 들어 주제와 연관된 말하기 수행력을 높이기 위해서는 '오늘 주제에 대한 간단한 줄거리', '오늘 주제에 대해서 중요한 점', '이 발표를 하는 이유와 의도' 등의 주제로 녹음 스피치를 해보고 들어보는 것이다.

주제와 비주제를 통 틀은 말하기 순발력을 높이기 위해서는 '요즘 나의 관심사', '요즘 핫한 축제', '인공지능의 장점과 단점', '100세 시대에서 중요한 점' 등의 즉흥적이고 다양한 주제로 녹음 스피치를 해보고 들어보는 과정을 반복하는 것이다. 그럼, 스피치 순발력이 연습 회차 때마다 조금씩 좋아짐을 느낄 수 있을 것이다.

중요한 건 스피치 녹음을 해보고 녹음된 내용을 꼭 다시 들어봐야 한다. 그 이유는 다음과 같다. 녹음한 내용을 들어보면 내용이 숙지되고 학습된다. 또한 피드백 작용이 된다. 어느 부분이 약하고 어느 부분이 좋은지 파악할 수 있게 되어 내용 전개에 대해서 촘촘한 발전을 이끌 수 있다. 게다가 자신의 스피치에 대하여 자극이 되고 에너지도 생겨서 다시 녹음 스피치를 할 때는 조금이라도 더 내용이 풍부해지고 말하기에 대한 길[道]도 파생되면서 스피치를 더욱더 잘할 수 있는 디딤돌 역할을 하게 된다.

그리고 또 중요한 점이 있다.
자신의 녹음 스피치에 어느 정도를 만족하는지 만족도를 체크하는 것이다.

처음에는 만족 지수가 잘 나오지 않을 것이다. 그런데 녹음을 대략 5회 정도 반복해서 해보고 듣다 보면 만족도가 조금씩 조금씩 올라가는 것을 확인할 수 있을 것이다. 자신의 스피치 만족도를 10점 만점으로 놓고 체크한다면 4점, 5점, 6점, 7점, 8점 등, 이런 식으로 서서히 스피치 만족도가 높아지는 걸 발견할 수 있을 것이다. 이렇게 녹음 스피치 만족도를 대략 7점 이상으로 끌어올리게 되면 스피치 수행 준비 상태가 꽤 잘 이루어진 상태라고 할 수 있다.

여기서 만족하지 말고, 녹음 스피치를 추가로 몇 번만 더 해본다면 만족도가 아마 10점 만점에 8점 이상이 될 것이다.
그럼, 말 만들기에 대한 순발력이 많이 올라간 상태가 된 것이니 웬만한 발표 변수 상황도 잘 대처할 수 있게 된다. 또한 이러한 좋은 준비 상태는 실제 당일의 발표도 대체로 성공적으로 이끈다.
그리고 녹음 만족도를 '상'으로 끌어올리는 데 소요되는 시간도 보통 1시간 내외면 된다. 이처럼 녹음 스피치 훈련을 통하여 말하기 순발력과 대처력을 빠른 시간 내에 끌어올릴 수 있다.

또한 말하기 순발력과 대처력만 좋아지는 게 아니라, 스피치 자신감도 극대화가 된다. 대중 스피치에서는 여러 가지의 중요한 점이 있겠지만, 무엇보다도 가장 중요한 점은 자신감 상향 충전이 아니겠는가?
참고로, 말의 달인이신 KBS 전 아나운서 이금희 선생님도 매일 매일 1분 스피치를 연습하신다고 한다. 우리도 주제가 '자신의 오늘 하루 동선'이 되었건 '하루 일기'가 되었건 간에 녹음 스피치로 매일매일 연습하면서 스피치 실력을 갈고닦자.

  음성을 매력적으로 교정하고, 발음의 정확도를 높이고, 말 만들기 실력도 향상시킬 수 있도록 녹음 스피치를 매일매일 하자.

질문 3개로 편안함을 찾을 수 있다

chapter 11

질문 3개로 편안함을 찾을 수 있다.

여러분, 대중 앞에서 말할 때 가장 힘든 구간은 어디라고 생각하는가? 어떤 사람들은 오프닝이 가장 힘들다고 하고, 또 어떤 사람들은 시간이 지나면 지날수록 부담감이 더 크게 밀려오며 더 많이 떨린다고 이야기하는 사람들도 있다. 그런데 대부분의 경우에는 오프닝이 가장 힘들다고 이야기하곤 한다.

발표 초반에 특히 왜 많이 떨리는지 이유를 말하자면 다음과 같다. 발표를 시작하기 전에 이미 예기 불안이 올라와 있고, 발표를 시작할 때 직면 불안이 발생하기 때문이다. 즉, 오프닝에는 예기 불안과 직면 불안이 한꺼번에 겹치고 이어지는 구간이라서 불안이 더욱 가중되어 힘들게 느껴질 수 있는 것이다.

그럼, 이 발표 초반 오프닝의 부담감과 불안을 보다 효과적으로 줄일 수 있는 방법에는 뭐가 있을까?

앞서서도 일부 다루었지만, 청중이 화자만 바라보도록 하지 말고, 청중 스스로 골똘하게 생각할 수 있도록 하여 화자의 주목 부담을 줄이는 것이다.

바로 그 방법은 청중에게 질문을 연달아 3개 정도 하는 것이다.

'전체 질문 – 개별 질문 – 어떻게 질문'이다.

예를 들면 다음과 같다.

> "혹시 여러분은 행복하십니까? 앞에 앉아계신 안경 쓰신 우리 남성분께서는 행복하십니까? 우리가 어떻게 하면 더욱더 행복해질 수 있을까요?"
> "혹시 여러분은 부자가 되고 싶으신가요? 뒷줄에 앉아계신 빨간색 티 입으신 여성분, 혹시 부자가 되고 싶으신가요? (네) 우리가 어떻게 하면 부자가 될 수 있을까요?"

이처럼 발표 초반에 질문을 연달아 세 개 정도를 하는 것이다. 그럼, 청중은 이에 대해 생각을 하게 되고, 청중의 발언도 나오게 되어서 무대의 보이지 않은 불편한 문을 여는 데 도움이 된다. 이해하였는가?

아래와 같은 주제가 나온다면 어떻게 질문을 활용하면 좋겠는가?

1. 올해의 실적
2. 행복의 조건 3가지
3. 요즘 나의 관심사

위의 주제들을 가지고 연이은 질문 공식들을 대입해 보겠다.

1. 여러분은 올해 어떠한 실적들이 있으셨나요? 앞에 앉아계신 김지혜 님은 올해 어떠한 실적들이 있으셨나요? (저는….) 우리가 어떻게 하면 보다 더 나은 실적들을 끌어낼 수 있을까요?

2. 여러분은 요즘 행복하신가요? 가운데 앉아계신 박현주 님은 요즘 행복하신가요? 행복지수 만점을 100으로 한다면 현주 님의 요즘의 행복지수는 어느 정도 되시나요? (저는 70 정도 되는 것 같아요.) 네! 그래도 높은 편이시네요. 우리가 더욱더 행복하게 살기 위해서는 어떻게 해야 할까요? 어떤 점들이 필요할까요? 오늘은 제가 여러분께 행복의 조건 3가지를 말씀드리도록 하겠습니다.

3. 여러분은 요즘 관심사가 어떻게 되시나요? 뒤에 앉아계신 김상수 님은 요즘 관심사가 어떻게 되시나요? (저는 요즘 건강에 관심이 많습니다.) 그렇군요. 건강 아주 중요하죠. 우리 모두 건강합시다. 네, 우리는 이처럼 살면서 다양한 관심사를 가지며 살아가고 있는데요, 저는 오늘

여러분께 저의 관심사에 대해서 말씀드릴까 합니다.

  1과 2는 3개의 질문을 하며 공식에 잘 맞게 처리가 되었으며, 3은 마지막 '어떻게' 질문을 넣기가 애매하여 전체 질문과 개별 질문만을 하였다. 하지만 화자와 청중의 보이지 않는 부담과 니즈를 정리하는 데는 도움이 되었다.
  따라서 대중 스피치의 오프닝을 일방적인 평서문의 형태로 처리하는 것보다는 청중에게 직접 질문을 하며 풀어간다면 화자와 청중 간의 딱딱한 분위기도 다소 누그러뜨릴 수 있고 또한 청중이 원하는 스피치 쪽으로도 방향을 더 잘 맞출 수 있을 것이다.

  화자의 입장에서도 지금 전개하는 스피치의 방향이 청중에게 잘 맞는건지 안 맞는 건지 애매한 채로 스피치를 전개하지 않도록 제어할 수 있어서 불필요한 긴장과 감정을 줄이는 데도 역할을 한다. 만약, 화자의 일방적인 평서문 형태로 전개하게 되었을 때 청중이 원하는 내용이나 방향이 아닐 경우에는 청중의 표정이 굳게 된다. 그럼 화자는 청중의 굳은 표정을 보면서 긴장감이 커질 수 있다. 이처럼 스피치 오프닝 때의 질문들은 화자와 청중에게 좋은 역할을 한다.
  앞으로는 발표 초반에 '전체 질문, 개별 질문, 어떻게 질문' 등을 활용하여 긴장을 자연스럽게 분해 해보자. 그리고 이러한 질문들을 통하여 말 만들기 방향도 최적화가 될 수 있도록 하자.

chapter 12

 스피치를 전개하다가 중간에 말이 막힐 경우에는 어떻게 대응하면 좋을까?
 좀 전에 했던 말들이 생각이 잘 나지 않거나 말하다가 그다음 할 말이 생각이 나지 않을 경우에는 다음과 같은 방법으로 해결할 수 있다.

 '지금까지 말 한 내용을 요약' + '질문' + '앞으로 할 말에 대한 예고 멘트'를 하며 시간을 벌며 대처하는 요령이다. 다시 말하면 '중간 요약 + 질문 + 예고 멘트'이다.

예시는 다음과 같다.

"지금까지 저는 스피치를 잘하는 요령에 대해서 말씀드렸습니다. 그 요령은 병렬식 구조를 활용하는 것이라고 말씀드렸습니다. 이해되셨죠? 그럼 계속해서 그다음 내용 이어가겠습니다."

"지금까지 저는 라면을 잘 끓이는 방법에 대해서 말씀드렸는데요, 여러분 어느 정도 공감하십니까? 라면은 물 조절이 아주 중요하다는 내용 체크해 주시고요, 그럼 계속해서 그다음 내용을 말씀드리겠습니다."

"저는 지금 스피치를 전개하다가 말이 막혔을 때의 대응책에 대해서 말씀드리고 있습니다. 그 대응책이 무엇이라고요? 맞습니다. 지금까지 말 한 내용을 요약 정리하고, 질문을 하고, 그다음 할 말에 대해서 예고하는 등의 방식으로 말이 막혔을 때의 상황을 효과적으로 대처할 수 있습니다. 여러분께서도 한번 훈련해 보시고요, 그럼 계속해서 말 만들기 노하우에 대해서 설명해 드리겠습니다."

이상, 몇 가지 예시를 통하여 위 방법을 구체적으로 어떻게 활용할 수 있는지 살펴보았다.

위와 같은 방법을 대입하면 다음과 같은 점들을 기대할 수 있다. '지금까지 말 한 내용을 요약' 및 '질문'을 하고, '앞으로 할 말에 대한

'예고 멘트'를 하게 되면 대략 10초 정도의 시간을 벌 수 있다. 이 10초 정도의 시간 동안 그다음 할 말에 대해서 충분히 구상할 수 있어 좋은 대처가 가능하다. 또한 청중의 입장에서도 내용을 다시 한번 상기하게 됨으로써 확실한 전달이 이루어지고, 이는 청중 스스로 내용에 대하여 더 좋은 소화를 하는 데도 도움이 된다. 그리고 화자는 앞서 말한 내용을 다시 한번 요약 및 정리 멘트를 하면서 기존의 말했던 내용이 생각의 관성을 타게 되어 연관된 생각들을 더 많이 끄집어낼 수 있다. 그럼, 다음의 내용도 보다 풍부하게 전개되는 데 도움이 된다.

이해하였는가?

그럼, 이 방식을 집중 연습하여, 연단에서도 조건반사처럼 수행할 수 있도록 체화하기 바란다.

> "저는 지금 책을 읽고 있습니다. 이 챕터에서의 내용은 말하다가 막혔을 때, 요약하고 질문하고 예고 멘트를 함으로써 다시 생각을 끌어낼 수 있고, 시간도 벌 수 있다는 좋은 내용을 담고 있습니다. 그럼 계속해서 다음 챕터를 학습하도록 하겠습니다."

> . . .

NG를 Good으로 복구

chapter 13

여러분, 스피치를 전개하다가 말이 헛나올 때가 있지 않은가?

가끔 나의 생각과 다르게 이미 잘못된 어휘가 입 밖으로 나올 때가 있다. 예를 들면, 자신은 '제가 여기까지 왔습니다.'라고 말하고 싶은데, '제가 여기까지 오셨습니다.'처럼 말이 헛나올 때가 있다.

이렇듯 긴장한 상태에서 말을 하다 보면 오류, 즉 NG 상황은 언제든지 발생할 수 있다. 그리고 이러한 NG 오류는 당황을 더욱더 불러일으킬 수 있고, 또한 그다음에 해야 할 말들에 대한 의욕과 의지를 떨어뜨리게 되는 요인이 될 수도 있다. 따라서 오류가 최대한 덜 생길 수 있도록 장음 처리를 자주 하며 천천히 말을 하여야 하고, 이미 오류가 발생한 상태라고 하면 이를 최대한 요령 있게 복구하면 된다.

이미 오류가 발생했을 때, 화자 스스로 생각할 때는 NG 상황일 수 있지만 정신만 차리고 요령을 잘 적용하면 그래도 꽤 깔끔하게 복구가 가능하게 되어 심리적 손상을 최소화할 수 있다.

따라서 이번 시간에는 오류 상황이 생길 때 효과적으로 대처하는 방법, 즉 No good 상황을 Good 상황으로 복구하는 요령에 대해서 학습해 보자.

이에 대한 내용을 예시와 함께 설명하겠다.
예를 들어 자신의 실제 이름이 김민경인데, 긴장되고 집중이 분산되다 보니 자신의 이름을 다른 사람의 이름으로 잘못 말한 것이다.
"저의 이름은 박상현…." '김민경'이라고 말해야 하는 데 실수로 다른 이름을 내뱉었다. 그래서 일그러진 표정으로 말한다. "죄송합니다. 너무 떨려서 다른 이름을 이야기했네요."라고 말이다.

그런데 굳이 이렇게 자신이 실수했다고 널리 알리고, 스스로 죄지은 사람처럼 축 처진 발표를 할 필요는 없다. 그럼 어떻게 이런 No good 상황을 복구할 수 있는가? 그 방법은 바로 이미 내뱉은 말과 어울리게 새로운 패턴을 창조하면 된다. 다음과 같다.
"저의 이름은 박상현…, 강사님의 수업을 열심히 듣고 있는 김민경이라고 합니다."처럼 복구할 수 있다. 이해되었는가?
그럼, 아래 예시문으로 훈련해 보자.

> **상황 ①**

자신의 실제 이름은 '김수정'이다.

"저의 이름은 유재석…."이라고 말을 잘못 하고 있는 'No good' 상황이다. 이를 Good으로 살려야 한다.

→ "저의 이름은 유재석…, 님과 친해지고 싶은 김수정입니다."처럼 복구하면 된다.

계속해서 예시 상황을 살펴보자.

> **상황 ②**

내가 좋아하는 사람은 손가은인데, 다른 여성들 (박지혜, 김태희, 한가빈 등)도 함께하고 있다.

"제가 좋아하는 사람은 손가은…."이라고 이야기하고 있는 상황, 이대로 한 사람만 언급하고 끝나면 다른 사람들이 서운해할 수 있다. 이를 Good으로 살려야 한다.

→ "제가 좋아하는 사람은 손가은…, 그리고 박지혜, 김태희, 한가빈 님 등등 모두가 좋습니다."

> **상황 ③**

지난주 수업은 27쪽을 하였다.

"네, 지난주 35쪽을 하였는데요…."

지난주 실제 수업은 27쪽을 하였는데, 35쪽을 했다고 이야기하고 있으므로 No good 상황이다.

→ "'네, 지난주 35쪽을 하였는데요…', 라고 말씀드리고 싶을 정도로 진도를 빨리 나가고 싶습니다. 여러분, 오늘 열심히 공부해서 진도 빨리 나가고, 그리고 나중에 다과회 합시다!"

상황 ④

<u>박지혜 강사님의 수업을 듣는 중인데,</u>
<u>학생이 유재석 강사님의 수업이 좋다고 한다.</u>

"네, 지난주 유재석 강사님의 수업 좋았습니다…"

이렇게만 말하면 박지혜 강사님의 기분이 꽤 언짢아질 수 있다. No good 상황인 것이다. 아래 내용처럼 복구해 볼 수 있고, 더 좋은 패턴으로 복구할 수도 있다.

→ "네, 지난주 유재석 강사님의 수업 좋았습니다…, 그리고 박지혜 강사님의 수업도 아주 좋습니다. 오늘 박지혜 강사님의 수업으로 한 단계 더 도약하는 계기가 될 것으로 확신합니다."

상황 ⑤

<u>때는 2030년도 우리 회사 송년회이다.</u>

"네, 2029년도 우리 송년회…." 1년 전으로 연도를 잘못 말했기 때문에 No good 상황이다. 올해는 2030년도(가정)이다.

→ "네, 2029년도 우리 회사 송년회…, 때 정말 재미있었는데요. 올해 2030년에는 작년보다 더욱더 재미있게 놀아봅시다! 여러분 화끈하게 놀 준비되셨나요?"

상황 ⑥

<u>지난주 (우리나라에) 태풍이 오지 않았는데 왔다고 잘못 말하는 상황이다.</u>

"지난주 태풍이 왔습니다…." No good 상황이다.

→ "'지난주 태풍이 왔습니다…', 라고 미국 뉴스 방송에서 나오더라고요. 그런데 지난주 우리나라에는 태풍 없이 맑은 날이 많았어서 참으로 좋은 것 같습니다."

상황 ⑦

<u>2030년도 청룡 영화제 시상식을 진행하고 있다.</u>

"2029년 청룡 영화제…." No good 상황이다.

→ "네, 2029년 청룡 영화제…,에 이어서 2030년인 올해 청룡 영화제에도 영화를 사랑하는 여러분의 관심과 애정이 더 가득해서 영화인의 한 사람으로서 너무 기분이 좋습니다."

상황 ⑧

<u>자신만의 정치적인 의견을 노출시키면 조직 생활하기가 까다로워질 수 있다. 그래서 정치적인 색깔을 아직은 노출하지 않기로 했다.</u>

"야당 의원의 거센 말발은 좋지 않습니다…." No good 상황이다. 너무 한쪽만을 이야기하고 있어서 정치적인 색깔이 노출되기 쉽다.

→ "야당 의원의 거센 말발은 좋지 않습니다…, 그리고 여당 의원의 거센 말발도 좋지 않습니다. 국민을 위한 초당적인 힘 모으기를 간절히 소망합니다."

이상으로 No good 상황을 Good 상황으로 복구하는 요령을 구체적인 예시를 통하여 학습해 보았다.

조금 더 연습해 보고 연단에서 말하기 속도를 신중하고 천천히 수행한다면 충분히 NG 상황이 발생하더라도 Good 상황으로 복구할 수 있을 것이다. 또한 이러한 화술 컨트롤 역량은 말 만들기 불안을 감소시키고, 자신감을 향상시키는 데 도움이 된다.

chapter 14

　저자 본인이 생각할 때, 대중 스피치의 여러 종류 중에 가장 쉽고 내중이 아예 안 보일 성도로 몰입이 잘 되는 방법이 아마도 지금부터 다룰 (　)이 아닐까 생각한다.
　(　)의 요령만 잘 익힌다면 너무 몰입이 잘 되어서 아마 떨릴 틈도 없게 될 것이다. 즉, 이 요령을 적용한다면 거의 떨지 않도록 말할 수 있고, 적용도 꽤 쉬운 강점이 있다.
　일부 사람들은 이게 없다고 하는 경우가 꽤 있는데, 엄밀히 말하면 없는 건 아니고 생각이 잘 나지 않아서다. 이게 없다고 하는 사람들도 (　)의 첫 물꼬만 트이게 되면 추가로 생각이 떠오르게 되는 경우가 대부분이다.

　또한 이번 내용은 원고가 없더라도 스피치 전개가 가능할 뿐만 아니라 내용을 재미있게 말하고, 청중도 재미를 느끼게 하는 방법이라고 할 수 있다. 이 방식은 이미 여러분의 일상에서도 자주 노출되고 있는 방식이다.
　무엇인지 알겠는가?

그건 바로 '썰'이다. 위의 괄호 안에 들어갈 말은 '썰'이다.
(여기에서는 발음하기 편하게 '썰'로 언급하겠다.)

'썰'은 '말씀 설(說)'이라는 한자어에서 유래한 신조어로 '이야기'를 뜻한다. 그럼, 이 '썰'을 두 글자로 표현하면 무엇일까? 바로 '일화(逸話)'이다. '숨다 일, 말씀 화' 숨은 이야기다. 즉, 세상에 알려지지 않은 숨은 이야기를 말하는 것이다.
또 이 '일화'를 영어로 하면 무엇인가? 그렇다. '에피소드'이다. 그리고 이 '에피소드'를 다시 다섯 글자로 표현하면 무엇이 되겠는가? 맞다. '스토리텔링'이라고 할 수 있다.

스토리텔링은 상대방에게 알리고자 하는 바를 재미있고 생생한 이야기로 설득력 있게 전달하는 행위이다. 스토리는 어떤 논리적인 설득보다도 사람의 마음을 움직이게 하는 강력한 힘이 있다.
(※썰≒일화≒에피소드≒스토리텔링)

일반적으로 대중 스피치와 썰의 차이는 다음과 같다.
대중 스피치 같은 경우에는 나의 개인의 소재보다도 일반적인 사회 현상 등과 같은 소재를 많이 다루며, 개인과 가까운 이야기를 하는 성향보다는 개인의 요소들이 덜 노출이 되고 사회 현상 등의 비율이 더 노출이 많이 되는 경향을 보인다.
반면에 썰은 화자 개인과 정말 가까운 이야기, 아예 화자의 자체 이야기 또는 주위의 인상적인 이야기 등을 이야기함으로써 말하기 전개 화력이 좋고, 집중력이 높아서 몰입이 잘 된다. 몰입이 잘 되니 그만큼 불안도 덜 느끼게 된다.

 개인적으로 나 같은 경우에도 연단에서 썰 풀 때가 집중력이 가장 높고 의욕도 좋다. 그 결과, 긴장도 거의 안 되고 말하기도 편해서 연단에서 썰을 적절하게 넣은 스타일의 스피치를 즐겨 수행한다.
 썰은 마치 정말 맛있는 음식을 먹을 때와 집중력이 비슷한 것 같다. 예선에 어떤 지인늘이 바닷가 근처 식당에서 살아있는 낙지를 먹으려고 했는데, 그중 한 명의 눈에서 레이저가 나왔다는 이야기를 들은 적이 있다. 실제로 내가 그 장면을 못 봤지만 어떤 느낌인지 아직도 그 장면이 생생하게 떠오를 정도이다.

 이처럼 연단에서의 수행 집중력의 좋고 나쁨은 불안을 느끼는 정도까지 조절하므로 발표 불안 해결에서 정말 중요한 사항이라고 할 수 있다. 또한 수행 집중력이 높은 만큼 불안은 반비례한다. 반대로 수행 집중력이 분산되는 만큼 불안과 오류도 따라올 것이다.
 대중 연설 스타일의 스피치의 속성은 자신의 노출은 최소화하고 사회 이슈 등 일반적인 소재들에 대한 전개를 많이 다룸으로써 스피치 전개 의욕이 항상 좋지만은 않다. 그리고 스피치 집중력을 끌어올릴 때도 상당 부분을 인위적으로 끌어내야 할 때도 많다. 썰처럼 자신이 신나고 재미를 느껴서 말하는 것과는 차이가 있다. 혹시 연단에서 스피치 수행 집중력이 자주 분산된다면 썰을 한번 시도해 보자.

그럼 썰 스피치가 구체적으로 어떤 건지 조금 더 자세히 알아보고, 이를 활용할 수 있도록 하자. 썰은 정말 다양하다. 아래와 같다.

- 비밀 이야기 (예: 사실 우리 집 사과 박스에 5만 원짜리로 2,000장 모아놨어요.)
- 슬픈 이야기
- 기쁜 이야기
- 최근 열 받은 이야기
- 사소한 행운이 있었던 이야기
- 귀신 본 이야기, 귀신에 관한 이야기
- 감동스러운 이야기
- 재미있는 이야기
- 아는 사람이 TV에 나온 이야기
- 주위에 깜짝 놀랄만한 일을 저지른 사람
- 당황스러운 이야기
- 멘탈 날아간 이야기
- 헛발질한 이야기
- 잔머리 굴린 이야기
- 배 아팠던 이야기
- 기타 이야기

혹시 위에서 생각나는 썰이 있는가?

'썰'은 숨은 이야기, 세상에 알려지지 않은 숨은 이야기를 말한다. 나의 이야기와 다른 사람의 인상적인 이야기 등을 말하면 된다. 아래에 나의 썰을 일부 풀어보겠다.

"저의 휴대폰에는 동명이인(同名異人)이 있습니다. 이름만 같고 서로 다른 사람을 동명이인이라고 하죠. 예를 들면 '김상수(가명)'라는 사람이 제 휴대폰에 2명이 등록되어 있는데요. 한 사람은 저와 대화도 잘 통하고 취미도 비슷한 또래이고요, 다른 한 분은 연세가 꽤 많고 평소 말씀이 많으신 분입니다. 어느 날인가 제가 저와 비슷한 또래의 김상수 씨에게 전화를 걸어서 뭐 좀 물어보려고 했는데요. 깜박하고 연세가 많고 말씀이 많으신 김상수 선생님에게 전화를 건 것이었습니다.

저도 이와 비슷한 전화를 몇 번 받아본 적이 있었는데요. 상대방이 몇 개월에 걸쳐 간헐적으로 저에게 세 번씩이나 전화를 잘 못 걸어 저에게 '죄송해요. 잘못 걸었네요.'라고만 말하는 걸 보고 상당히 아쉬움을 느꼈던 적이 있었습니다. 설령, 잘못 전화했다고 하더라도 이왕 전화한 거 상대방 안부라도 한번 물어보면 좋았을 텐데 한 번도 그러지 않아서 아쉬움을 느꼈었습니다. 그래서 저는 혹시라도 이런 상황이 생기면 '나는 그러지 않아야겠다.'라고 마음을 먹고 있던 찰나였죠.

그래서 저는 연세가 있으신 김상수 선생님에게 잘못 걸었다고 이야기를 하지 않고 안부 차 전화드렸다고 말씀드렸습니다. 그랬더니 저를 굉장히 반가워하시는 거였습니다. 그러면서 저에게 식사는 했는지, 요즘 결혼은 했는지, 요즘 나라가 어렵다느니, 본인이 인생을 살아보니까 이런 게 중요하다고 하시면서 강의와 같은 말씀도 하시고, 이런저런 다양한 이야기들을 저에게 해주시는 거였습니다. 어느 때는 껄껄껄 웃으시고 어느 때는 울먹울먹거리시면서 말씀을 계속하셨습니다.

저는 이러한 말씀들을 최대한 잘 들어드리려고 노력했습니다. 그런데 통화한 지가 30분이 넘어가면서 갑자기 이런 생각이 드는 것이었습니다. 여기서 적당한 타이밍에 전화를 끊지 못하면 대략 2시간 정도는 통화하는 흐름으로 이어지겠다는 생각이 들었습니다. 제가 그다음 일정들도 많은 상태여서 전화를 종료할 수밖에 없는 상황이었습니다. 그래서 어쩔 수 없이 또한 간신히 전화를 끊은 적이 있었습니다.

그 후로는 사람들 연락처를 구분이 잘 되게 확실하게 저장 및 편집을 하였고, 전화를 걸 때도 한 번 더 확인하고 전화를 하는 섬세함이 생겼다고나 할까요?"

이 이야기도 세상에 알려지지 않은 이야기, 나만 알고 있는 이야기, 즉 '썰'을 이야기한 것이다.

이해하였는가? 그럼, 다음 '썰'도 살펴보자.

"여러분, 혹시 중학교 시절에 친구 집에서 밥을 먹은 적이 있나요? 저도 중학교 때 친구 집에서 밥을 먹은 적이 꽤 많습니다. 그때 친한 친구가 몇 명 있었는데요. 한번은 저희 집과 가까운 거리에 있는 친구 집에서 밥을 먹게 되었습니다. 친구와 친구의 사촌 형, 그리고 저 이렇게 셋이서 먹었습니다. 그런데 제가 말더듬이 정말 심하고 너무 기가 죽어있어서 의사 표현을 즉각즉각 하기 굉장히 어려운 때였습니다. 지금은 많은 사람을 상대하며 지도하는 일을 하고 있어서 필요한 말을 즉각즉각 잘하지만 말이죠.

반찬은 배추김치, 감자볶음, 도토리묵, 김, 국 정도 있었던 거로 기억합니다. 친구의 사촌 형은 평소에도 말이 없으셔서 좀 어렵고 살짝 무서웠습니다. 밥을 먹는데 시력 좋은 제 눈에 배추김치에 가느다란 긴 머리카락이 있는 것이었습니다. 하필 그때 저의 젓가락 방향은 머리카락이 놓여있는 배추김치를 향하고 있었습니다.

지금이야 상황을 유쾌하게 해결할 수 있는 말발이나 요령 등도 충분히 알고 있어서 잘 해결할 수 있지만 그때 당시에는 말을 심하게 더듬으니 말소리도 잘 안 나오고 자신감도 너무 없어서 이 상황을 어떻게 대처해야 하는지 눈앞이 깜깜했습니다. 어린 나이에 괜히 말도 심하게 더듬으며 어설프게 반찬에 머리카락 있다고 말하면 상황도 이상해지고 친구와 친구의 사촌 형이 당황할 것 같아서 그냥 제가 긴 머리카락이 놓여있는 김치를 머리카락과 함께 입으로 몰아넣기 시작하였습니다. 식감은 별로 좋지 않았습니다. 그리고 긴 머리카락은 또 잘게잘게 씹어지질 않았고 입안에서 지 맘대로 움직이더라고요. 하지만 이리저리 씹으려고 시도하다 보니까 결국엔 목 안으로 넘어가게 되었습니다. (잠시 침묵) 여러분, 어떠하신가요? 저는 지금 와서 생각해 보면 어이없는 웃음도 나오고요, 한숨이 나오기도 합니다…."

이상, 세상에 알려지지 않은 나의 이야기, 숨은 나의 이야기, 나의 일화, 나의 썰을 몇 가지 이야기하였다. 썰은 나의 썰도 있고, 지인들의 썰도 있다. 이처럼 썰은 정말 다양하고 많다. 나 같은 경우에는 재미있거나 약간 충격적인 썰 등의 10가지 정도를 휴대폰에 간단히 키워드로 메모해 놨다. 그리고 가끔 이를 활용한다.

여러분, 이제 썰이 어떤 느낌인지 알겠는가? 그럼, 이러한 썰을 적절한 스피치 구간에 한번 활용해 봐라. 긴장 해결에 도움도 되고 맛있는 분위기를 위하여도 좋다. 나 같은 경우에는 스피치 오프닝 때 당일의 주제와 관계된 간단한 썰로 시작하여 공식적인 말하기로 자연스럽게 전환해 나가는 요령 등으로 무대에서 보다 쉽고 편하게 시작한다. 또한 사람들이 지루함을 느낄 때쯤 썰을 자주 사용한다. 역시 청중이 재미있어하기도 하고, 나도 말하기 편하다.

앞으로 연단에서 불안이 심한 구간이 있다면 '썰'을 한번 사용해 보자. 그리고 사람들에게 재미있게 말하고 싶을 때도 '썰'을 활용해 보자.

결정화 지능

chapter 15

여러분, 혹시 20대 초반 여성이 한 요리와 할머니가 한 요리 중에 누가 한 요리가 내체석으로 맛있다고 생각하는가? (물론 20대가 한 요리도 맛이 있다. 그런데 여기서는 의도와 속성이 다르니 오해하지 마라.) 실제로 사람들에게 위의 질문을 하면 많은 사람들이 할머니가 한 요리가 더 맛있다고 대답한다. 추가적인 질문이다. 미국의 트럼프 대통령에 관한 이야기이다. (정치적으로 접근하지 마라.) 30대 나이의 도널드 트럼프와 70대 나이의 도널드 트럼프 중에 누가 더 말을 잘한다고 생각하는가? 역시 많은 사람이 70대 트럼프가 더욱 더 말을 잘한다고 답한다. 70대 트럼프가 30대 트럼프보다 화술 전략이 훨씬 좋고 설득력이 좋다. 또한 스피치에 대한 배짱도 30대 트럼프보다 70대 트럼프가 더 두둑하다.

할머니가 요리를 더 잘하고, 70대 트럼프가 말을 더 잘한다는 이 내용은 도대체 왜 하는 것인가? 무슨 의도이며, 무슨 차이인가?

이는 바로 '결정화 지능'을 이야기하려고 하는 것이다.

결정화 지능(Crystallized Intelligence)은 우리가 교육과 경험을 통해 축적한

제3장 말 만들기 전개 요령 | 373

지식과 이를 활용하는 능력을 의미한다. 쉽게 말해, 결정화 지능은 '내가 알고 있는 것을 꺼내 쓰는 능력'이라고 할 수 있다. 이는 우리의 경험과 학습을 통해 쌓아온 지식, 기술, 그리고 문제 해결 능력 등을 말한다. 책을 읽거나 학교에서 배운 지식, 사회생활에서 얻은 경험 등이 모두 결정화 지능에 포함된다. 결정화 지능은 사전 지식, 어휘력, 일반 상식, 전문적 지식, 그리고 언어 능력과 같은 영역에서 잘 드러나며, 학습과 경험을 통해 꾸준히 발전할 수 있다. 또한 나이가 들수록 점진적으로 발달하는 경향이 있다.

결정화 지능은 다음과 같은 특징이 있다.

첫째, 경험과 학습의 결과이다. 과거의 경험과 학습을 통해 축적되는 지식이므로 시간이 지날수록 증가한다.

둘째, 언어 및 문화적 요소이다. 언어 능력, 독해력, 문화적 이해와 같은 요소와 밀접하게 관련되어 있다.

셋째, 나이에 따라 증가한다. 나이가 들수록 경험이 축적되므로 결정화 지능이 향상된다.

넷째, 문제 해결 능력이다. 특히 익숙한 상황에서 적합한 해결책을 제시하는 데 효과적이다.

다섯째, 지속성이 있다. 나이가 들어도 잘 유지되며, 새로운 정보와 경험으로 더욱 풍부해질 수 있다.

예를 들면 다음과 같다.

첫째, 할머니의 요리 솜씨이다.

오랜 시간 요리를 해오신 할머니가 경험을 통해 축적하여 다양한 요리를 해낼 수 있는 요령과 맛있는 요리를 만들어내는 비법은 결정화 지능의 좋은 예라고 할 수 있다. 새로운 요리법을 배우지는 않더라도, 기존의 경험과 지식을 활용해 훌륭한 요리를 만들어낼 수 있는 것이다.

둘째, 어휘력과 같은 언어 능력이다.

주어진 단어의 뜻을 정확히 알고 활용하는 능력은 결정화 지능에 해당된다. '사과'라는 단어를 듣고, 과일뿐 아니라 '잘못에 대해 사과하는 행동' 같은 다양한 의미를 유추할 수 있는 것도 결정화 지능과 언어 능력이 함께 작용한 결과이다. 이처럼 언어 능력도 학습하고 경험하고 노력한 만큼 향상되는 것이다. 앞서도 이야기했지만 트럼프와 같은 정치인, 방송인, 일반인 등의 언어 역량도 여러 경험과 실습, 피드백 등을 통하여 꾸준히 성장하는 것이다. 바로 이러한 언어 능력이 결정화 지능에 해당한다고 할 수 있다. 이 밖에도 여행 계획을 세울 때 기존의 교통 정보와 경로를 활용하는 것, 역사에 대하여 배운 지식 등도 결정화 지능에 포함된다. 위와 같이 결정화 지능은 과거에 배운 정보와 경험을 바탕으로 이를 활용하는 것이다.

결정화 지능은 우리가 삶의 경험과 학습을 통해 축적한 지식을 기반으로 하기 때문에, 특히 언어 관련 능력에서 두드러지게 나타난다. 언어와 같은 지능은 많이 쓰면 쓸수록 점점 좋아진다는 연구 결과들도 있다.

계속해서 결정화 지능과 언어 능력과는 어떠한 관계가 있는지 살펴보자.

첫째, 어휘력과 관계가 깊다.

결정화 지능은 어휘의 양과 질과 밀접하게 연결되어 있다. 언어 능력은 우리가 경험과 학습을 통해 습득한 단어와 그 의미를 포함하며, 이를 통해 의사소통과 문제 해결에 활용할 수 있다.

둘째, 독해력이다.

문맥을 이해하고 텍스트에서 정보를 해석하는 능력은 결정화 지능의 대표적인 예라고 할 수 있다. 풍부한 배경 지식과 언어적 이해가 독해력을 강화한다.

셋째, 표현력이다.

자신의 생각을 말이나 글로 논리적이고 설득력 있게 표현하는 능력도 결정화 지능에 속한다. 이는 어휘력과 문장 구성 능력을 포함한다.

넷째, 언어는 특정 문화와 사회적 맥락 속에서 발전한다.

따라서 언어 능력이 뛰어날수록 문화적 지식이나 맥락을 이해하는 결정화 지능도 높아지는 경향이 있다.

결론적으로, 언어 능력은 결정화 지능의 중요한 구성 요소이며, 우리가 배운 언어적 지식을 통해 새로운 상황에 대처하거나 문제를 해결하는 데 큰 역할을 한다. 그리고 결정화 지능은 꾸준히 성장하거나 비교적 안정적으로 유지되는 경향이 있다.

그럼, 혹시 이러한 결정화 지능을 향상시키는 방법도 있을까? 방법이 있다면 무엇일까?

결정화 지능을 향상시키는 방법은 다음과 같다.

첫째, 독서와 학습을 한다. 새로운 주제와 다양한 분야의 책을 읽으며 지식을 확장하자. 독서를 할 때 묵독(조용히 눈으로만 읽는 것)뿐만 아니라, 목소리를 내어서 읽는 낭독을 자주 혼합해서 읽으면 더욱 효과적이다.

둘째, 토론과 발표 연습을 한다. 특정 주제에 대해서 논리적으로 주장하고 반론을 펼치는 연습을 하면 언어적 사고력이 향상된다. 또한 신문 사설을 읽고 다시 한번 자신의 견해로 말을 해본다. 이때 녹음을 해서 확인을 하면 더욱 좋다.

셋째, 글쓰기를 연습한다. 일기, 에세이, 논설문 등을 작성하며 자신의 생각을 논리적으로 표현하는 연습을 한다.

넷째, 사회적 활동을 한다. 다른 사람과의 대화 및 협력을 통해 경험과 관점을 넓힐 수 있다.

다섯째, 정기적인 훈련을 한다. 퀴즈나 문제 풀이 등으로 기존 지식을 점검하고 유지하는 것이다.

이상, 결정화 지능을 향상시킬 수 있는 방법에 대해서 언급하였다.

그런데 결정화 지능에 이어 간과하지 말아야 할 사항도 있다.

그건 바로 결정화 지능과 대비되는 개념인 유동 지능을 계발하는 데 있어서도 함께 노력을 기울일 수 있도록 하자는 것이다.

유동 지능(Fluid Intelligence)은 새로운 문제를 창의적이고 논리적으로 해결하는 능력을 말하며, 주로 추론과 패턴 인식 능력을 포함한다. 유동 지능은 젊은 시기에 절정에 달하고, 나이가 들수록 감소할 수 있는 부분이 있지만 그래도 이에 대하여 노력해야 한다.

언어적 유동 지능을 높이는 방법은 다음과 같다.

첫 번째 방법으로는 즉흥 스피치 연습을 자주 해본다.

임의의 단어나 주제를 보고 제한된 시간 안으로 이야기하는 연습을 자주 하는 것이다.

두 번째 방법으로는 언어 게임 및 퍼즐을 해보는 것이다.

크로스워드 퍼즐, 단어 연상 게임 등을 활용하면 어휘력을 빠르게 확장할 수 있다. 특히 빠른 시간 안에 단어를 떠올려야 하는 게임이 언어적 유동성을 높이는 데 효과적이다.

이처럼 언어적 결정화 지능을 높이도록 꾸준한 학습과 훈련을 하며, 또한 언어적 유동 지능도 유지하거나 좋아질 수 있도록 위에 제시한 방법 등을 통하여 지속적으로 노력하면 좋겠다.

정리합니다

　언어 능력과 같은 결정화 지능은 자신이 학습하고 실습하고 경험한 만큼 실력과 요령이 쌓이는 분야이기 때문에 일희일비하지 말고 꾸준히 노력하면 좋겠다. 가끔 일부의 사람들을 보면 스피치 수업을 한 달만 받고 스피치 역량 계발에 대한 노력을 종료하는 사람들이 있다. 수업이 종료되었더라고 하더라도 스피치에 대한 학습을 이어가면 좋겠지만, 스피치 수업도 종료하고 자가 학습도 종료한다면 더 이상의 스피치 발전은 기대하기 어려울 것이다.

　수업이 종료되었다고 하더라도 스스로 스피치 학습과 훈련을 매일 매일 꾸준히 이어간다면 스피치 역량은 미세하게나마 계속 발전할 텐데 말이다. 그리고 혹시 스피치 수업을 아직 접하지 않았더라도 말을 잘하기 위한 학습과 연습을 꾸준히 하길 바란다. 그럼, 일상 스피치 및 대중 스피치도 모두 재미있게 즐길 수 있는 경지로 발전하게 될 것이다. 또한 발표 불안은 덤으로 해소될 것이다.

박상현의
긍정적인 자기 대화 암시문

- 타인을 의식하는 비율보다 나의 수행에 초집중한다.
- 나는 말할 때 집중을 잘한다.
- 나는 말을 잘한다. 웬만한 사람들에게 말발로는 안 밀린다.
- 나는 떨더라도 떨림을 긍정적으로 받아들이고 집중해서 필요한 말을 완료할 수 있다.
- 사람들 앞이 재미있다. 사람들 앞에서 말하는 게 재미있다.
- 약간 흔들릴 수도 있다. 그래도 나는 집중해서 차근차근 잘 완료할 수 있다.
- 나는 말하다가 멈췄을 때 잘 복구한다.
- 사람들이 나를 주목하니까 짜릿하고 행복하다.
- 나는 어떤 불안이든지 빠르게 잘 분해할 수 있다.
- 청중들은 나를 응원하고 있거나 관심이 없다.
- 나는 사람들의 딱딱하고 무표정한 시선에 더욱더 힘이 생긴다.
- 나를 쳐다보든 말든, 내 인생에 보태준 거 있나요?
- 나는 여유를 가지고 말을 천천히 할 수 있다.
- 나는 더욱더 배짱이 두둑해지고 있다.
- 나는 더욱더 뻔뻔해지고 있다.
- 나는 당황의 조짐이 느껴질 때 빠르게 대처를 잘한다.

- 나의 어휘력은 더욱더 향상되고 있다.
- 나는 말을 더욱더 맛있게 한다.
- 나의 목소리와 말투는 점점 더 멋져지고 있다.
- 나의 발음은 더욱더 좋아지고 있다.
- 나의 말투는 상냥하다.
- 나는 리액션을 잘한다.
- 나는 성격이 더욱더 좋아진다.
- 나는 상대방이 원하는 것을 잘 간파한다.
- 나는 사람들을 기분 좋게 하는 언행을 잘한다.
- 나는 아부를 잘한다.
- 나는 돌직구를 잘 날린다.
- 나는 어려운 말을 슬기롭게 잘한다.
- 나는 요청을 잘한다.
- 나는 거절을 기술적으로 잘한다.
- 나는 표정이 밝게 살아있다.
- 나는 사람들에게 인기가 많다.
- 곧 좋은 일이 많이 생긴다.

에필로그

내가 좋아하는 말이 있다.

"인생은 될 대로 되는 것이 아니라 생각대로 되는 것이다. 자신이 어떤 마음을 먹느냐에 따라 모든 것이 결정된다. 사람은 생각하는 대로 산다. 생각하지 않고 살아가면 살아가는 대로 생각한다." 조엘 오스틴(Joel Osteen)의 말이다.

여러분, 아주 합당하며 멋진 말이지 않은가?

자신이 어떤 마음을 먹느냐에 따라서 모든 것이 결정된다는 것이다. 요리를 잘하려고 마음을 먹고 배우면 요리를 잘하게 될 것이고, 부자가 되려고 마음을 먹고 수입을 늘리고 지출을 줄이는 등의 노력을 한다면 조금이라도 부자가 될 것이다. 대중 스피치도 마찬가지다. 이왕이면 무대에서도 재미를 느끼려고 생각을 하고, 스피치를 잘하려고 노력한다면 그 방향으로 길이 잘 나게 될 것이다. 그런데 일부 사람들을 보면 대중 스피치 역량을 향상하기 위한 노력은 별로 하지 않고 떨지 않으려고만 노력하는 경우가 많은 것 같다.

앞 챕터에서도 다루었지만 알맹이를 좇아야지, 껍데기를 좇으면 문제 해결이 어려워진다.

알맹이, 껍데기에 대하여 한 번 더 언급하자면 '내일로 미루지 말자'는 껍데기이며, '오늘 바로 실행하자!'가 알맹이다. 추가로 설명하면 '늦지 말자'는 껍데기이고, '일찍 가자'가 알맹이다. 실제 실험을 해보면 '늦지 말자'가 더 어렵고, '일찍 가자'가 더 쉬운 점들도 많다. 이해하였는가? 그럼, 질문 하나 하겠다. '연단에서 떨지 말자'는 알맹이인가, 껍데기인가? 그렇다. '떨지 말자'는 껍데기이다. '떨지 말자'에 해당하는 알맹이는 '나의 말하기에 더욱 집중하자', '목소리를 더욱 또렷하게 하자', '조리 있게 말하자.' 등이 알맹이인 것이다.

이처럼 많은 사람이 무대를 다룰 때 또는 사람들을 대할 때, 스스로의 단점만을 커버하는 데 치우쳐서 정작 무대를 잘 못 다루고 사람들을 잘 못 대하는 경우가 많다. 만약 스스로의 장점을 활용하는 데 더욱더 신경 써서 무대와 사람들을 상대한다면 무대도 훨씬 더 잘 다룰 수 있을 것이고, 사람들도 훨씬 더 잘 대하게 될 것이다. 그리고 이러한 무대 운영 및 사람 대응의 성공적 경험은 자연스레 긍정적 심리를 만들어낸다. 또한 이러한 긍정적 심리는 나도 잘할 수 있다는 자신감을 이끌어내기에 충분하다. 이처럼 노력의 전략과 방향은 아주 중요하다. 알맹이가 아닌 껍데기 쪽으로 향하는 노력은 자칫 문제를 해결하기 어려운 진흙탕으로 빠지게 할 수 있다. 따라서 무대를 다루고 사람들을 대할 때 긍정적인 방향으로 마음먹고 노력하도록 하자. 그럼 많이 해결될 것이고 잘 해결될 것이다.

그리고 평소에도 자신감을 끌어올릴 수 있도록 자신의 단점 정렬보다는 강점 정렬을 많이 하자. 우리도 잘 알다시피 스피치에서 아주 아주 중요한 점은 바로 '자신감' 아니겠는가? 그리고 이 자신감은 평소에 자신에 대하여 신뢰하는 모든 점들이 복합적으로 작용해서 이루어지게 되는 부분이므로, 일상에서도 조금이라도 자신감을 끌어낼 수 있도록 생각하고 노력하자.

그럼 오늘도 당당하고 자신감 있게, 파이팅!

25년 5월